감사의 마음을 담아

_____ 님께 드립니다.

THE EXCHANGE RATE WARS STORY
환율전쟁 이야기

THE EXCHANGE RATE WARS STORY
환율전쟁 이야기

교묘한 달러 곡예의 역사와 환율전쟁

홍익희 지음

홍익희 교수의 교양 화폐경제학 시리즈

한스미디어

머리말

나는 32년간의 KOTRA 근무 끝에 우리나라가 한 번 더 도약하려면 서비스 산업에서 승부를 보아야 한다는 결론을 내렸다. 그래서 서비스산업에 대하여 글을 쓰기 시작했다. 그런데 내가 서비스산업이 정말 중요하다고 외쳐도 독자들의 가슴에 와 닿을 것 같지가 않았다. 그래서 서비스산업을 창안하고 주도했던 《유대인 이야기》를 그 서문 격으로 썼다. 서비스산업의 중요성을 알리기 위해서였다.

이제 본문을 쓸 차례다. 서비스산업 가운데에서도 가장 중요한 금융산업에 대한 글로부터 시작한다. 《달러 이야기》, 《환율전쟁 이야기》, 《월가 이야기》가 그것이다. 많이 에둘러 왔다.

세계의 제조업이 산술급수적으로 커가고 있을 때 금융산업은 기하급수적으로 성장했다. 세계는 바야흐로 금융자본이 산업자본을 이끄는 금융자본주의 시대다. 싫든 좋든 간에 말이다. 이러한 금융자본주의 정점에는 미국이 있다. 그 주도 세력이 유대인이다. 지피지기라 했다. 상대를 알아야 한다.

이제 우리의 제조업은 하나 둘씩 중국과 인도로 넘어갈 것이다. 이것이 토인비가 이야기한 〈문명 서진설〉의 어두운 일면이다. 우리도 이제는 제조업이 물러난 자리에 서비스산업을 꽃 피워야 한다. 서비스산업 강국이 되어야 한다. 특히 금융강국이 되어야 한다. 이 책이 우리 금융산업이 진일보하고 또 수출산업화 하는 데 기여하길 바란다.

달러의 미래는 어떻게 변해갈까? 강해질까 아니면 약해질까? 이 물음에 대한 힌트는 경제적 예측기법이나 미래학에 있지 않다. 오히려 지나온 달러의 발자취에 있다. 그 실체를 그간 미국의 환율정책을 중심으로 살펴보았다.

역사는 미래의 거울이라 했다. 달러의 역사를 살펴봄으로써 그 미래를 보려한다. 윈스턴 처칠은 "과거를 더 멀리 돌아볼수록 미래를 더 멀리 내다볼 수 있다."고 이야기했다.

모든 금융의 역사가 그렇듯 달러의 역사도 그 배경을 함께 살펴야 한다. 우리가 당시의 시대적 상황을 이해하고 객관적인 시각과 상식으로 역사를 들여다 볼 때 지나친 신자유주의적 맹신이나 음모론적 시각 어느 한 쪽에 치우치지 않고 좀 더 자유로운 조망을 즐길 수 있다. 이 책은 금본위제를 탈피해 세계 기축통화로 등장한 달러의 초기 역사로부터 현재 자넷 옐런의 연준(FRB)까지를 입체적으로 조망하였다. 특히 최근의 문제인 '환율전쟁'을 다루었다.

 달러의 역사를 되짚어보면 저 깊숙한 속내는 시종일관 '약달러정책'이었다. 그래야 경기가 살아나고 빚 탕감 효과가 있기 때문이다. 그간의 미국의 환율정책 역사가 그것을 말해주고 있다. 약달러정책에는 두 가지 방법이 있다. 알게 모르게 화폐발행을 늘려 달러 가치를 서서히 떨어뜨리는 인플레이션이 그 하나요, 다른 하나는 아예 드러내놓고 하는 무대포 평가절하이다.
 그러나 여기에도 미국의 고민은 있다. 미국은 약달러정책을 지향하면서도 기축통화로서의 달러 위상을 지키기 위해 동시에 강달러를 지지한다. 여기서 강달러란 돈의 실질가치가 높아서가 아니라 국제 결제통화로서 강한 지배력을 뜻한다. 그래서 그들은 항상 대외적으로는 강달러를 지지한다고 주장한다.

따라서 미국은 국내 재정정책상의 약달러정책과 국제 기축통화로서의 강달러 정책을 동시에 유지해야 하는 모순을 안고 있다.

  이 모순된 딜레마를 가능한 눈치채지 못하도록 끌고 나가는 과정이 '교묘한 달러 곡예의 역사'다. 미국은 글로벌 금융위기를 벗어나면서도 두 마리 토끼를 모두 잡으려 하고 있다. 그 통에 애꿎게 혼나는 게 이머징 국가들이다. 이번에는 그 가운데서도 우리나라가 표적이 되고 있다. 왜 그런 일이 벌어지는지 알아보자.

지은이 홍익희

추천사

구용회 | 선트러스트뱅크 수석부사장

나는 평소 존경하던 저자의 새로운 책을 읽고 나서, 무엇보다 이렇게 경제 금융 전반을 깊이 있게 다룬 훌륭한 책이 한국에서 나온다는 것 자체가 크게 놀라웠다. 요즘 열풍이 불고 있는 토마 피케티 파리경제대 교수의 저서 《21세기 자본》에 비교해도 전혀 손색없으며, 한국인의 관점에서 쓰인 책이라는 점이 장점이다. 이 책을 제대로 이해하고 나면, 세계 경제의 흐름을 주도하는 월가 투자은행의 핵심직위에 있는 전문가들 못지 않은 수준의, 경제 및 금융 전문가가 되리라 확신한다. 그렇기에, 이 책이 가능한 널리 많이 읽혔으면 좋겠다. 더 자세한 이유를 풀어나가고자 한다.

세계는 국가 간 협력이라는 명분을 내세우면서도 물밑에서는 자국의 국익을 극대화하려는 총성 없는 경제 전쟁이 치열하게 진행 중이다. 2008년 금융위기를 일찍이 예고했던 뉴욕대 루비니 교수가 "미국이 재채기하면 나머지 세계는 감기에 걸릴 수밖에 없다."고 얘기한 바 있듯, 미국 경제는 금융위기 5년 만에 그 늪에서 벗어나고 있는 반면 부채 구조가 취약한 유럽과 일본, 남미의 여러 나라는 아직도 금융위기 여파를 못 벗어나고 허덕이고 있다. 한국도 예외가 아니다.

한국의 경제구조를 살펴보면 전자, 자동차 등 첨단 제조업 분야에서 세계 최고의 수준에 오른 지 몇 년 되었지만, 금융시장의 수준은 아직 후진국 수준을 벗어나지 못하고 있다. 세계경제포럼(WEF)의 2014년도 국가경쟁력 평가에서 우리나라의 금융시장 성숙도는 세계에서 80위로 평가됐다.

또한 저자가 책에서 밝히고 있듯, 취약한 금융 경쟁력의 여파로 2005년도의 경우, 우리 상장기업들이 1년간 힘들여 약 69조 원의 순이익을 냈지만, 그보다 더 많은 80조 원을 우리 주식시장에 들어와 있는 외국인들이 가져갔다. 그뿐만 아니라. 외국 투자회사들의 수많은 기업인수 사례, 파생시장을 악용해 외국인들이 벌어가는 막대한 돈 등 금융시장을 통해 빠져나가는 국부의 전체 규모는 추정조차 안 되고 있다.

지피지기면 백전백승이라 했다. 문제는 눈에 안 보이는 적과 싸우며, 눈뜨고 코를 베이고도 코 베인 줄도 모르는 것이 현대의 금융전쟁이다. 국제 간의 정세에서 금융산업의 중요성을 일찍이 간파한 미국은, 제조업의 주도권을 진즉에 타국에 넘겨주고, 금융시장과 통화정책의 주도권을 유지함으로써 아직도 세계 경제의 헤게모니를 쥐고 있다. 그 중심에는 금융시장과 금융정책을 주도하고 있는 유대인들이 있다. 나는 월가에서 십수 년간 일하며 수많은 유대인들을 접하면서 그들의 치밀하고 치열함에 감탄한 적이 수없이 많았다. 그렇기에 베스트셀러《유대인 이야기》를 저술한, 유대인 연구에 관해 국내 최고권위자인 저자야말로 유대인을 중심으로 움직이는 미국 금융구조를 속속들이 연구하여 눈에 안 보이는 적을 명확히 밝혀내는 데 가장 적합한 분이다.

이런 관점에서 저자가 책에서 강조하고 있듯, 1980년대 세계경제 총아로 부상하다 미국의 제재로 장기침체로 빠져든 일본이나, 국가 부도 후 후진국으로 전락한 남미의 여러 나라에서 보듯, 인재양성을 통해 엘리트 경제 전사를 키우는 것이 국가의 사활이 걸린 중대사임이 명확해졌다. 인재양성을 위해서 무엇보다 세계 정세의 흐름과 그 속에서 대한민국이 처한 위치와 나아갈 바를 일목요연하게 정리한 책이 절실하던 참에 이 책이 출간되었다.

저자는 이 책을 통해 그 목표를 훌륭히 이루고 있다. 그 이유는 다음과 같다.

첫째, 세계 경제의 흐름과 금융시장을 제대로 이해하기 위해서 첫째로 선행되어야 할 것은 방대한 경제 데이터와 역사적 사실들을 정리하는 일이다. 그렇지 않고서는 단지 단편적인 고찰에 불과하며 큰 흐름을 볼 수가 없다. 그런 면에서 이 책은 방대한 데이터를 일목요연하게 정리하고 있는 아주 드문 책이다. 나아가 저자는 데이터들이 제시하는 경제적인 의미도 쉽고 친절하게 풀어간다.

둘째, 국제 금융시장은 천문학적 규모의 자본과 인력을 동원해 개발한 첨단 금융기법을 바탕으로 형성되어 있다. 거대 금융기관들의 투자와 위험관리를 위해 개발한 고도의 금융기법은 상상을 초월하리만큼 복잡해지는 추세이다. 그 핵심에 있는 월가와 유대인들을 중심으로, 이런 복잡한 금융 구조의 역사적 사건들을 금융 전문가가 아닌 누구라도 쉽게 이해할 수 있도록, 저자는 놀라울 정도로 명료하게 이야기를 풀어나간다. 나아가 여러 사례를 통해 금융시장에서 진행되고 있는 굵직한 사건들과 주요 인물들 이야기를 상세하게 기술하고 있다.

또한 책을 통해 저자는 실생활에서 개인이 재테크에 적용할 수 있는 고도의 투자기법들을 소개하고 있다. 그 예로는 위대한 투자자들의 투자 철학, 장기 투자법, 군중심리에 빠지기 쉬운 주식투자에 대한 경고 등을 들 수 있다. 나아가 환율전쟁 등 선제적 정책대응과 수출관련 업무에 도움이 되는 실용적인 지식도 많이 다루고 있다.

이 책은 금융전문가나 경제, 경영 전공자뿐 아니라 누구나 쉽게 이해할 수 있도록 쓰인 책이다. 경제 흐름과 투자론 등에 관심이 있는 누구나 반드시 읽어볼 필요가 있다. 자신이 알고 있는 세계 경제에 대한 지식이 어느 정도인지 진단하고 생각해 볼 수 있게 할 것이다. 나아가, 각 개인의 삶에서의 합리적인 금융관리 계획을 세우고, 기업과 국가의 경제정책에 대한 체계적이며 창의적인 사고를 할 수 있게 될 것이다.

구용회 님은 서울대 수학과를 졸업하고 미국 미네소타 대학에서 응용수학 박사학위를 취득했다. 그 뒤 미국과 유럽의 연구소에서 수년간 연구 활동과 강의를 거쳐 월가에서 모건스탠리, 시티그룹, 메릴린치 등 주요 투자은행에서 십여 년간 수조 원대의 파생상품 포트폴리오를 관리하는 금융공학자(퀀트 : Quant)로 근무해 누구보다 월가의 내막에 정통한 금융전문가이다. 지금은 애틀랜타에 소재한, 약 200조 원 정도의 자산을 보유한 은행인 '선트러스트뱅크'(SunTrust Bank)에서 수석부사장으로 파생상품 및 자산 위험관리 업무를 담당하고 있다.

차례

머리말 • 4
추천사 • 8

1부 교묘한 달러 곡예의 역사

1. 루스벨트, 자본주의를 수정하다
금본위제의 근본적 문제 • 21
브레인 트러스트 • 31
1차 환율전쟁 • 38
브레튼우즈체제의 탄생 • 49
독일의 초인플레이션, 유대인을 향한 분노 폭발 • 57

2. 화폐발행권을 둘러싼 비운의 케네디
케네디 암살의 뒷얘기들 • 64
은행권이 갖는 의미 • 71
금환본위제의 한계 • 74
1달러 지폐에 녹아 있는 뜻 • 77

3. 닉슨, 일방적으로 금환본위제를 파기하다
세계를 우롱한 미국 • 82
2차 환율전쟁 • 88

4. 미국의 묘수 'OPEC', 원유를 달러로만 수출하다
석유 달러의 탄생 • 97
명목화폐의 문제 • 100
이라크 전쟁의 진짜 이유 • 107

5. 또 한 번의 우격다짐, 플라자 합의
미국, 일본을 손 보다 • 111
신자유주의의 망동 • 117

6. 미국의 환율정책에 희생된 일본 경제
일본의 거품경제 • 129
거품이 터지다 • 138

7. 일본의 잃어버린 10년, 또 잃어버린 10년
헤지펀드의 놀이터가 된 일본 • 145
백약이 무효 • 150
일본의 반유대 정서 • 153

8. 위안화 평가절하에 멍든 일본
등소평의 국가적 작전 • 160

9. 1995년 역플라자 합의
자본침투를 위해 삼각편대와 IMF가 한 몸이 되다 • 169

10. 한국의 IMF 사태
나라의 곳간이 비다 • 176
세계은행과 IMF는 미국 재무장관의 허수아비다 • 185
녹아난 한국 경제 • 194
외환시장은 시장원리에 맡겨야 • 213

11. 2003년 'G7 두바이 합의'
강달러 외치는 미국, 속내는 '약달러정책' • 235

• 13

2부 역사의 교훈

1. 화폐몰락이 불러 온 로마제국의 멸망
카이사르를 죽음으로 내몬 화폐주조권 다툼 · 247
로마의 멸망을 재촉한 소비문화 · 260
풀어야 할 숙제, '시나'의 진실 · 269
금융위기와 저질 주화 · 277
마한과 백제, 로마에 비단을 수출하다 · 289

2. 재정적자, 스페인제국을 파탄 내다
제국도 무너뜨리는 과도한 국가부채 · 294

3부 위험한 달러

1. 쌍둥이적자로 달러 약세는 계속된다
무역적자 · 309
재정적자 · 315
미국 부채의 역사 · 326

2. 하루 이자만 15억 달러
위험한 달러 · 332

3. 그루들이 바라보는 달러의 미래
그루들, 달러 약세에 베팅하다 · 343

4. 달러에 대한 도전, 힘으로 응징하다
유로화의 대두 · 359
미국 정부, 금의 도전을 용서치 않다 · 373

5. 글로벌 금융 권력의 이동
외환보유고 증대의 한계 • 379
통화 권력의 다변화 • 383
기축통화의 역사 • 403

6. 서서히 떠오르는 위안화
중국의 움직임을 눈 여겨 보아야 • 407
한중 양국 간 통화시장 확대해야 • 412
우리에게 중국이 중요한 이유 • 419

4부 환율전쟁, 그 진행은?

1. 미국이 촉발한 4차례 환율전쟁
4차 환율전쟁, 본격 시작되다 • 429
서브프라임 사태의 또 다른 의미 • 439

2. 일본의 양적완화정책
본격적인 엔저 시대로 • 443
일본 31년만의 무역 적자, 충격에 약해진 체력 드러내 • 452

3. 거품 키우는 미국, 걱정되는 인플레이션 후폭풍
유동성 장세의 잠재적 문제 • 456

4. 본격적인 환율전쟁이 시작되다
원고(高)가 시작되다 • 466

참고문헌 • 488

The Exchange Rate Wars Story

교묘한
달러 곡예의 역사

1부

환율전쟁의 기원은 1930년대 대공황 시기였다. 대공황이 닥치자 영국은 1931년 금본위제를 포기했다. 이어 미국 역시 1933년 외국과의 금환본위제도는 유지하였지만 국내의 금태환은 금지시켰다. 당연히 영국 파운드화와 미국 달러는 금본위제 국가들 통화에 비해 가치가 급격하게 떨어졌다. 이 시기에 루스벨트 대통령이 1934년 초 '인위적으로' 금 가격을 올려 상대적으로 달러를 대폭 평가절하했다.

게다가 금은복본위제였던 미국은 국제시장에서 은을 대량 구매하기 시작하여 화폐량을 늘려나갔다. 이로써 국제시장 은 가격을 폭등시켜 은본위제 국가들을 초토화시켰다. 이 통에 중국이 은본위제를 포기하면서 혼란에 빠져 공산화되는 계기가 되었다. 이것이 환율전쟁의 시작이었다.

The
Exchange Rate Wars
Story

루스벨트,
자본주의를 수정하다

1

지금의 화폐제도가 정착되기까지 금은 인류역사상 오랫동안 화폐로 통용되어 왔다. 1900년대 초반까지만 해도 세계의 화폐제도는 금본위제였다. 그러다가 미국의 금본위제 탈퇴로 인해 금은 본연의 화폐권력을 상실하게 된다. 대공황의 그림자도 더욱 짙게 그리워졌다.

금본위제의 근본적 문제

미국의 악수, 보호무역

1930년대 대공황이 장기화되고 악화된 이유는 보호무역과 환율전쟁 때문이었다. 먼저 보호무역부터 살펴보자. 대공황 초기 때 각국은 공조를 약속했다. 하지만 공조 약속을 먼저 파기한 나라는 미국이었다. 당시 심각한 타격을 입었던 농업 부문이 정부의 도움을 요청했는데 이것이 받아들여지면서 결과적으로 전 산업에 걸쳐 장벽을 두르게 된다.

1930년 미국 의회는 자국시장 보호를 위해 '스무트 홀리 관세법'을 제정했다. 1천 명 이상의 경제학자들이 후버 대통령에게 비토권을 행사하라고 요구했으나 그는 이 법을 받아들였다. 이로써 수입관세율이 평균 26%에서 59%로 대폭 뛰어올랐다. 이 법은 즉각 외국의 반격을 불러일으켰다. 교역상대국들 역시 관세율을 올려 이에 맞섰다. 보복관세였다.

결과는 대실패였다. 1929년부터 1932년까지 세계 총생산은 20%밖에 감소하지 않았으나 세계 무역량은 30억 달러에서 10억 달러로 무려 67%나 줄었다. 미국의 수출규모 역시 1929년의 3분의 1로 급격히 추락했다. 특히 외국의 보복관세로 인해 수출이 줄어든 농산물 가격은 잉여 농산물로 인해 1926년 가격의 반 이하로 떨어졌다. 이는 수십만 명의 농민들을 파산시켜 수많은 농촌은행의 도산을 야기해 전반적인 은행시스템을 붕괴시켰다. 그 결과 수천만 명이 실직하고 대공황의 골은 깊어졌다. 국내뿐 아니라 국제적으로도 정치적 긴장이 높아갔다.

허버트 후버 당시 미 대통령은 절정을 이룬 대공황에 대해 '저절로 진화될 때까지 기다릴 것'을 고집했다. 후버는 19세기 미국에 15번이나 공황이 찾아왔다는 것을 강조하면서 대공황도 별 것 아닌 것으로 여겼다. 그는 1929년 이래 미국이 당면한 시련은 "위대한 조국이 번영의 길로 나아가는 데 있어 겪어야 하는 일시적 장애에 불과할 뿐"이라고 주장했다.

그는 항상 저축의 중요성을 강조했다. 가는 곳마다 위기 상황일수록 사람들이 허리끈을 졸라매야 한다고 연설을 하고 다녀 소비 축소로 불황이 더 오래 지속되는 데 기여했다. 주위에서 정부 차원의 구조사업을 권고하면 그는 정부가 나서서 실업자와 무주택자, 빈곤층을 돕는 것은 공산주의에서나 하는 일이라며 반대했다.

프랭클린 루스벨트가 집권한 1933년 이후에야 미국은 자유무역과

• 《현대 미국의 역사》, 시바쵸프, 야쯔코프, 과학과 사상, 1993년 7월

개방체제로 돌아섰다. 그리고 스무트 홀리 관세법으로 인해 불거져 나온 문제점들을 바로잡기 시작했다. 이듬해 미국 의회는 관세를 내리기 위한 '상호무역협정법'을 제정했다. "모든 국가는 다른 국가와 교역할 합리적인 기회를 얻지 못하면 자국민의 복지를 일정 수준으로 유지할 수 없다." 당시 자유무역 옹호론자이자 국무장관이었던 콜델 헐의 설명이다.

금본위제의 역사

금본위제의 연원은 오래 전으로 거슬러 올라간다.

금을 직접적으로 화폐로 이용한 역사는 매우 오래되었다. 최초의 주화는 기원전 7세기 리디아에서 금과 은의 천연합금인 호박금으로 만든 주화 일렉트럼(금 75%, 은 25%)이었다. 그리스인들이 이 일렉트럼의 유용성에 탄복하여 동전을 만들기 시작했다. 그 뒤 비잔티움 제국의 솔리두스 금화, 베네치아의 두카토와 피렌체의 피오리노로 대표되는 이탈리아 도시국가들의 금화, 이슬람권의 디나르 금화, 근세 영국의 소버린 금화 등이 이런 역할을 했다.

18세기 영국은 금과 은을 모두 통화로 사용하는 이른바 '금은복본위제'(bimetallism)를 채택하고 있었다. 그 무렵 금은복본위제를 운용한 가장 큰 이유 중 하나는 금화 가치가 너무 높아 일상 거래에 금화만 사용하기 어려웠

:: 기원전 7세기 최초의 주화 일렉트럼

기 때문이다. 가장 작은 단위의 금화도 근로자의 3~4일치 임금에 해당되어 은화로 보완할 수밖에 없었다. 게다가 금화만 통용될 경우 시중 통화량이 너무 적어 경제적으로도 곤란했다.

당시 영국은 중국으로부터 차(茶) 수입이 많아 심각한 무역적자를 기록했다. 문제는 중국이 전통적으로 은본위제를 채택하고 있어 영국에서 과도한 은 유출이 발생한 것이다. 영국 내 은 규모는 점차 줄어들어 은 가격이 올랐다. 이는 곧 은이 더 이상 화폐로서 시중에 유통되지 않게 되었음을 뜻했다. 이렇게 해서 영국의 금본위제도는 1819년 울며 겨자 먹기 식으로 시작되었다.

하지만 금본위제는 국제적으로 별로 인기를 끌지 못했다. 독일 공국들과 스칸디나비아 국가들, 러시아, 중국 등은 여전히 은본위제를 채택하고 있었고, 프랑스를 비롯한 대부분의 국가들은 금은복본위제를 1870년대까지 유지했다.

이 가운데서 가장 먼저 금본위제로 진행한 나라는 1871년 독일이었다. 보불전쟁의 발발로 러시아와 오스트리아-헝가리 왕국이 태환을 정지하자 독일은 복본위제를 유지할 이유가 없어졌다. 독일의 대외무역거래는 상당 부분 런던에서 파운드화로 거래되고 있었기 때문이다. 당시의 파운드화는 세계무역의 60%를 차지하는 기축통화였다.

그러자 대세가 금본위제로 기울었다. 덴마크, 네덜란드 등이 줄줄이 금본위제에 합류했다. 그리고 마침내 미국이 마지막으로 1879년 금본위제에 동참함으로써 세계 주요국들이 모두 금본위제를 채택했다.

● 〈금본위제의 역사와 경제학〉, 노택선 한국외대 경제학과 교수, http://blog.ohmynews.com/js1029/118236

전쟁 중 중단된 금본위제 복귀와 영국의 통화긴축

그러다 1914년 1차 세계대전이 발발하면서 상황이 달라졌다. 각국은 막대한 전비조달을 위해 화폐를 대량으로 찍어냈다. 결국 영국을 필두로 각국은 금태환을 중지하고 금본위제에서 이탈하였다. 당연히 통화 증발에 따라 극심한 인플레이션을 겪게 된다.

그러다 미국은 전쟁이 끝난 이듬해인 1919년 금본위제로 복귀하였다. 전쟁 특수로 미국은 이미 세계 금 보유량의 4분의 3 정도를 가지고 있었다. 이제 세계 경제에서 영국의 자리를 넘보는 단계가 되었다.

영국은 1925년 금본위제로 복귀했다. 미국은 한창 성장 중이라 2차 세계대전으로 인해 그리 큰 인플레이션이 없었으나 영국은 달랐다. 극심한 인플레이션에 시달렸다. 1918년 1차 세계대전이 끝나자 영국은 인플레이션에서 벗어나기 위해 금본위제 복귀를 꿈꾸며 파운드화의 가치를 전쟁 이전 수준으로 끌어올리기 위한 통화긴축에 들어갔다. 전쟁 전의 평가대로 금본위제를 회복시키려는 의도는 영국을 다시 세계 금융 중심지로 복귀시키기 위해서였다.

1920년 3.4달러에 불과한 파운드화를 전쟁 전 수준인 4.86달러로 무리하게 절상시키기 위해 영국은 통화 긴축에 돌입했다. 그러자 여러 부작용이 발생했다. 반면 프랑스는 종전 후 프랑화의 가치를 시장에 맡겨 한때는 250% 이상 평가절하되기도 했다. 이로써 프랑스는 영국과의 교역에서 엄청난 가격경쟁력 우위를 점했다.

미국의 금리인하, 주식시장을 달구다

그러자 영국은 구조적인 무역적자를 해결하기 위해 미국에 크게 의존했다. 영국의 중앙은행 총재 몽태규 노먼은 1927년 독일 중앙은행 총재와 프랑스 중앙은행 부총재와 함께 미국 뉴욕 준비은행장인 벤저민 스트롱에게 찾아와 미국이 금리를 낮추어 줄 것을 요청했다. 유럽의 자본이 미국으로

:: 당시 연준의 실세 벤저민 스트롱

흘러들어가는 것을 막고 미국 자본을 유럽으로 유인하기 위해서였다.

스트롱은 유럽을 돕기로 했다. 그는 재할인율을 4%에서 3.5%로 낮추었다. 금리를 올려 주식시장으로 몰려가는 투기자금을 줄여야 할 시기에 오히려 반대로 금리를 낮추어 유동성 장세를 만들었다. 이러한 저금리와 레버리지를 활용한 신용거래가 미국 증시를 달구는 요인이 되었다.

영국은 너무 무리하게 통화긴축을 한 탓에 디플레이션이 일어나 경기침체에 빠졌다. 디플레이션은 생각 이상으로 심각한 결과를 가져왔다. 영국은 통화긴축으로 1920년대 내내 경기침체를 겪어야 했다.

대공황의 원인, 유효수요 부족설과 소득불평등설

1929년 주가폭락과 함께 시작된 대공황은 사상 최악의 경제적 참사

였다. 주가가 바닥까지 추락하는 데만 장장 4년이 걸렸다. 그 사이에 다우지수는 381에서 41로 떨어졌다. 89%나 폭락해 거의 10분의 1 토막이 났다. 회복은 더 느렸다. 1929년 수준을 회복하는 데 24년이나 걸렸다. 한국전쟁을 치루고 난 1954년이 되어서야 회복된 것이다.

대공황이 유럽에 미친 영향은 더 컸다. 독일과 영국 등 여러 나라에서 수백만 명의 노동자들이 일자리를 잃었다. 또 나라마다 금본위제를 포기하고 외국상품 수입에 반대하는 정책을 세움에 따라 1932년 무렵 세계무역 총량은 반 이상 줄어들었다. 불황은 정치영역에까지 영향을 미쳐 극단세력이 확산되고 자유민주주의가 폐기되는 중대한 상황이 전개되었다. 전체주의가 발흥하여 히틀러와 무솔리니가 정권을 잡았다. 그 결과 사상 최악의 참사인 2차 세계대전이 벌어졌다.

그런데 이런 어마어마한 영향을 미친 사건이 아직까지도 왜 일어났는지에 대한 확실한 정설이 없다. 대공황 발생 원인에 대해 여러 가지 설들이 있을 뿐이다. 그 가운데 1차 세계대전이 끝난 다음 전 세계의 생산량은 넘쳐나는 데 비해 수요가 줄어든 데 따른 디플레이션이 발단이었다는 설이 있다. 이른바 케인스가 이야기하는 유효 수요의 부족으로 대공황이 발생했다는 설이다.

또 하나는 1920년대 미국의 분배가 매우 불평등했다는 사실이다. 1929년에 가장 부유한 국민 1% 곧 슈퍼리치가 국부의 60%를 점유하고 상위 10%가 전체 소득의 50%를 점하고 있었다. 이는 고소득자 한 명이 나머지 9명이 버는 소득과 같았다는 이야기이다. 이로 인해 부익부 빈익빈의 양극화 심화로 중산층이 줄어들면서 가용 소비능력이 떨어져 불황을 야기시켰다는 것이다.

∷ 1917년~2006년 미국 상위 10%의 소득점유율 추이

경제학자 갤브레이스(K. E. Galbraith)는 과소소비가 부자와 가난한 사람들의 소득격차로 인해 발생한 것으로 보아 이 이론을 지지했다. 2008년 글로벌 금융위기도 마찬가지 이유였다. 상위 10%의 소득이 전체 소득의 50%에 육박했을 때 금융위기가 터졌다.

금본위제의 문제, 디플레이션

그 무렵 화폐제도는 금본위제였다. 각국은 보유한 금의 양에 따라 화폐를 찍어내고 중앙은행은 언제든 화폐를 금으로 바꿔주었다. 다시 말해 각국 중앙은행이 발행한 화폐의 양은 보유한 금의 양에 따라 정해졌다.

하지만 당시 세계 경제가 급속히 성장하는 상황이라 금본위제는 이를 따라잡지 못했다. 상품은 공장에서 쏟아져 나오는데 시장에 화폐가 부족해 물건이 팔리지 않았다. 이 시기 문제는 상품 생산량에 비해 화폐 발행량이 따라가지 못해 발생하는 물가하락 곧 '디플레이션'(deflation)이었다. 물가가 떨어져도 화폐가 모자라 물건을 살 수 없는 '유효수요' 부족 상태였다.

상품이 팔리지 않자 결국 공장은 생산을 줄이고 노동자를 해고했다. 해고된 노동자는 구매력을 잃고, 낮아진 구매력은 물가를 떨어뜨리고, 떨어진 물가는 공장 문을 닫게 하는 악순환이 반복되었다. 그 뒤 후버 대통령은 이런 상황을 극복하기 위해 임금삭감 금지 등 다양한 정책을 폈으나 금본위제로 인해 정책효과는 제한적이었다. 결국 정권 말기에는 금태환 요구를 감당하지 못한 은행들의 휴업율이 최고조에 달했다.

미국의 금본위제 탈퇴로 유럽통화회의 실패

한편 유럽에서는 1931년도에 오스트리아로부터 확산된 금융혼란이 유럽 각국으로 번지자 각국 채권자들은 금태환을 정부에 요구하기 시작했다. 이에 각국 정부는 결국 미국에 대해 금태환을 요구했으며 연방준비제도이사회(FRB)는 이에 응하지 않을 수 없었다. 미국은 루스벨트가 1933년 취임할 때까지 금본위제를 유지했다. 이 기간 동안 가급적 금의 유출을 막기 위해 연방준비제도이사회는 지속적으로 금리를 올려야 했다. 이로써 금 유출은 중단되었지만 금리가 오르면서 채권가격이 하락했다. 그리고 이자가 올라 대출수요가 줄어들면서 은행의 재무구조가 급격하게 악화되었다.

금본위제에 기반한 통화 붕괴를 막아보기 위해 영국 등 금본위제 시행국들은 1933년 6월 런던에서 통화회의를 개최하기로 했다. 그 직전인 1933년 4월 미국은 아예 금본위제에서 전격 탈퇴함으로써 그러한 공조 분위기에 초를 쳤다. 당시 미국은 대공황 끝자락에서 뉴딜정책 등을 시행하느라 유럽을 도와 줄 여력이 없었을 뿐 아니라, 실업률이 25%까지 치솟아 국제경쟁력 회복을 위해 달러가치 절하가 절실했다. 결과적으로 미국은 경쟁 상대국들을 외환위기로 몰아넣어 유럽의 경제 회복을 사실상 방해한 셈이 되었다.

국제연맹 가맹국 66개국이 모여 런던에서 열린 '통화 및 경제 문제에 관한 국제회의'는 이렇게 해서 실패로 끝났다. 유럽은 분노했고 대공황은 더 길게 이어졌다.

브레인 트러스트

미국의 심각한 양극화 현상

> "우리나라를 세운 선조들이 정치적 힘의 세습을 거부했듯 오늘 우리는 경제적 힘의 세습을 거부한다."
> - 프랭클린 루스벨트, 1935년 개정입법 관련 의회연설 중에서

미국의 근대 산업사는 재벌의 역사였다. 대공황 직후 모건과 록펠러가 대기업군을 양분하다시피 했다. 이때 미국은 양극화가 극에 달했다. 상위 10%의 소득이 하위 50%의 소득과 같았다. 이는 고소득자 1명의 소득이 나머지 9명 모두가 버는 소득과 같아졌음을 뜻한다.

공황에 따른 자본의 재구조화는 거대 재벌을 탄생시켰다. 뿐만 아니라 농민, 자영업자의 몰락을 낳아 광범위한 실업자 군이 생겨났다. 실업자들의 불만이 극에 차올랐다. 이들은 실업자 조직을 만들어 노

동자와 함께 투쟁에 참가했다. 1929~1932년 사이 미국에서 2천 7백 건의 시위와 파업이 일어났다. 당시 유럽에서는 노동자들의 시위와 파업이 극심해 공산주의 혁명을 위한 투쟁으로 치닫고 있었다.

미국의 파업 역시 임금인하 반대, 해고반대, 실업구제와 사회보장을 요구하는 국제적인 투쟁의 형태로 전개되었다. 특히 광부, 섬유노동자, 철도노동자의 파업이 극렬했다. 많은 파업이 경찰과 격렬한 충돌을 일으켰다. 경찰이 노동자의 파업을 폭력적으로 억압하는 가혹한 조치를 취했기 때문이다.

대공황기간 중 사회주의가 자본주의 국가의 거의 모든 노조를 지배했다. 이런 상황에서 좌익세력은 실업자 대중 투쟁에 불을 질렀다. 영국에서는 전국실업노동자운동이 기아행진 시위를 했다. 이 투쟁은 국제적으로 주목받았다. 미국과 캐나다에서도 실업자협의회가 전국적 시위와 투쟁을 조직했다. 1930년 3월에는 약 112만 명의 실업자가 시위를 벌였다.

미국에서만 25개 도시에 50만 명의 실업자가 시위에 참가했다. 이 시위는 실업자평의회가 조직했다. 실업자평의회는 공산당이 1929년에 결성한 실업자 단체였다. 시위는 격화되고 사회 분위기는 점점 더 음울해져갔다. 대공황의 대중투쟁 시기에 세계 공산주의 운동은 공산주의 인터내셔널(코민테른) 주도하에 진행되었다.

미국은 이제 공산주의 국가가 되느냐 개혁을 통해 새로운 자본주의의 모델을 만들어 내느냐의 기로에 서 있었다. 이때 등장한 사람이 루스벨트였다.

루스벨트, 대공황 탈출 위해 '브레인 트러스트'를 구성하다

루스벨트는 1928년 뉴욕 주지사 시절부터 유대인들과 접촉이 많았는데 그 중 일부를 참모로 기용했다. 특히 대선 후보 시절 주위의 저명 교수들과 전문가들을 초빙하여 이른바 '브레인 트러스트'라고 불린 싱크탱크를 구성했다. 이것이 싱크탱크의 원조인 셈이다.

∷ 미국 32대 대통령 프랭클린 루스벨트

처음 루스벨트 측근에는 최소한 5개 그룹이 있었다. 첫 번째 그룹은 긴축을 선호하는 정통파, 두 번째는 화폐론자들, 세 번째는 독과점 반대론자들, 네 번째는 국유화론자들, 다섯 번째는 경제계획론자들이었다.

결국 이 가운데 경제계획론자, 국유화론자로 분류되었던 급진적 사회주의 사상을 지닌 사람들과 화폐론자들이 대공황의 난국을 타개할 싱크탱크의 주류가 되었다. 브레인 트러스트에는 유대인들이 많았다.

브레인 트러스트를 이끈 급진적 사회주의 학자들

당시 브레인 트러스트의 책임자는 레이몬드 몰리였다. 컬럼비아대 교수였던 그는 루스벨트의 측근 루이스 하우와 친분을 맺게 되었다. 하우의 권유를 받아 1928년 루스벨트의 뉴욕 주지사 선거운동에 가남했다. 1932년 대선 때 컬럼비아대의 경제학 교수 렉스포드 터그웰,

:: 싱크탱크의 주역들. 왼쪽부터 레이몬드 몰리, 렉스포드 터그웰, 아돌프 벌리

아돌프 베를 등과 함께 하우의 제안으로 브레인 트러스트를 조직해 정책자문을 해주었다.

그들은 사회주의 성향이 강했다. 그 무렵 자본주의에 본질적 문제가 있다고 생각하게 된 많은 미국인들은 공산주의를 돌파구로 생각했다. 공산주의 실험을 배우기 위해 매년 수천 명의 미국인들이 소련을 방문했다. 그들 역시 소련을 직접 방문해 사회주의 경제를 공부한 적도 있었다. 1927년 여름, 렉스포드 터그웰 교수 등 몇몇 사회주의 성향의 학자들이 소련을 방문했다. 소련에서 이들은 '미국민권연합'(ACLU)을 세운 로저 볼드윈을 만났다. 미국이 자본주의로 병들었다고 생각한 이들은 소련을 훌륭한 대안으로 보았다. 이들은 소련에 우호적인 〈뉴욕 타임스〉의 모스크바 특파원 월터 듀란티의 기사에 심취해 있었다. 당시 프랭클린 루스벨트도 그러했다.

그 이외에 브레인 트러스트에는 은행가이자 경제학자인 제임스 파울 와버그, 제임스 번스 등이 있었다. 이들은 모두 자본주의를 뜯어고쳐야 한다는 신념을 갖고 있었다. 기개도 대단했다. 몰리는 루스벨트의 많은 선거유세 연설문을 작성했고 유명한 '뉴딜 정책'을 고안해냈다. '뉴딜'이라는 용어 자체도 몰리의 작품이다.

사회주의 유토피아를 꿈꾸었던 렉스포드 터그웰도 경제개혁을 위해 공격적으로 움직였다. 그는 지역재건청 설립을 주도했다. 연방대법원은 "주택건설은 주정부 권한이기 때문에 연방정부의 개입은 위헌"이라고 판결했다. 하지만 터그웰은 위축되지 않고 개혁정책을 밀어붙였다. 미국 재계는 그를 '빨갱이XX, 렉스'(Rexford의 약칭)라고 불렀다.

베를 역시 "민생에 도움이 되지 않으면 자본주의를 쓰레기통에 처넣을 용의가 있다."고 선언하기도 했다. 정책자문단은 자유방임에 대해 강한 거부감을 표시했다. 자유방임에 따른 경제력 집중이 경제위기의 원인인 만큼 경쟁을 촉진할 수 있도록 정부가 개입해야 한다고 주장했다. '보이지 않는 손'(invisible hand)뿐 아니라 '보이는 주먹'(visible fist)도 필요하다는 입장이었다.

훗날 제임스 번스는 2차 세계대전 때 전시동원국장으로 일하면서 '국내문제 담당 부통령'으로 이름을 떨쳤다. 그는 또한 전쟁이 끝난 뒤의 어려운 시기에 국무장관으로 능력을 발휘했다.

루스벨트는 선거 유세기간에 이들이 제안한 정책들을 적극 활용했다. 집권 이후 입법한 '사회보장법과 공정근로 기준법' 등이 유세기간에 밝혔던 정책들이었다. 루스벨트는 대통령 선거를 정책 대결로 변화시킨 미국의 첫 번째 대통령이었다. 싱크탱크의 도움이 절대적이었다.

● 〈정문재의 크로스로드 개혁은 쓰나미처럼〉, 뉴시스, 2014년 6월 19일 등

대공황 탈출 마스터플랜

루스벨트의 금융신뢰 회복정책, 외환정책, 뉴딜정책을 포함한 산업정책, 복지정책 등은 그냥 나온 게 아니었다. 사전에 전체적인 그림이 그려지고 그에 의해 면밀하게 주도된 일련의 거대한 프로젝트였다. 싱크탱크 전문가들은 대통령 취임 전 대공황 탈출을 위한 마스터플랜을 짜면서 몇 가지 중요한 원칙을 정했다.

첫째, 최단 시일 내에 금융위기를 종식시키고 신뢰를 회복하기 위해 은행 부실을 가려내 공적자금을 투입하여 은행 업무를 정상화시킨다. 이를 위해 취임 즉시 은행 업무를 중단시키고 전면 감사를 실시한다.

둘째, 고갈되어 가고 있는 국가 비축 금을 늘리기 위해 취임 즉시 금본위제도를 정지시키고 국민들이 소유하고 있는 모든 금을 온스당 20.67달러에 회수하기 위한 행정명령을 발동한다.

셋째, 금의 가격결정 권한을 대통령이 갖기 위한 입법을 추진해 금 가격을 올림으로써 달러의 평가절하를 단행한다. 이를 통해 수출경쟁력 확보와 시중 통화량의 증대를 꾀해 경제를 활성화시킨다.

넷째, 고용 창출을 위해 시장에 깊숙이 관여하는 사회주의 방식의 여러 정책을 추진키로 한다. 그들은 이를 '미국인을 위한 새로운 정책'(a new deal)이라 부르며 공약으로 내건다. 이를 통해 사회간접 시설의 확대와 소비 진작을 유도하여 대공황 탈출의 지렛대로 삼는다.

다섯째, 각종 누진적 소득세와 상속세 등의 세율을 높여 부의 재분배를 통해 사회정의를 이룩하고 민간 소비를 유도해 경기를 부흥한다.

이러한 마스터 플랜을 갖고 1932년 선거에 임한 루스벨트는 대통령 선거에서 압도적인 승리를 거두고, 의회 선거에서도 민주당이 확고한 우위를 점하였다. 루스벨트는 전례 없는 정치적 자본을 얻은 대통령이 되었다. 루스벨트는 준비된 대통령답게 임기의 '처음 백일'동안 주목할 만한 일련의 혁명적인 정책을 연달아 내놓았다. '처음 백일'동안 의회는 루스벨트의 요구를 모두 승인하였다.

1차 환율전쟁

은행 휴업령을 내리고 전면 감사 통해 부실 처리해

루스벨트는 1933년 3월 4일 미국 32대 대통령에 취임하자마자 특별 의회를 소집하여 14개의 뉴딜법안을 전격 통과시켰다. 그리고 이튿날 전국 은행들의 휴업을 공포했다. 전면 감사를 실시해 부실을 찾아내고 옥석을 가르기 위한 과감한 조치였다. 부실을 털어내고 살릴 수 있는 은행과 퇴출시켜야할 은행을 가려낸 후 취임 8일 만에 은행영업을 재개시켰다. 일부 은행은 다시 문을 열었지만 나머지는 계속 운영이 중단되었다. 이러한 혁명적 조치로 은행의 신용을 회복시켜 신용위기를 단숨에 잠재웠다.

    이러한 혁명적 조치는 전무후무한 것이다. 2008년 글로벌 신용위기시에도 이러한 단도직입적인 부실 처리는 이루어지지 못했다.

    1933년 3월 9일 통과된 긴급은행법 덕에 연준은 시중 은행이 갖고 있는 국채와 수표 등을 담보로 대출해주고 연준 소속 은행에는 무담보 대출을 시행했다. 이로써 시중의 자금난을 해결했다. 그리고 연방예금보험공사(FDIC)를 세워 5천 달러까지 보증해주는 예금보험을 제공했다. 연방예금보험공사의 설립으로 파산이 염려되는 은행에 예금을 찾으려고 몰려드는 현상은 사라졌다.

금의 민간소유 금지, 국가 간 대외거래에만 사용

그는 동시에 행정명령을 내려 달러의 금본위제를 중단시켰다. 그리고 국민이 보유한 모든 금을 온스당 20.67달러에 국가에 팔도록 강제했다. 이를 어길 경우 1만 달러의 벌금과 10년 징역형을 발표했다. 금의 민간 소유를 원천적으로 금한 것이다. 미국 건국 이후 1백여 년 이상 지탱해 온 금본위제를 폐지한 혁명적인 조치였다. 대신 국가 간 대외거래에만 금을 사용토록 하는 '금환본위제'를 채택했다.

루스벨트의 민간인 금 보유 금지조치는 무려 40년이 넘게 계속되었다. 1975년에 이르러서야 미국 내 민간인 금 보유가 합법화되어 금시장이 개방되었다. 후세 경제학자들은 루스벨트의 치적 가운데 가장 극적이고 결정적인 조치는 국내에서 금본위제를 포기한 것이라고 평했다.

국채를 담보로 화폐 발행하는 관리통화제도 시행

대공황 이후 경기부양을 위해 정부가 돈을 풀어야 하는데, 금본위제 아래서는 화폐발행을 늘릴 방법이 없었다. 결국 금은 국가 간 대외거래에만 사용하고 국내적으로는 연방준비제도이사회 곧 FRB가 정부의 국채를 담보로 달러를 찍어내 경기를 부양했다. 이른바 관리통화제도의 시작이었다. 이 제도는 1923년 영국의 경제학자 케인스에 의해 주창되어 1931년 영국이 먼저 시행했다.

루스벨트는 통화량을 연 10%씩 늘려 나갔다. 그러자 인플레이션 기대심리가 퍼지면서 실질금리는 마이너스가 되어 소비와 투자가 살아났다. 1800년과 1929년의 물가는 거의 차이가 없었으나 1933년 관리통화제도 이후 물가는 거의 네 배나 올랐다.

미국은 이후로도 국채를 담보로 달러 발행규모를 계속해서 늘려왔다. 이로써 달러 발행이 늘어날수록 미국의 채무구조가 같이 늘어나는 통화정책 구조가 고착되었다.

대공황 타파 위해 유대인과 유대자본 끌어들여

루스벨트는 취임 전부터 대공황 타개를 위해서는 유대인들의 협조가 절실하다고 판단했다. 그는 적극적으로 유대인과 유대자본을 불러들였다. 그 뒤 유대인들이 주축이 된 대외 지향적 자본이 국내파 자본을 대체하고 지배적인 정치 세력을 구축했다. 유대계 경영자들이 본격적으로 정치와 행정부에 참여했다. 이때 재무차관에 기용된 유대인이 헨리 모겐소 2세였다. 그는 초년시절부터 루스벨트와 친구 사이였다.

1929~1933년 루스벨트의 뉴욕 주지사 시절 모겐소는 자원보존국장과 농업자문위원회 위원장으로 활동했고 루스벨트의

:: 최초의 유대인 재무장관 헨리 모겐소 2세

대통령 선거 캠페인에 참여했다. 대통령 취임 이듬해 1월 모겐소는 장관으로 승진하여 무려 11년간 재무장관직을 수행하게 된다.

처음에 모겐소 2세는 건전한 균형예산이 필수라는 보수주의 신념을 갖고 있었다. 하지만 확대재정을 통해 대공황을 돌파하려는 대통령에 대한 헌신 사이에서 갈등하였다. 그러나 결국 루스벨트에 대한 헌신을 선택했다. 그리고 뉴딜 정책과 2차 세계대전의 군비를 위한 대규모 재원조달에 착수했다. 그는 11년간 재무장관을 지내면서 3조 7천억 달러라는 천문학적인 거액의 자금을 융통했다. 이는 전임 장관들 50명의 재원 지출을 합산한 규모였다. 유대인 네트워크의 힘이었다.

또한 미국은 그간의 폐쇄적인 경제정책에서 벗어나 대외지향적인 경제정책을 추진했다. 모겐소 2세 이후 미국 재무장관 자리는 대부분 유대인들이 차지하는 관례가 만들어졌다. 그 이전에도 유대인의 입각은 있었다. 1906년 데오도르 루스벨트 대통령 당시 통상 및 노동장관에 오스카 스트라우스가 기용된 바 있었다. 이것이 유대인이 미국 행정부에 입성하게 된 세기였다.

루스벨트의 달러 69% 평가절하, 1차 환율전쟁

미국 수출은 1929년 52억 달러 수준에서 1933년에는 17억 달러로 급감했다. 루스벨트 대통령과 모겐소 2세는 시중에 돈이 돌게 하고 미국상품의 수출경쟁력을 높이기 위해서는 특단의 조치가 필요하다고 생각했다. 그들은 가장 손쉬운 방법인 환율을 택했다. 해결책은 간단했다. 달러의 평가절하였다.

모겐소 2세는 재무장관에 취임한 1934년 1월에 정화준비법(Gold Reserve act)을 만들었다. 이 법은 연방준비은행들이 보유하고 있는 금화·금지금·금증서 등을 모두 재무부가 소유하도록 했다. 대신 재무부는 각 은행들에게 새로운 양식의 금증서를 발행했다. 재무부는 보유하고 있는 금을 대부분 켄터키주 포트녹스 육군기지의 지하 금고에 보관했다.

:: 루스벨트가 금을 보관한 포트녹스의 금괴보관소

당시 미국 정부는 이 법에 따라 온스당 20.67달러로 사들인 금 가격을 정부가 임의로 정했다. 얼마 지나지 않아 온스당 35달러로 고정시켰고, 이로써 달러 가치는 불과 3개월 만에 69%나 떨어졌다. 그 결과 1931년 영국이 금본위제를 탈퇴하며 평가절하를 단행한 탓에 영국에 빼앗겼던 수출가격의 경쟁우위를 되찾았다.

그러나 미국의 평가절하로 주변국들의 고통은 이루 말할 수 없었다. 당시 이를 주도한 사람은 유대인 재무장관 헨리 모겐소 2세였는데, 이로부터 촉발된 환율전쟁으로 각국의 평가절하 경쟁은 전 세계를 침체의 구렁텅이로 몰고 갔다. 이것이 1차 환율전쟁이다.

루스벨트의 또 다른 달러 평가절하, '은 구매법'

그럼에도 시중에 통화량이 부족하자 당시 통화정책을 주도했던 와버그 등 유대인들은 농민과 은 생산자들을 보호하기 위해 은을 확충해 준비금으로 활용키로 했다. 이는 농민과 은 생산자들이 꾸준히 요청해 왔던 사안이었다.

이로써 1934년 6월 루스벨트 대통령은 통화 부족으로 인한 디플레이션을 막기 위해 '은 구매법'을 통과시켰다. 곧 은 가격이 1.29달러에 달할 때까지 또는 은이 정부 통화준비금의 4분의 1에 달할 때까지 국내와 해외에서 은을 무제한 구입하겠다는 내용의 법안이었다.

이로써 은을 금 대신 준비금으로 삼는 방안을 확정했다. 미국은 이 정책을 통해 두 가지 목적을 달성하고자 했다. 첫째는 준비금 확대를

:: 실버 달러

통해 통화량을 늘림으로써 디플레이션에서 탈출하는 것이다. 둘째는 정부가 은 구매 붐을 조성하여 은 가격을 올림으로써 중국 등 은본위제 국가의 화폐 구매력을 상승시켜 이들 국가에 미국 상품을 수출하려는 의도였다. 이것은 교역 상대국의 통화를 절상시켜 상대적으로 달러의 평가절하와 같은 효과를 노리는 것이었다.

하지만 해외에서의 공격적인 은 구입은 은의 국제 가격을 올려 수출 경쟁국에 타격을 가하는 근린궁핍화 정책이었다. 이로 인해 중국의 무역적자는 급증했다. 그리고 금융경색으로 물가가 폭락하게 되자 중국은 은본위제를 포기한다. 은본위제 이탈은 당시 장개석이 지배하던 중국에게는 재앙이었다. 결국 루스벨트의 은 구매정책이 중국의 공산화에 결정적 영향을 미쳤다.

은 구매법으로 미국이 디플레이션에서 탈출한 것은 좋았으나 지나친 통화량 증대로 물가가 급등하였다. 밀턴 프리드먼의 《화폐 경제학》에 의하면 1932~1937년 미국의 소비자 물가는 14%, 도매 물가는 32%, 농산물 가격은 79%나 올랐다.

연준, 주식이 회원은행들에 의해 소유되는 민간기업

1935년에 연방준비국은 1935년에 '연방준비제도이사회'로 변경되었다. 이 조직은 형식상 의장이 대통령에 의해 임명된다는 점에서 정부기관의 성격을 보인다. 하지만 주식 전량을 회원은행들이 소유하고 있는 민간기업이다. 따라서 정부의 관리나 감독을 거의 받지 않는다. 연준이 이렇게 기이한 형태를 취하게 된 것은 1913년 영국의 중앙은행인 영란은행을 본 따 중앙은행을 설립했기 때문이다.

1935년 은행법 개정은 연준 구조에 연방공개시장위원회(FOMC : Federal Open Market Committee)를 별도 법적기구로 분리했다. 그리고 재무부장관과 통화감독관을 아예 연준 이사회 명단에서 빼버리고 이사의 임기를 14년으로 정했다. 정부의 입김을 원천봉쇄한 것이다.

그리고 2차 세계대전 이후 고용법에 의해 중앙은행의 임무에 새로이 '고용촉진'이 들어갔다. 요새 연준이 인플레이션 못지않게 실업률

:: 워싱턴 소재 미국의 연준 건물

을 따지는 이유이다.

1956년에는 은행지주회사법이 제정되어 연준이 은행을 소유한 지주회사를 감독하도록 했다. 1978년에는 험프리-호킨스법이 제정되어 연준 의장이 1년에 두 번 의회에 통화정책의 목표와 대상을 보고하도록 했다.

연준은 오늘날까지도 통화를 통제하고 있는 민간은행 카르텔이다. 엄밀히 말하면 연준은 사실상 이익단체들에 의해 소유되고 있는 사적 법인이다. 실제로 미국의 'Yellow Page'(업종별 전화번호부)를 보면 '연준'은 정부기관이 아닌 민간기업 난에 기재되어 있다.

유대인의 회전문 인사

그런데 연준은 한국전쟁을 계기로 획기적인 변화를 겪는다. 1951년 한국전쟁에 개입하기로 한 미국 정부가 국채발행을 결정하고 연준에게 사줄 것을 요청했다. 기존의 관행대로 정부가 발행한 국채의 매입을 연준이 별 잡음 없이 사줄 것으로 믿었다. 하지만 연준이 거절하는 초유의 사건이 발생했다.

재무부뿐 아니라 백악관 역시 놀랬다. 대통령은 바로 재무부, 연준 이사회 그리고 뉴욕 연준은행 최고 책임자를 불러 원만한 타협을 요구했다. 그러나 어떤 결실도 보지 못하고 모임은 끝났다. 이 사건은 결국 그 유명한 '1951년 재무부-연준 합의'를 도출한다. 이 이야기는 중앙은행의 역사에서 중앙은행의 독립성을 나타내는 뜻 깊은 사건이었다.

그러나 속내를 들여다보면 흥미로운 이야기들이 있다. 우선 합의 이후 연준 의장이 교체되는데, 국채 매입을 두고 신경전을 벌였던 당시 재무부 측 협상 대표였던 윌리엄 마틴 차관보가 연준 의장이 된 것이다. 그는 44세의 나이로 재무부 차관보에서 일약 연준 의장이 됐다. 그를 임명한 사람은 해리 트루먼 대통령이었다. 기이한 일이었다. 중앙은행 독립이라는 합의 결과로 협상 상대측이 연준 의장으로 온 것이다.

또 하나, 이 합의는 미 정부의 매입요청을 연준이 거절하는 것이 아니라 요청대로 매입하기로 결정했다는 점이다. 게다가 이를 연준의 주요 책무로 삼겠다고 결정한 것이다. 이때부터 재무부와 연준은 한 몸 같이 움직였다.

이런 사례는 또 있다. 1979년의 미국 경제는 최악이었다. 그 해 인플레이션율은 13.3%나 되었다. 베트남전쟁 패배의 후유증도 컸지만, 연준 스스로가 인플레이션보다는 성장에 신경을 썼기 때문이었다. 그 무렵 재무부는 인플레이션을 잡기 위해 금리인상을 주장했다. 그러나 윌리엄 밀러 당시 연준 의장은 통화정책에 이상 없다며 긴축에 반대했다. 경제성장을 주도하는 재무장관과 통화정책 책임자의 역할이 뒤바뀐 것 같았다.

두 책임자의 갈등이 심화되면서 1976년 1,000선을 돌파했던 다우지수는 800선으로 내려앉았다. 통화정책에 대한 갈등은 월가 투자자들의 신뢰를 상실했다. 카터 대통령 스스로도 "정부가 신뢰의 위기를 맞고 있다."고 선언할 정도였다. 많은 경제학자들은 "미국이 남미형의 만성 인플레이션 경제로 추락하거나, 아니면 1930년대와 같은 대공황에 빠져들 것"이라고 걱정했다.

　대통령은 두 기관의 책임자를 교체했다. 연준의 밀러는 취임한 지 얼마 되지 않아 재무부 장관으로 자리를 옮겼다. 이러한 상황에서 연준의 해결사로 등장한 인물이 재무부 차관이었던 폴 볼커였다.

　이때부터 유대인의 회전문 인사가 본격적으로 시작되었다. 그 뒤 월가의 수장들이 재무부 장관으로 발탁되는 일이 많아졌다. 로버트 루빈이나 헨리 폴슨 등이 그들이다. 그리고 윌리엄 마틴이나 폴 볼커처럼 재무부 관료들이 연준으로 가곤 했다. 가이트너 차관이 퇴직 후 뉴욕연준총재로 갔다가 오바마 정권 때 다시 재무부 장관으로 컴백했다. 또 재무부나 연준에 몸담았던 인사들이 퇴직 후 월가로 가는 일이 많아졌다. 로버트 루빈이 시티그룹 회장으로, 로렌스 서머스와 티모시 가이트너가 월가 헤지펀드에서 일하고 있다. 이들 대부분이 유대인으로 그들은 서로 끌어주고 밀어주는 연대 의식이 유난히 강한 민족이다.

　원래 재무부와 연준 그리고 월가는 서로 견제와 균형 아래 관리감독 등의 역할을 나누어 갖는 삼각편대여야 한다. 그런데 이들이 한 몸처럼 움직이고 있는 것이다.

브레튼우즈체제의 탄생

미국의 금 축적으로 세계의 금본위제 붕괴되다

대공황 무렵 달러와 파운드와 금이 기축통화의 자리를 놓고 서로 다퉜다. 날로 강해지는 달러에 맞서 1931~1933년 사이 환율을 파운드에 고정한 나라들은 스털링 블록을 형성했다. 그 무렵 금 준비가 비교적 풍부했던 프랑스는 금본위제를 포기하지 않고 오히려 주변 국가들과 금 블록을 형성했다. 1933년 7월 프랑스·벨기에·네덜란드·스위스·이탈리아 및 폴란드 6개 나라가 금본위제의 유지를 위해 금 블록 협정을 체결했다. 스털링 블록과 달러 블록에 대항하려는 의도였다.

그 무렵 달러는 금과 은을 기반으로 하는 금은복본위제와 한편으로는 국채를 담보로 하는 관리통화제에 함께 연동되어 있었다. 루스벨트는 대공황을 타파하기 위해서는 시중에 유통 화폐를 늘려 경기 부양에 힘써야 했다. 금환본위제 아래에서 화폐를 늘리려면 금이 필요했다. 그는 금의 해외 유출을 차단하고, 외국과의 교역에서 흑자가 나면 이를 금으로 바꾸었다. 그리고 이는 대공황이 끝나고도 한동안 지속되었던 미국의 국가 정책이었다.

한데 금이란 유한한 자원이다. 지난 5천 년 동안 인간이 캐낸 금의 양은 26만여 톤에 불과했다. 매년 새로 캐내는 금의 양은 전체의 1%에 불과한 2천 톤 남짓이다. 미국에 유입되는 금만큼 다른 나라들은 금이 모자랄 수밖에 없었다.

금이 모자란 나라는 화폐의 양도 그만큼 같이 줄었다. 하지만 그렇다고 무한정 화폐의 양을 줄여나갈 수만도 없었다. 경제를 돌리려면 화폐가 필요했다. 결국 영국을 비롯한 많은 나라들은 금본위제를 포기했다. 자국 화폐를 금과 연동시키지 못하게 된 것이다. 이는 통화정책의 완화를 의미했다. 그러자 프랑스가 주도한 금 블록의 통화가치가 다른 나라 통화대비 높게 평가되어 자본 유출이 지속됐다. 게다가 세계적 불황과 대외무역의 불리 등으로 금 블록 여러 나라도 경제적 어려움에 처하게 되었다. 이에 따른 경제와 사회 불안으로 1935년 3월에 벨기에가 금본위제도를 이탈하고 1936년 폴란드, 뒤를 이어 1937년 프랑스도 결국 금본위제를 포기했다.

미국의 패권시대 - 달러 중심의 세계 경제 출범

그 뒤 미국의 보호주의는 유럽 내의 보호주의를 낳았다. 이는 다시 유럽국가 간의 극단적 보호주의로 치달아 독일·이탈리아·스페인·

벨기에 등이 폭력적 국수주의와 국가사회주의를 뒤섞은 파시즘을 낳게 했다. 이렇듯 '너 죽고 나 살자'는 식의 보호주의 끝에 결국 터진 것이 2차 세계대전이었다.

미국이 세계시장에서 금을 사들이는 행위를 중단한 것은 1944년으로 2차 세계대전의 종전을 눈앞에 둔 때였다. 당시 미국은 세계 금의 80%를 보유하고 있었다. 그동안 많은 나라들의 금 보유고가 거덜나 금태환제를 포기해야 했다. 이들 나라들은 자국의 화폐를 싼값에라도 달러와 맞바꾸어야만 했다. 어쩔 수 없었다. 사람들은 금을 보유하고 있는 미국의 달러를 더 신뢰할 수밖에 없었고 결국 달러화 가치는 점점 높아졌다. 이는 이후 달러가 세계의 기축통화로서 작동할 수 있는 근거를 마련하게 된다.

1944년 미국은 뉴햄프셔 주의 브레튼우즈에 세계 각국의 경제 대표들을 초청한다. 이 회의 직후 금환본위를 바탕으로 하는 달러 중심의 세계 경제 출범에 동의를 표하게 된다.

치열하게 대립하고 있는 화폐발행권의 문제

역사 이래로 화폐발행권, 곧 발권력을 누가 가지느냐는 문제는 항상 초미의 관심사였고 극심한 논쟁과 대립을 불러일으켰다. 이 문제는 일장일단이 있다. 발권력을 정부가 가질 경우, 정부는 항상 재정확대의 유혹에 노출되어 독립적인 물가관리가 안 될 소지가 크다. 로마제국과 스페인제국이 망한 것도 바로 억제되지 않는 재정확대로 인한 과도한 인플레이션과 국가부도사태 때문이었다.

반면 민간은행연합회가 발권력을 가질 경우, 통화운용의 독립성은 어느 정도 확보할 수 있다. 하지만 정부 입장에서 조세수입을 초과해 재정을 집행해야 할 경우에는 국채를 발행해 은행권을 빌려야 한다. 곧 그만큼 이자를 물어야 한다.

여기에 큰 차이가 있다. 정부가 발권력을 갖고 있으면 이자를 물 필요가 없을 뿐 아니라, 돈을 찍어내어 오히려 이자 수입을 엄청나게 올릴 수 있다. 이를 발권력이 갖는 '시뇨리지 효과'라 한다. 바로 이 시뇨리지 효과가 엄청난 이해관계인 것이다.

미국의 경우는 2백여 년에 걸친 치열한 힘겨루기 끝에 현재 후자를 택하고 있다. 지금도 이 시뇨리지 효과의 덕을 민간은행인 연방준비은행이 보고 있다. 곧 연준의 주주로 참여하는 회원은행들이 시뇨리지 효과를 거두어 가는 것이다. 시뇨리지 효과는 수치상으로 계산이 안 될 정도로 엄청난 금액이다.

현재 연방준비제도이사회는 기준금리와 콜금리의 결정, 지급준비율의 변경, 주식거래에서의 신용규제, 가맹은행의 정기예금금리의 규제, 연방준비은행의 재할인율을 결정한다. 중앙이사회는 워싱턴D.C.에 위치하고 현재 의장은 자넷 옐런이다. 35년째 유대인이 의장이다. 미국 각지에 12개의 지역 연방준비은행(FRB)이 있다.

∷ 연방준비제도이사회 의장 자넷 옐런

연방준비은행의 실질적 주주들은

제이피모건체이스 등 민간은행들이다. FRB를 설립한 금융자본은 로스차일드 등 유럽 금융재벌들이 70%에 가까운 지분을 나눠 갖고 있다. FRB의 실질적인 소유주인 유럽의 금융재벌들은 유럽중앙은행의 소유주이기도 하다.

유대인 해리 화이트의 활약

2차 세계대전을 겪으면서 미국이 세계 경제와 금융의 헤게모니를 잡았다. 그간 세계의 맹주로 군림해온 영국보다도 GDP가 4배 이상 컸다. 2차 세계대전으로 유럽의 국가들은 모두 전후 복구사업으로 정신이 없을 때였다. 유럽이 과거의 경제력을 회복하기 위해선 미국의 지원이 필요한 상황이었다.

이러한 상황에서 미국은 44개국 대표 730명이 모인 브레튼우즈 회의에서 다음과 같은 제안을 했다. "세계 경제를 복구하기 위한 경제부흥개발은행과 세계 통화를 통제할 수 있는 국제통화기금을 만들자. 이 기구들을 통해 달러를 지원하겠다."

이러한 미국의 제안은 회의에 참가한 국가들에게 솔깃한 이야기였다. 당시 대부분의 국가들이 전후 복구를 위한 돈이 부족했다. 때문에 돈을 지원받을 수 있다는 것이 그만큼 큰 의미를 가졌다. 또한 돈을 빌리는 것 뿐 아니라 국제통화기금의 안정적인 통화 관리로 경제성장을 위한 안정적인 시스템이 마련될 것이라는 생각에 대부분 국가가 이에 찬성했다.

:: 햄프셔 브레튼우즈

영국은 이에 반대해 세계통화를 만들 것을 제안했다. 당시 영국 대표로 참석한 존 메이너드 케인스는 세계적인 경제학자였다. 반면 미국 대표 해리 덱스터 화이트는 케인스에 비해 무명이었다. 하지만 화이트는 유능한 사람이었다. 러시아계 유대인 이민자 부부의 막내로 태어난 그는 집안이 가난해 대학 진학을 포기하고 1차 세계대전 때 군에 자원입대했다.

전쟁이 끝나자 화이트는 참전용사 지원프로그램 덕에 컬럼비아대학에서 공부할 수 있었다. 하버드대학에서 경제학 박사학위를 받은 후 잠시 교수생활을 한 뒤 재무부에 취직했다. 당시 재무부장관이었던 모겐소가 그의 능력을 알아 봤다. 화이트는 승승장구해 차관보에 오른 뒤 브레튼우즈 회의에 미국 대표로 참석했다.

화이트는 케인스에 밀리지 않았다. 오히려 케인스를 압도했다. 케인스는 금본위제를 야만적인 제도로 생각했다. 그는 금에서 해방된 화폐를 주장하며 "세계 중앙은행인 국제청산동맹(International Clearing Union)을 만들자. 그곳에서 다른 나라의 간섭을 받지 않고 독립적으로 세계화폐인 방코르(Bancor)를 발행해 공급하자."고 제안했다.

하지만 미국 대표 화이트는 일언지하에 이를 거절했다. 대부분의 국가 역시 국제기구를 만들어 돈을 지원하겠다는 미국 제안을 거절할 이유가 없었다. 때문에 결국 미국 주장대로 '브레튼우즈체제'가 만들어졌다.

브레튼우즈체제, 금 1온스당 35달러로 금 교환 보장

미국은 1944년 브레튼우즈체제를 통해 국제통화기금(IMF)을 창설하여 파운드화 대신 달러가 국제결제수단으로 채택되도록 했다. 이로써 달러가 전면에 등장하며 세계의 기축통화가 되었다. 당시 미국은 달러를 '금 1온스당 35달러'에 고정시켰다. 이를 기준으로 IMF 가맹국들은 달러에 대한 자국통화의 환율을 고정평가의 1% 안에서 유지시켜야 했다.

이 같은 고정평가제의 채택은 미국이 35달러에 금 1온스를 교환해주겠다는 약속을 전제로 한 것이다. 이로써 달러의 가치는 금에 고정되고, 다른 나라 통화는 달러에 연결되어 간접적으로 금의 가치에 연계되는 금환본위제가 수립된 것이다.

그런데 미국의 금환본위제는 막대한 금을 보유했을 때만 유지 가능했다. 예컨대 시장에서 금 1온스의 가격이 35달러 이상으로 오르면 미국은 보유 금을 방출하여 금 가격을 안정시켜야만 했다. 만약 금 가격이 그 이상 오를 경우, 외국의 중앙은행들은 미국에서 금을 사온 다음 이를 시장에 내다 팔아 손쉽게 돈을 벌 수 있게 된다. 이런 상황을 미리 방지하려면 미국은 막대한 양의 금을 보유하는 것과 함께 자국 경제를 인플레이션 없이 안정적으로 관리해야만 했다. 따라서 미국 정부가 원한다고 무작정 돈을 찍어낼 수는 없었다.

| The Exchange Rate Wars Story **PLUS** |

독일의 초인플레이션, 유대인을 향한 분노 폭발

1914년 6월 오스트리아 황태자 부부가 암살당했다. 이에 오스트리아가 사건의 배후로 알려진 세르비아에 선전포고를 함으로써 1차 세계대전이 발발했다. 이 전쟁은 두 개의 대치되는 동맹국 그룹을 자동으로 전쟁에 끌어당겼다. 하나는 영국, 프랑스, 러시아의 삼국 협상을 기반으로 한 연합국이며, 다른 하나는 독일과 오스트리아, 헝가리의 동맹국이었다.

∷ 1차 세계대전의 계기가 된 오스트리아 황태자 암살사건

당시 오스트리아의 동맹국이었던 독일은 영국과 프랑스에 선전포고를 하고 전쟁에 참전했다. 독일은 10개월 만에 끝난 '보불전쟁'의 전례에 비추어 전쟁이 빠른 시간 안에 끝날 것으로 예상했다. 그래서 막대한 전쟁비용을 증세가 아닌 국채 발행으로 충당했다. 이런 조치의 이면에는 전쟁에서 승리할 수 있다는 독일 정부의 확신이 있었다. 전쟁에서 승리해 전리품과 배상금을 통해 전쟁비용을 만회할 수 있다고 판단한 것이다.

전쟁 발발 전 독일의 한 해 예산은 23억 마르크였다. 그런데 1914년 10월 단한 달간의 지출만 12억 마르크였다. 미국의 참전으로 전선이 확대되면서 1917년 10월 지출은 약 40억 마르크에 달했다. 전쟁이 막바지로 치닫던 1918년 10월에는 약 48억 마르크가 지출되었다. 독일 정부가 채권을 남발하면서 마르크화의 가치도 눈에 띄게 하락했다. 독일이 전쟁에 뛰어든 1914년 7월, 달러당 4.2마르크였던 환율은 1919년 1월 8.9마르크까지 상승했다.

독일은 1차 세계대전 패전 직후 체결된 베르사이유 조약에서 승전국들에게 전쟁비용을 지불해야 했는데 청구액은 약 1,320억 마르크였다. 이는 당시 독일 국가 재산의 3배 정도로 컸다. 당연히 독일은 배상금을 지불할 여력이 없었다.

종전 후 독일의 재정은 엄청난 적자상태에 놓였고, 갚아야 할 부채만도 1천 5억 마르크에 달했다. 그 외에도 파괴된 사회 기반과 생산시설의 복구, 전쟁 피해를 입은 자국민에 대한 보상 등 돈 들어갈 곳이 한두 군데가 아니었다. 세금도 충분히 징수할 수 없었던 독일 정부는 필요한 만큼의 돈을 찍어내기로 했다.

독일 정부는 통화팽창으로 통화가치가 절하되면 수출경쟁력이 높아지고 수입억제 효과가 있어 경상수지 흑자를 이룩하면 전쟁배상금을 갚는 데에도 유리하다고 판단했다. 시중에 돈이 풀리자 화폐 가치는 하락했다. 국채 또한 대량 발행하여 헐값에 매각했다.

환투기 세력의 준동

투기세력들이 이런 절호의 기회를 놓칠 리 없었다. 그들은 앞으로 독일의 화폐가치가 더 크게 떨어질 것으로 보았다. 수법은 예나제나 똑 같았다. 그들은 독일에서 마르크화를 빌려 그 돈으로 강세예상 통화인 달러 등을 사두었다. 나중에 독일의 돈값이 크게 떨어지면 달러를 팔아 독일 통화를 사서 빌린 돈을 갚고 그 차액을 챙겼다. 이런 국제 금융세력들의 투기로 독일의 화폐 가치는 더 크게 떨어졌다. 환투기가 극성을 부렸다.

독일의 화폐 발행권을 장악한 글로벌 은행가문

이 시기에 글로벌 금융가문들의 로비에 의한 승전국들의 압력으로 1922년 독일 중앙은행이 민영화되면서 독일 정부는 중앙은행의 통제권을 완전히 상실했다. 정부를 대신해 독일의 화폐 발행권을 장악한 세력은 다름 아닌 글로벌 은행가문들이었다.

글로벌 은행가문들의 통제 하에 놓인 독일 중앙은행과 민간은행들이 돈을 마구 찍어냈고, 결국 초인플레이션에 휩싸이게 되었다. 1922년 5월 달러 대비 마르크화 환율은 1:320이었으나 1923년 12월에는 1:4.2조가 되었다. 월평균 400%에 가까운 초인플레이션이 일어났다. 국민들은 눈뜨고 모든 현금자산을 강탈당한 것이다.

이에 따라 1923년 7월 독일 국내 물가는 1년 전에 비해 7천 5백 배를 넘어섰다. 2개월 뒤에는 24만 배, 다시 3개월 후에는 75억 배로 뛰었다. 하이퍼인플레이션이 심각해지자 웃지 못할 상황이 발생했다. 거리는 빵 한 조각을 사기 위해 수레에 돈을 가득 싣고 다니는 사람들로 넘쳐났다. 주부들은 지폐를 땔감으로 사용했다. 아이들도 장난감 대신 돈다발로 블록을 쌓으며 시간을 보냈다.

할마르 샤흐트와 유대금융 세력의 한판 승부

마르크화가 18개월에 걸쳐 몰아친 투기 회오리에 휘말려 완전히 휴지조각이 되어버리면서 새로운 화폐개혁을 요구하는 목소리가 높아졌다. 이때 등장한 화폐가 '렌텐마르크'이다. 렌텐마르크는 토지와 산업 시설을 담보로 발행되었으며 총 가치는 32억 마르크에 달했다. 당시 렌텐마르크 대비 달러 환율은 4.2:1이었고, 구 마르크화와의 교환비율은 1:1조였다. 독일 정부는 렌텐마르크를 발행하는 은행인 '렌텐은행'을 새로 설립했다. 1923년 11월 15일부터 유통된 렌텐마르크는 법정화폐가 아니어서 정부의 채무와 외채를 상환하는 데 사용되지는 못했다.

마르크화 안정의 중책을 맡은 사람은 금융계에서 23년이나 활약한 할마르 샤흐트였다. 그가 추진한 '새로운 정책'의 핵심은 두 가지였다. 하나는 모든 민영은행의 마르크화 발행을 즉각 금지시킨 것이고 다른 하나는 외국인에게 렌텐마르크 대출을 금지한 것이다. 유대인 환투기꾼들을 겨냥한 조치였다.

  1923년 11월말 샤흐트는 다음과 같이 일갈했다. "불과 몇 달 전까지만 해도 독일 중앙은행이 선뜻 대출을 해주거나, 민영은행이 발행한 긴급화폐로 중앙은행의 마르크화와 바꿔 투기자금을 마련할 수 있었다. 그러나 지금은 상황이 달라졌다. 우선 민영은행이 자체 발행한 긴급 화폐는 그 가치를 잃었으며, 나아가 그것을 마르크화로 교환하는 것은 이제 금지되었다. 또 중앙은행은 마음대로 대출을 해 줄 수 없게 되었고, 렌텐마르크는 외국에서 사용할 수도 없다. 이상 세 가지 이유 때문에 환투기꾼들은 외환시장에서 채무를 상환할 렌텐마르크를 충분히 얻지 못해 거액의 손실을 보게 될 것이다."

  샤흐트의 말에서 독일 마르크화체제의 붕괴 원인을 되짚어 볼 수 있다. 우선 환투기꾼들의 투기자본이 중앙은행의 지원에 힘입어 조성됐다는 사실이다. 당시 투기세력은 독일 중앙은행으로부터 저금리로 거액의 대출을 쉽게 제공받을 수 있었다. 그리고 이 돈은 마르크화 공격에 이용되었다. 민영은행들은 자체적으로 발행한 화폐를 중앙은행에 가지고 가 마르크화로 바꿨다. 그런 다음 이를 다시 투기세력에게 '공급'했다. 한마디로 중앙은행과 민영은행들이 투기세력들의 공범이었던 것이다.

  샤흐트는 이들 은행에 대해 중앙은행에서 어음 재할인을 잠시 중단하는 것으로 제재를 가했다. 정부의 명령을 어기고 외국인 투기세력에게 렌텐마르크 단기대출을 제공한 은행을 가차 없이 처벌했다.

  그는 1924년 4월 7일부터 두 달 동안 중앙은행의 신규 신용대출도 중지시켰다. 이는 마르크화의 안정성을 회복하기 위한 조치였다. 이와 동시에 엄격한 긴축정책을 병행해 1개월짜리 단기대출 금리를 30%에서 45%로, 당좌대월금리는 40%에서 한꺼번에 80%로 올렸다. 외국인 환투기꾼들은 삽시간에 곤경에 처했다. 자신들이 가지고 있던 외화를 마르크화로 바꿔 손실을 메울 수밖에 없었다.

  이 조치로 독일 중앙은행의 외화 보유액은 대폭 늘어나 1924년 4월에 6억 마르크에 달했고, 금리인상 후 4개월이 지난 8월의 외화 보유액은 2배로 증가했다.

1924년 7월, 마르크화가 안정을 회복한 후 단기대출 금리는 하락하기 시작했다.

1924년 말에 이르러 독일의 사업가들과 일반 자영업자들은 렌텐마르크와 마르크화의 가치를 동일시하기 시작했다. 이에 샤흐트는 렌텐마르크를 회수하고 독일 중앙은행에서 발행하는 마르크화를 유통시켰다. 샤흐트의 고강도 처방에 힘입어 바이마르 공화국의 치명적인 하이퍼인플레이션은 마침내 잡힐 수 있었다.

최악으로 치달은 유대인에 대한 분노

하지만 하이퍼인플레이션 과정에서 공화국의 사회적 부는 극소수의 사람에게 집중되었다. 중산층은 극빈층으로 전락했고, 국제 은행가문들은 독일이 수십 년 동안 축적한 부를 싹쓸이하고 금융 및 산업 시스템까지 완전히 장악했다.

모든 것을 잃은 분노와 전승국에게 당한 굴욕은 독일인들을 전례 없는 복수심에 불타게 만들었다. 특히 국제금융을 주무르는 유대인에 대한 분노가 최악으로 치달았다. 국민들의 분노는 모든 것을 잃게 만든 나약한 바이마르 공화국에게까지 미쳤다. 민심을 잃은 공화국의 정치기반은 자연스럽게 휘청거렸고, 히틀러의 나치즘은 이러한 토양 위에서 탄생했다.

• 《화폐전쟁2》, 쑹훙빙, 랜덤하우스코리아, 2010년 5월

The Exchange Rate Wars Story

화폐발행권을 둘러싼 비운의 케네디

2

은행에서 발행하는 화폐 '은행권'에 반대되는 개념이 '정부권'으로, 정부에서 직접 발행하는 화폐이다. 정부가 발행하는 국채와 맞바꾸는 은행권은 정부가 이자를 물어야 하지만 정부가 직접 발행하는 정부권은 이자를 물 필요가 없다.

링컨 대통령은 남북전쟁이 발발하자 전비 마련을 위해 뉴욕의 은행가들과 협상을 했지만 그들이 요구하는 고율의 이자에 놀라 의회를 설득해 은행권이 아닌 '정부권'을 발행했다. 이것이 '그린백' 달러다. 링컨은 재선 뒤에도 정부권 발행을 확대하려다 비운의 암살을 당했다는 설이 있다.

대부분의 사람들은 당연히 미국 정부가 화폐발행권을 갖고 있다고 생각한다. 그러나 미국 정부는 화폐 발행권이 아예 없다. 미국은 아이로니컬하게도 연방준비제도이사회(FRB)로부터 돈을 빌려 쓰고 있다.

케네디 암살의
뒷얘기들

케네디와 은증서

정부권과 관련한 케네디 암살의 음모론적 시각도 있다. "케네디 대통령은 1963년에 은행권이 아닌 정부가 발행하는 은증서와 은달러를 복원하려고 시도했다. 하지만 이런 조치는 연준의 주주들인 은행금융

:: 은증서

자본들의 반발에 부딪힌다. 달러를 찍어내며 국채이자를 챙겨오던 연준 입장에서는 반가울 리 없는 시도였다.

케네디는 연준과는 별도로 정부가 보유한 은괴를 바탕으로 은증서를 발행하여 정부권 지폐로 사용하는 것을 핵심으로 하는 국가 재정체계의 개선책을 구상했다. 그는 《경제해법》이라는 책에서 이자를 내는 연준은행권을 이자 없는 정부권으로 바꾸기 위해 1963년 6월 대통령령 11110호로 43억 달러의 정부권을 찍어냈다고 설명했다. 그러나 그가 1963년 11월 암살당하는 바람에 이 계획도 결국 사라지고 말았다. 그의 뒤를 이은 존슨은 곧 시중에 통용되는 정부권 화폐를 거두어들였다. 케네디는 화폐발행권을 미국 정부에 귀속시키려다 암살당한 것으로 추정하는 사람들이 많다."●

사건은 오스왈드가 케네디를 저격했다는 것인데, 오스왈드는 케네디를 태운 차량의 뒤편건물에 있었고, 케네디는 얼굴이 앞이 아니라 뒤로 젖혀지는 등 여러 각도에서 날아온 총알을 맞고 죽었다. 케네디 암살 후 불과 3년 만에 18명의 결정적 증인들이 연이어 사망했고, 영국의 한 수학자는 이런 우연이 발생할 확률은 10경분의 1이라고 한다. 현장을 목격한 증인들도 1백여 명이나 사망해 의혹을 더해준다.

● 《그림자정부》, 이리유카바 최, 해냄, 2008년 4월

쑹훙빙의 이야기

쑹훙빙이 쓴 《화폐전쟁》에서는 이를 더 자세히 다룬다. 미국에서 은이 합법적 화폐로 인정받기 시작한 것은 1792년 '화폐주조법' 제정 이후이다. 이때부터 미국은 금·은 양 화폐 병행제도 곧 복본위제를 오랫동안 유지했다. 그 무렵 세계의 금광과 금 공급을 대부분 장악한 로스차일드 가문이 유럽 전체의 화폐 공급을 통제했다. 그런데 은산지는 금보다 분산되어 있고 생산량도 훨씬 많아 이를 통제하기 어려웠다. 로스차일드가는 1873년을 전후해 유럽 대부분 국가에 은을 화폐에서 배제하라고 압력을 넣었다. 단일 금본위제를 시행하도록 압박한 것이다. 결국 유럽의 여러 나라들이 금본위제를 시행했고 미국도 이에 따랐다.

그 결과 1873년 2월, 은을 화폐에서 배제하는 '1873년 화폐주조법'이 제정되면서 문제가 생겼다. 미국 서부의 은산지에서 이 법에 강하게 반대하고 나선 것이다. 사람들은 이 법을 '1873년의 악법'이라고 강하게 비난했다. 이로 인해 화폐 유통량이 줄어들면서 미국에 공황이 들이닥쳤기 때문이다.

그 뒤 은본위제를 지지하는 서민들의 움직임이 거세게 일었다. 결국 1878년 의회는 '블랜드-앨리슨법'을 제정해 재무부가 매월 은 2백만~4백만 달러어치를 반드시 구매하도록 했다. 그리고 금과 은의 가격은 1:16으로 조정했다. 재무부는 금증서와 함께 은증서도 발행해 은증서 1달러는 은화 1달러와 동등하게 유통되었다. 이 법은 나중에 '1890년 셔먼법'으로 대체되었다. 셔먼법은 재무부의 은 구매 수량을 늘려 매월 450만 온스를 더 구매하도록 했다.

1913년 연방준비은행이 설립된 후 '연방준비은행권'을 발행하기 시작했다. 1929년 경제대공황 때는 연방준비은행권이 이미 화폐 유통량의 대부분을 차지했다. 그 뒤 1933년 루스벨트가 금본위제를 폐지하고 민간의 금 보유를 불법행위로 규정한 이래 금증서는 퇴출당하고 연방준비은행권, 은증서, 그린백만 남았다. 그린백은 원래 상한선이 정해져 있어 국제 금융재벌들은 위협을 느끼지 않았으나, 은증서는 문제가 되었다.

셔먼법에 따라 정기적으로 은을 구매해온 재무부는 1930년대가 되자 60억 온스가 넘는 은을 보유하게 되었다. 이는 20만 톤이나 되는 굉장한 양이었다. 게다가 은 광산이 전 세계에 분포되어 있어 생산량이 많기 때문에 은본위제를 시행해 재무부가 은증서를 직접 발행한다면 국제 금융재벌에게는 커다란 위협이 아닐 수 없었다. 1933년에 루스벨트가 국내 금본위제를 폐지한 뒤 미국 화폐제도는 은본위제인 셈이었다. 세 종류의 주요 화폐는 모두 은으로 교환할 수 있었다. 미국인들은 1940년대부터 지폐를 은화나 은괴로 교환하여 재무부가 보유한 천문학적 숫자의 은이 급격히 감소했다.

미국은 2차 세계대전과 대규모 적자재정을 추진하고 전후 유럽 경제를 일으키느라 많은 돈이 들어갔다. 설상가상으로 1950년대에 들어서자 무섭게 발전하는 전자산업과 우주산업 영역에서 은 수요가 급증했다. 여기에다 한국전쟁 개입과 베트남전이 복잡한 양상을 띠면서 연방준비은행이 대규모로 발행한 화폐의 후유증이 시장에서 나타나고 있었다.

1960년대 초 케네디가 백악관에 입성할 때 재무부의 은 보유액은 이미 19억 온스로 격감했다. 은의 시장가격이 하루가 다르게 뛰면서 은화의 화폐 가치인 1.29달러에 육박했다. 은증서를 실물 은으로 교환하자 은증서가 자연스럽게 유통 영역에서 사라졌다. '악화가 양화를 구축한다'는 그레셤의 법칙이 입증되었다.

이러한 과정이 케네디 대통령령 11110호가 출현하게 된 배경이다. 케네디와 국제 금융재벌들 간 분쟁의 초점은 케네디는 서부의 은 생산주와 손잡고 달러 화폐의 은 함량을 다시 정하는 입법을 추진해 은증서의 발행량을 늘릴 수 있었다. 그러면 은증서는 다시 그 지위를 되찾을 것이다. 그때가 되면 1963년 6월 4일 케네디가 서명한 대통령령 11110호는 연방준비은행권에 대응하는 강력한 무기가 될 것이었다.

그러나 국제 금융재벌들도 진작부터 케네디의 속셈을 꿰뚫어보고 있었다. 국민으로부터 많은 사랑을 받는 케네디가 1964년 대선에서 연임에 성공할 것은 거의 확실했다. 케네디가 대통령 자리에 4년을 더 머무르면 국면을 수습하기가 더 어려워질 것이 뻔했다. 이 상황에서 케네디를 제거하는 것 말고는 다른 선택의 여지가 없었다. 부통령 존슨이 국제 금융재벌들의 기대를 안고 케네디가 피살된 당일 비행기 안에서 미합중국의 36대 대통령에 취임했다.

취임한 지 얼마 지나지 않은 1964년 3월, 존슨은 재무부에 은증서와 은 실물의 교환 금지를 지시함으로써 사실상 은증서의 발행을 중단했다. 은본위제 폐지라는 과업은 마침내 존슨의 손에서 완성되었다.

음모론적 시각에 대한 반론

하지만 이러한 시각에 대한 반론도 만만치 않다. 케네디는 암살 2년 전부터 은태환 지폐를 모두 회수하여 연준에서 발행하는 은행권 지폐로 대체하려 했다는 것이다. 당시 더블레이드 신문의 기사를 보자.

"대통령은 1934년, 1939년, 1946년에 발효된 은구매법들의 폐지를 의회에 요청할 것이라 말했다. 이 법들은 은의 시장 가격에 하한선을 부여하여 재무부가 미국에서 새로이 채굴된 은이라면 반드시 온스당 90.5센트에 구매해야 한다고 규정했다.

당시 재무부 보유의 은 재고는 이러한 재무부 구매가격이 시장가격에 비해 더 높았던 시기에 축적되었다. 1946년 법은 재무부가 은태환용 이상의 비축 은은 시중의 은 가격이 오를 경우 시장가격 안정화를 위해 온스당 91.5센트에 팔도록 규정했다."

케네디 시절에는 전체 화폐유통량에서 은태환 지폐가 차지하는 비중이 소량에 불과했다. 게다가 산업용 은의 수요가 늘면서 은의 시장가격이 계속 올라가 이를 방어하기 위해 재무부가 계속 보유 은을 매도하니 동전주조용 재고도 줄어드는 실정이었다. 규정에 의해 헐값에 은을 파니 국가가 손해 볼 뿐더러 인위적으로 은 가격의 상승을 차단하니 은광 업자들도 항의가 심했다. 그래서 케네디는 통화량 자체가 적어 별 의미도 없는 은본위 지폐는 이참에 폐지하고 은을 구리나 석유처럼 상품시장에서 거래되는 원자재가 되도록 하자는 정책

● 《화폐전쟁》, 쏭훙빙, 랜덤하우스코리아, 2008년 7월

을 추진한 것이다.

대통령령 11110호라는 것은 하원에서 은구매법을 폐지한 뒤 재무부 발행 은태환 지폐가 완전히 회수될 때까지 대통령령으로 기존의 은구매법과 동일한 권한을 재무부에 유지시켜 준 것일 뿐이라는 이야기다. 무슨 원래 없던 은태환 지폐 발행권이 케네디의 대통령령을 통해 재무부에 생겨난 게 아니라는 이야기다.

● 〈케네디가 은본위제 추진하여 암살되었다는 헛소리〉, 작성자 다만버, 블로그 http://blog.naver.com/athina/40177451161

은행권이 갖는 의미

미국 정부도 연준에 이자주고 달러를 빌려 쓴다

미국 헌법에 따르면 화폐의 발행권한과 관리권한은 연방의회에 있다. 다만 법률상 재무장관은 3억 달러를 한도로 '합중국지폐'를 발행할 수 있다. 이는 남북전쟁 중 전비조달의 필요성을 배경으로 1862년에 제정된 '법화법'에 따라 발행이 인정된 것이 시발점이었다. 그러나 1971년 1월 이후 미국 정부는 합중국 지폐를 새로 발행하지 않았다.

연방준비법 제16조에 따르면 은행권에 상당하는 연방준비권은 미국 정부의 채무이다. 다시 말하면 미국 정부는 달러가 필요한 경우 재정을 담보로 국채를 발행해 팔거나 국채를 주고 연방준비은행권인 달러를 가져 온다. 곧 미국 정부도 연준에게 이자를 주고 달러를 빌려 쓰는 것이다.

:: 미국 국채

이를 좀 더 실무적으로 설명하면, 의회가 국채 발행규모를 승인하면 재무부가 만기별 국채를 발행한다. 1년 이하 단기채권을 T-Bills(Tresury Bills), 2~10년 만기 중기채권을 T-Notes, 30년 만기의 장기 채권을 T-Bonds라 한다.

이러한 채권은 공개시장에서 경매입찰로 팔린다. 경매에서 끝까지 팔리지 않은 국채를 재무부가 연방준비은행으로 보내면 연준이 액면가로 전량을 사들인다. 곧 미국 정부가 국채를 연준에 보내면 민간은행인 연준이 달러를 찍어서 내주는 것이다. 그 뒤 연준은 정부로부터 채권이자를 꼬박꼬박 받는다.

그러나 본질적으로 공짜로 얻은 채권의 문제는 이자가 아니다. 채권 자체가 지급준비금의 토대가 되어 지급준비율에 의해 엄청난 신용창조를 일으켜 은행의 배를 불리는 것이다.

또 연방준비제도이사회는 연방준비은행권의 발행량을 결정한다. 한마디로 통화량 결정권한을 갖고 있는 것이다. 연방준비은행은 이 연방은행권을 각 금융기관에 지급하고 당해 금융기관의 당좌예금에서 동액을 인출함으로써 연방은행권이 유통되게 된다. 연방준비은행은 이런 방법으로 경제를 통제한다. 이들은 회원은행들의 지급준비율과 재할인율도 조정한다.

결과적으로 연방준비제도이사회는 화폐제도뿐 아니라 신용창출까지 통제하는 것이다. 연방준비제도이사회의 결정은 비공개회의에서 이루어지고 나중에 회의자료만 공개된다. 그리고 민간기업이기 때문에 역사상 단 한 번도 회계감사를 받지 않았다. 케네디 대통령 이후인 1965년부터 오늘날까지 달러는 연방준비은행권으로 이루어졌다.

● 〈미국 중앙은행의 역사〉, 하상주 블로그 http://www.haclass.com/bbs/board.php?bo_table=ha_0003&wr_id=36

금환본위제의 한계

미국, 금풀(Pool) 제도를 운영하다

'금환본위제'란 금본위제의 한 형태인데 국내에서는 금태환을 해주지 않고 대외결제에만 금본위제를 운영하는 제도이다. 2차 세계대전 후 미국은 외국의 통화·금융당국에 대해서는 달러를 금으로 자유로이 교환해 주겠다고 약속하여 금환본위제를 유지했다.

미국은 자체적으로 금환본위제 유지가 힘에 부치자 유럽 주요국들과 '금풀'(Pool)을 만들었다. 1961년 11월, 미국과 유럽 7개국이 금값 안정을 위하여 총액 2억 7천만 달러 상당의 금을 내놓았는데 그중 미국이 절반을 부담했다. 금풀의 목표는 금값이 온스당 35.2달러 이상이 되면 시장에 개입해 금 가격을 내리는 것이었다. 또 금의 시장가격이 너무 떨어지면 금 가격을 지지해주기 위해 이를 사들인다. 처음 몇 년 동안은 성공적으로 운영되었다. 한때는 금이 세계시장에 쏟아져 나와 금풀의 금 비축이 13억 달러 상당에 이르렀다.

그러나 베트남전쟁이 악화되면서 달러 발행이 늘어나자 달러 신뢰도가 떨어졌다. 그러자 프랑스가 제일 먼저 금풀에서 탈퇴했다. 그 뒤 프랑스는 드골 시절 30억 달러 상당의 금을 미국 연준으로부터 바꿔갔다.

미국의 금값 평정계획 실패하다

미국의 존슨 대통령은 더 이상 참지 못하고 특단의 조치를 취하기로 했다. 1968년 초 미국은 영국과 손잡고 세계 금시장을 평정할 비밀계획을 세웠다. 두 나라가 동시에 금을 풀어 금값을 폭락시키기로 한 것이다. 이렇게 금 투기세력들에게 패닉을 안겨주어 그들이 투매에 나설 때 다시 싼값에 금을 사기로 했다. 이 계획은 1968년 초 몇 주에 걸쳐 실행에 옮겨졌다.

그런데…, 시장이 그 많은 금을 모두 소화해 버렸다. 그것도 가격 변동 없이 말이다. 미국은 금 9천 3백 톤만 손해 보았다. 우리나라 한국은행이 2013년 말에 보유한 금이 104톤이니 이와 견주어 보면 당시 얼마나 많은 금이 풀렸는지 알 수 있다. 이로써 미국은 금을 지지할 수 있는 더 이상의 수단이 없어져버렸다. 1968년 3월 17일 금풀은 마침내 폐쇄되고 런던의 금시장은 미국의 요구에 따라 2주일이나 문을 닫았다.

너무 늦은 특별인출권의 탄생

이로 인해 달러를 비롯한 주요국들의 환율은 불안정한 양상을 보였다. 미국의 무역적자가 더 커지면서 달러화에 대한 불안은 가중되었다. 이에 국제 금융재벌들이 생각해낸 방안은 일찍이 케인스가 1940년대에 내놓았던 '페이퍼골드'를 참고해 만든 '특별인출권'(SDR : special drawing rights) 발행이었다.

그리하여 1969년에 탄생한 것이 IMF의 특별인출권이다. 이는 별도의 담보 없이 IMF에 출연한 기금만큼 IMF로부터 돈을 인출할 수 있는 권리로 그 자체를 하나의 통화로 인정한 것이다. SDR의 가치는 달러화와 같은 금 1온스당 35SDR로 정해졌다. 1970년 1월 1일부터 3년간 발행될 SDR은 95억 달러에 달했다. 그러나 1970년에야 시작된 SDR은 시기적으로 너무 늦은 결정이었다. 이미 미국은 곪아 터지기 일보직전이었다. 더 이상 금환본위제를 유지할 힘이 없었다.

| The Exchange Rate Wars Story **PLUS** |

1달러 지폐에 녹아 있는 뜻

1달러짜리 지폐에는 미국의 정치, 경제, 역사가 앞·뒷면에 빼곡히 들어차 있다. 뒷면에는 'IN GOD WE TRUST'란 문구가 있는데 1955년부터 법에 의해 모든 화폐에는 '우리는 하느님을 믿습니다.'라는 이 표어를 사용한다. 화폐의 권위가 신으로부터 나오고 있음을 나타내는 것이다.

뒷면에는 미국 국새(the Great Seal)인 피라미드와 독수리를 그대로 옮겨 놓았다. 왼쪽은 피라미드, 오른쪽은 독수리와 성조기를 함께 나타냈다. 독수리와 성조기는 모두 미국의 상징이다. 13개 주로 시작한 미국을 나타내는 문양들도 있다. 독수리 위의 별들도, 독수리 몸의 줄들도 모두 13개다. 그리고 독수리 양쪽 발톱

2 화폐발행권을 둘러싼 비운의 케네디 · 77

에도 각각 13개의 화살과 올리브 나뭇잎이 새겨져 있다. 평화(올리브)를 위협하는 세력엔 힘(화살)으로 응징하겠다는 결의가 담겨져 있다.

왼쪽 피라미드 그림의 원 안에는 라틴어가 여럿 있다. 그 뜻을 좀 풀어보면 'ANNUIT COEPTIS'란 영어로, 번역하면 'God approved what man undertook'란 뜻이다. 이것은 신이 우리 인간이 만든 경제제도 곧 화폐의 발행을 승인하셨다는 의미이다. 그 아래로 피라미드 위엔 만물을 꿰뚫어 보는 눈, 이른바 모든 걸 볼 수 있는 '전시안'(all-seeing eye)이 그려져 있다. 때로는 메시아의 눈이라고 불리기도 한다. 피라미드는 미국의 건국과 달러의 창안이 인간의 기념비적 과업임을 상징적으로 나타내고 있다.

피라미드 밑에 있는 로마 숫자 MDCCLXXVI '1776'은 미국의 독립연도인데, 새로운 경제 질서도 독립선언과 함께 시작되었다는 것을 뜻한다. 바로 그 밑에 'NOVUS ORDO SECLORUM'이란 'The New Order of the World' 곧 '이 화폐가 세상의 새로운 경제 질서의 출발이다.'라는 의미이다.

1달러 지폐에 미국 국새를 인쇄하게 한 사람은 프랭클린 루스벨트 대통령이었다. 1930년대 중반 대공황의 후유증으로 나라살림이 갈수록 피폐해지자 경제회복과 부흥을 바라는 심정으로 뒷면에 국새를 인쇄하도록 했다. "하느님이 우리와 함께 계시니 번영의 피라미드를 계속 쌓아 올리자."며 국민들에게 희망과 용기를 불어넣어 준 것이다.

음모론 신봉자들은 또 다른 각도에서 1달러 지폐를 보고 있다. 논란은 오른쪽 상단의 '1'자를 둘러싼 테두리다. 10시 반 방향에 부엉이가 걸터앉아 있다는 것이다. 육안으로는 식별이 어려워 확대경으로 보아야 한다. 부엉이는 지혜의 여신인 아테네 여신의 상징이자 반기독교 비밀결사조직인 '프리메이슨'(Freemason)의 상징이다. 그래서 세계지배를 노리는 '프리메이슨'의 음모가 숨어 있다는 말이 굴러다닌다.

반면 2달러 지폐는 행운의 지폐로 통한다. 실제 1776년 독립 선언 시 미국을 보호하는 신뢰의 징표로 처음 발행된 이래 1928년 독립선언을 한 제퍼슨 대통령의 초상이 인쇄되어 있다. 그리고 1976년에는 미국독립 200주년을 기념하기 위해 재발행되는 등 미국 역사의 중대한 전환기에는 항상 기념으로 발행될 만큼 의미 있는 지폐이다.

:: 행운의 지폐로 통하는 2달러 지폐

2 화폐발행권을 둘러싼 비운의 케네디

The Exchange Rate Wars Story

닉슨, 일방적으로
금환본위제를 파기하다

3

미국은 자신이 만든 브레튼우즈체제를 스스로 무너뜨렸다. 역사적으로 보면 1971년 '닉슨 쇼크'라 불렸던 금환본위제의 일방적 파기를 시작으로 달러의 본격적인 횡포가 시작되었다.

금환본위제를 파기한 이후 미국의 환율정책은 한마디로 달러의 평가절하의 역사이다. 이는 미국의 고통을 외부에 전가시킨 것에 다름 아니다. 표현이 과격할지 모르지만 사실이 그렇다.

먼저 닉슨 쇼크가 나오게 된 배경부터 살펴보자. 1960년대 린든 존슨 대통령의 '위대한 사회' 정책 이후 복지수요가 크게 늘어났다. 이어 1960년대 후반 미국은 베트남전 개입으로 군사비가 대폭 늘어났다. 국가채무가 급증하고 재정적자가 위험수위에 다다랐다. 막대한 전쟁비용으로 경제는 파산상태로 치달았다. 이에 미국은 자기가 보유한 금 이상으로 달러를 찍어냈다. 금환본위제 아래임에도 금 보유액의 무려 570%나 되는 달러가 시중에 풀렸다.

마침내 달러의 신뢰는 무너지기 시작했다. 수많은 경제 주체들이 달러를 못 믿겠다며 달러를 팔고 금을 사들였다. 결국 달러를 떠받치던 금 보유고는 고갈되었다. 이러한 위기를 타개하기 위해 닉슨은 1971년 일방적으로 금환본위제를 파기하여 세계를 충격에 빠뜨렸다.

충격과 혼란으로 세계 외환시장이 폐쇄되었다. 위기가 점증하면서 2년 동안이나 심한 혼란이 지속되었다. 이러한 혼란을 거쳐 금환본위제는 결국 달러본위제로 바뀌었다. 이로 인해 달러의 신뢰도가 추락하면서 금값이 천정부지로 올라갔다. 이는 OPEC(석유수출국기구)이 국제 원유가를 2달러에서 10달러로 올리는 계기가 되었다. 일명 '오일 쇼크'였다. 이를 다시 찬찬히 살펴보자.

세계를 우롱한 미국

닉슨 쇼크

1971년 8월 15일 일요일 저녁, 당시 미국 대통령 리처드 닉슨은 가장 인기 있던 TV 드라마 '보난자'를 중단시키고 긴급성명을 발표했다. 달러의 금태환을 정지하고, 국내 물가를 통제하고, 수입품에 엄청난 과징금을 부과하겠다는 내용이었다. 닉슨은 이날 밤 연설에서 국제금융시장의 투기꾼들이 금융시장의 혼란을 가져왔다고 강하게 비판하면서, 달러의 금교환을 '임시'로 중단한다고 밝혔다. 이는 달러를 지키려는 조치라고 강변했다. 미국 자신이 잘못해 놓고 그 죄를 애매한 투기꾼들에게 뒤집어 씌웠다.

    미국으로서는 재정파탄을 막기 위한 최후의 달러방위정책이었다. 하지만 이것은 브레튼우즈체제를 붕괴시킨 극단적 조치였다. 이 발표는 주요 상대국들과 협의나 협상 끝에 나온 결정이 아니라 미국의 일방적인 파기선언이자 부당행위였다. 브레튼우즈체제의 근본 약속이었던 금환본위제도 자체를 속인 국제적 사기에 다름 아니었다.

국내외의 불안과 혼란의 지속

이로써 유럽 외환시장이 폐쇄되어 불안은 고조되었고 이러한 충격이 1973년까지 계속되었다. 그러자 그해 1월에는 유럽공동체(EC) 재무장관들이 모였다. 이어 세계 20개국 재무장관이 브뤼셀에서 확대회의를 가진 끝에 '공동변동환율제'로 이행하기로 했다. 공동변동환율제란 한 경제권을 형성하고 있는 나라들이 역내에서는 제한환율제를 채택하고 역외에 대해서는 공동으로 변동환율제를 채택하는 것이다.

그 동안 미국 경제는 국제수지 적자로 달러화 가치는 계속 떨어졌다. 급등하는 인플레이션과 국제수지 적자를 막기 위해 닉슨은 '임금과 가격동결'이라는 극단적인 칼을 빼들었다. 미국은 모든 임금과 물가를 90일 동안 동결하는 조치와 함께, 외국으로부터 수입하는 모든 상품에 대해 그간의 관세에 10%를 더하는 '10% 부가관세'를 매겼다. 이후에도 법률의 기한인 1974년까지 몇 차례에 걸쳐 가격동결을 시행하였다. 이것이 자본주의의 종주국인 미국에서 실제로 일어났던 일이다.

이 때문에 미국 증시는 곤두박질쳤다. 1973년 1월부터 1974년 12월까지 다우지수가 45% 이상 빠졌다. 증시 붕괴 때 '닉슨 쇼크'라는 말이 유행했다. 복잡한 경제적 격변을 단순화시켜 설명하는 데는 정치인 한 명의 이름으로 충분했다.

부도 직전의 미국 재정 상황

그럼 닉슨은 왜 그런 결정을 내렸을까? 사실 다급한 속사정이 있었다. 금환본위제를 채택한 브레튼우즈체제 2년째인 1946년에 미국은 대외채무 60억 달러보다 많은 207억 달러 상당의 금을 갖고 있었다. 즉 미국에는 압도적인 부(富)가 있었다. 이 부를 담보로 세계통화제도가 출발했다.

그런데 1960년에는 대외채무 201억 달러에 금 보유고는 178억 달러 상당에 불과했다. 역전된 것이다. 그 뒤 베트남 파병 등 막대한 전비 증가는 재정적자를 더욱 심화시켰다.

미국이 신뢰성의 위기에 내몰린 것이었다. 당시 닉슨 정부는 베트남의 진실을 감추고 있었고, 정부는 임금과 가격을 통제하여 인플레이션율을 조작하고 있었다. 그러한 사이에 미국의 대다수 우량기업들 역시 회계부정으로 자사의 진실을 감추고 있었다. 미국 전체에 모럴해저드가 만연해 있었다.

미국이 흔들리기 시작한 건 1960년대 말부터다. 현재 기준으로 7천억 달러에 이르는 전비를 투입했던 베트남전쟁에서 미국은 아무것도 건지지 못한 채 철수했다. 전쟁이 끝난 뒤 남은 건 10년 동안의 전비를 마련하기 위해 마구 찍어낸 채권뿐이었다. 결국 미국 정부는 브레튼우즈체제의 근간이 되는 금태환 능력을 상실했다. 1971년, 세상에 돌아다니는 달러나 달러 표시 채권의 양은 미국 정부가 보유한 금의 약 6배까지 치솟았다. 마침내 그해 미국의 금보유고는 1백억 달러가 될까말까 하는 수준이었다.

영국의 금태환 요구가 직접적인 도화선

또 하나의 이유는 달러화의 고평가였다. 미국은 1960년대 후반부터 독일과 일본에 비해 국제경제력이 약해져 무역수지 적자가 불어났다. 수입이 수출보다 늘어나자 미국 달러가 세계로 많이 나가게 되어 달러의 대외가치가 떨어졌다. 게다가 1965년 베트남 전쟁 참전으로 천문학적인 군비가 들어가자 국제 시장에서 금 1온스 값이 60달러까지 올랐다.

1960년대 내내 프랑스의 드골은 수출로 번 달러를 미국 연준으로부터 금으로 바꿔갔다. 브레튼우즈체제 하에서 이는 합법이었다. 예컨대 프랑스는 35억 달러를 보내 금 1억 온스를 받아냈다. 그리고 이 금 1억 온스를 금시장에서 팔아 60억 달러를 얻을 수 있었다. 35억 달러를 순식간에 60억 달러로 만들어낸 것이다.

1967년이 되자 미국과 영국 은행에서 금 유출이 심각했다. 그러자 그해 영국이 스털링을 평가절하하면서 금본위제에서 먼저 끊어져 나갔다.

그 뒤 프랑스와 다른 나라 중앙은행들이 보유한 달러를 미국에 금으로 바꾸어달라고 요구해 오면서 달러에 대한 압력을 증가시켰다. 그들은 베트남 전으로 인한 재정적자가 치솟는 상황에서, 미국이 금에 대해 달러 절하를 하지 않을 수 없을 것이라고 보았다. 따라서 금을 미리 빼내 보유하는 것이 나을 것이라고 계산했다.

당시 닉슨 행정부에게 충격을 준 사건이 발생했다. 닉슨 쇼크 3개월 전인 1971년 5월에 영국이 미국에게 30억 달러의 금태환을 요구한 것이다. 이제 닉슨 정부는 너무 많이 발행된 달러화를 그대로 숨겨두고 있을 수만은 없었다.

게다가 미국은 당면한 세 가지의 문제를 해결해야 했다. 첫째, 제조업을 기반으로 한 미국 산업의 육성을 위해서는 달러화의 가치 하락 유도가 필요했다. 둘째, 재정적자로 인한 과도한 부채의 탕감 필요성이 있었다. 셋째, 보유한 금보다 초과 발행된 달러화로 말미암아 부도 위기 가능성이 있었다. 더구나 영국으로부터 이미 태환을 요구 받았고, 나머지 나라들로부터도 태환을 요구받을 시점이 임박했다. 그냥 두었다가는 자칫 국가부도가 나거나 지나치게 고평가된 달러화를 받고 금을 모두 내주어야 하는, 진퇴양난의 상황이었다.

사태가 이 지경에 이르자 닉슨은 금환본위제를 포기하면서 달러를 평가절하해야 할 긴박한 처지에 몰린 것이다. 그렇지 않아도 닉슨은 국제적인 거래수단을 단지 금에 의존하는 것은 미국 경제의 확산에 방해가 된다고 믿고 있었다.

당시 재정적자에 허덕이던 닉슨 정부가 선택할 수 있었던 유일한 대안은 금환본위제의 포기와 달러 가치의 평가절하밖에 없었다. 마침내 미국 정부는 1971년 8월 15일 달러를 더 이상 금으로 못 바꿔주겠노라고 선언했다. 배 째라식 무대포를 선언하고 자유를 찾은 것이다. 그러나 달러를 보유하고 있는 측에서 보면 이는 깽판에 다름 아니었다. 1944년부터 1971년까지 세계 경제의 흐름을 지배해 온 브레튼우즈체제가 마침내 끝장나버린 것이다.

2차 환율전쟁

스미소니언 협정, 달러가치 평가절하로 부채탕감

1971년 12월 18일에 워싱턴 스미소니언박물관에서 열린 G10 재무장관회의에서 금태환 정지로 붕괴된 고정환율 제도를 재건하기로 합의했다. 온스당 금의 가치를 35달러에서 38달러로 올림으로써 공식적으로 통화가치를 변경하였다. 달러의 가치는 당연히 7.9% 낮아진 반면, 독일 마르크화의 가치는 13.6%, 일본 엔화의 가치는 16.9% 높아졌다. 곧 달러 가치를 강제로 낮춘 것이다.

이로써 주요국 통화가 달러에 새로운 고정환율이 결정되었으며 각 통화는 중심환율의 상하 각각 2.25%까지 환율변동을 허가해 보다 넓은 변동폭을 가진 고정환율제로 복귀했다. 스미소니언체제는 금이 뒷받침되지 않는 달러화에 대한 고정환율제이었기 때문에 실질적으로 달러본위제의 시작이었다.

:: 세계 최대 규모의 스미소니언박물관

미국으로서는 달러의 가치 하락에 따라 대외채무가 실질적으로 감소했다. 바꾸어 말하면 미국에 돈을 빌려준 나라는 받을 돈의 가치가 줄어들어 버렸다. 그러면서도 달러는 세계기축통화로서 지위를 여전히 유지했다. 곧 무역결제는 달러를 기본으로 한다는 사실이 유지된 것이다.

달러의 가치가 떨어지자 미국 상품 가격경쟁력은 살아났다. 당시 미국 제조업은 필적할 만한 상대가 없을 정도로 강했다. 곧 제조업이 강한 나라가 시장에서 경쟁력을 확보하는 데 중요한 역할을 하는 것이 자국 화폐가치의 하락이다. 그래야 만들어진 재화가 가격경쟁력을 갖게 된다.

2차 환율전쟁, 달러가 반 토막 나다

1971년 금환본위제 포기 이후 달러 발행이 늘어났다. 달러와 금의 연결고리가 끊어지자 달러는 이제 고삐 풀린 망아지가 되었다. 1971년과 1972년에 미국의 통화량은 연 10% 이상씩 늘어났다. 그러자 당연히 인플레이션이 찾아왔다. 이 시기부터 미국은 두 자릿수의 장기 인플레이션에 시달렸다. 인플레이션으로 돈 가치가 떨어져 달러가 평가절하되기 시작했다.

1971년 금 가격은 온스당 42.22달러로 오르더니 이듬해에도 금값은 계속 올라 온스당 70.3달러에 거래되어 1년 전에 정한 값의 두 배에 육박했다. 이는 다시 말해 달러의 실질 가치가 1년 사이에 100% 평가절하되었음을 뜻했다.

8년이 지난 1979년 중반 달러는 독일 마르크화에 대해 1달러당 1.82마르크로 반 토막 나 있었다. 일본 엔화에 대해서는 1달러당 217.35엔에 머물러 39% 절하되었다. 이로써 미국 수출품의 가격 경쟁력은 경쟁국에 비해 급격히 높아졌다. 이를 2차 환율전쟁이라 한다.

달러, 금에 비해 대폭 평가절하 되다

닉슨이 금본위제를 폐기한 데에 이어 중동전쟁으로 인한 오일쇼크가 들이닥쳤다. 몇 년 사이에 석유 값이 배럴당 1달러 대에서 11.65

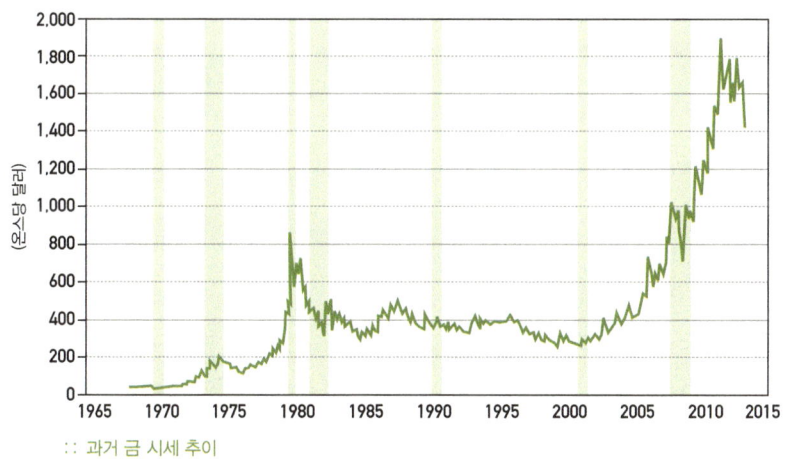
∷ 과거 금 시세 추이

달러로 10배 가까이 뛰었다. 2차 오일쇼크가 발생한 1979년에는 배럴 당 40달러였다.

더구나 1975년 포드 대통령이 루스벨트 시대에 묶였던 민간인의 금 소유제한을 풀자 금값이 천정부지로 뛰어올랐다. 1980년 1월 무렵에는 8백 달러를 기록했다. 10년 동안에 23배 상승한 것이다. 금의 가치가 상승하였다는 뜻은 그 만큼 달러 가치가 하락하였다는 것을 의미했다. 그 뒤 금은 시장 수급에 따라 하락과 상승의 변동이 심했다.

달러가치 절하로 두 자릿수 인플레이션에 시달리다

이렇게 달러 가치가 하락하자 인플레이션이 시작되었다. 170년간 안정을 누렸던 물가가 뛰기 시작했다. 6%에 이어 10% 내외로 상승했고 1980년 무렵에는 무려 13%를 넘어섰다. 이러한 고율의 인플레이

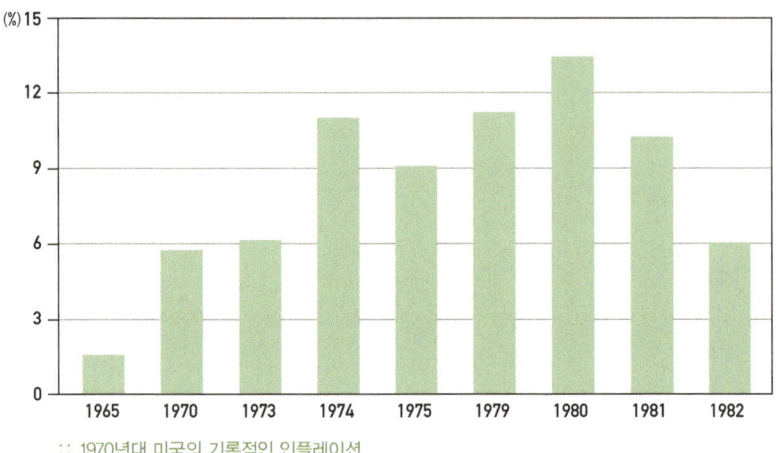
∷ 1970년대 미국의 기록적인 인플레이션

션은 스태그플레이션으로 연결되었다. 곧 높은 물가상승에 경기침체가 겹쳤다. 당시 물가상승률도 높았지만, 경기침체로 실업률도 10%를 넘어섰다.

폴 볼커의 승부

결국 1970년대 내내 미국 경제를 괴롭히던 인플레이션은 1979년 재무부 차관이었던 폴 보커가 미국 연방준비제도이사회(FRB)의 의장에 취임하면서 잡히기 시작한다. 볼커 의장은 13%가량의 인플레이션이 발생하는 것을 보면서 먼저 통화의 공급 속도를 늦추었다.

∷ 폴 볼커

:: 미국 기준금리의 변동. 1980년대 초반 20%에 육박하는 고금리 정책이 시행되었다.

그는 통화주의자들의 주장을 받아들여 인플레이션을 억제하기 위해 프리드먼의 통화타게팅을 받아들여 시행했다. 통화량(M1)의 전년 대비 증가율을 1978년 8.3%에서 1979년 7.2%, 1980년 6.4%, 1981년 6.3%로 줄여나갔다. 그리고 금리도 1981년 19%대로 끌어 올려 대대적인 긴축에 들어갔다. 그야말로 살인적인 금리로 돈줄을 죄는 극약 처방을 단행했다.

그로 인해 미국인들과 기업들이 겪어야 했던 고통은 이루 말할 수 없었다. 숱한 기업과 국민들이 고금리 때문에 파산했다. 한 미국시민이 엽총을 들고 FOMC 회의장에 침투를 시도했던 사건이 벌어질 정도였다. 하지만 그래도 볼커는 자신의 입장을 꺾지 않았다. 그 뒤 볼커는 어렵게 인플레이션을 잡는 데 성공했다.

 이후 미국은 겉으로는 항상 강달러정책을 지지한다고 말했지만 실제로는 약달러정책을 취했다. 《화폐전쟁》의 쑹훙빙에 따르면, 지금의 달러 가치는 1970년 금본위제하의 달러 가치에 비하면 5% 정도에 지나지 않는다고 한다. 그 가치가 20분의 1로 줄어든 것이다.

The
Exchange Rate Wars
Story

미국의 묘수 'OPEC',
원유를 달러로만 수출하다

4

달러의 지위가 불안한 시기에 구원의 손길을 내민 건 중동 산유국들이었다. 1973년 사우디아라비아를 비롯한 산유국들이 원유 수출대금을 달러로만 수출하기로 합의한 이후 달러는 명실상부한 국제 유가의 표준이자 굳건한 기축통화가 되었다. 세계에서 가장 거래가 많은 상품이 원유이기 때문이다.

그때부터 달러가 석유거래를 독점하면서 다른 상품에서도 무역거래 통화로서의 입지를 굳혔다. 이를 계기로 달러의 수요가 엄청나게 증가하였으며 당연히 달러 가치가 상승하였다. 이로써 미국이 세계 통화·금융의 헤게모니를 쥐어 오늘날과 같은 달러의 위상을 갖게 된 것이다.

석유 달러의 탄생

1차 오일쇼크

닉슨 쇼크로 달러화의 지위가 통째로 흔들렸다. 20여 년 동안 배럴당 1달러대에 머물던 석유가 3달러까지 올랐다. 4차 중동전쟁이 발발하고 얼마 되지 않은 1973년 10월 OPEC은 석유를 정치적인 수단으로 이용하기로 했다. 또 유가를 배럴당 5.11달러로 70% 올린 것이다.

게다가 미국이 이스라엘에 22억 달러의 긴급원조를 의결하자 사우디와 다른 아랍 국가들은 크게 반발했다. 그들은 미국에 석유수출을 전면금지한다고 발표했고 이듬해 초 유가는 다시 두 배가 올라 11.65달러가 되었다. 몇 년 사이에 무려 600% 이상 오른 것이다. 이른바 1차 오일쇼크였다.

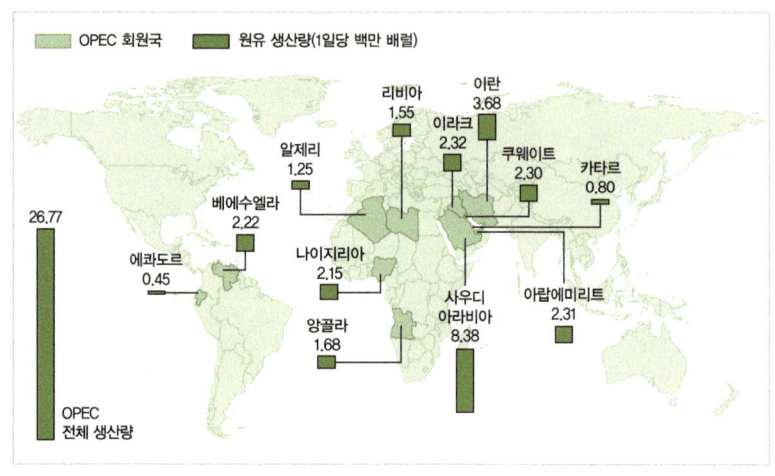

:: OPEC 회원국, 2010년 9월

석유 대금을 달러로만 받기로 합의

이 사태는 서방 사회를 온통 뒤흔들어 놓았다. 국제 금융재벌들은 오일 달러가 기필코 미국으로 다시 들어오도록 하는 데 온갖 방법을 동원하였다.

그런데 역설적으로 이로 인한 오일 쇼크가 달러를 기사회생시켰다. 아니 이는 미국이 찾아낸 묘수였다. 미국의 키신저 국무장관은 세계 최대 산유국인 사우디아라비아의 파이잘 국왕을 찾아가 설득했다. 미국은 사우디아라비아를 소련이나 이란과 이라크 같은 외부의 적들로부터 군사적으로 보호해 줄 뿐만 아니라 왕실을 내부의 적으로부터도 완벽하게 지켜주겠다고 약속하면서, 그 대신 사우디는 원유 대금으로 달러만 받고 오일 달러로 미국 국채를 사도록 요청했다.

또 어떤 방법이 있었는지 모르지만, 그렇게 거셌던 아랍 국가들의 결의는 와해되었다. 결국 1975년 미국의 맹방 사우디아라비아를 비롯한 OPEC의 장관들이 급등하는 원유를 '달러'만 받고 수출하기로 합의했다. 세계 최대의 상품을 오직 달러로만 거래하기로 한 것이다.

이로써 전세가 완전히 역전되었다. 약세를 면치 못하던 달러화는 오히려 이때부터 확고부동한 기축통화로서의 지위를 차지하면서 '팍스 달러리움'이라는 새로운 질서를 만들었다. 달러는 점차 글로벌 교역에서 대부분 상품과 원자재 등 모든 분야에서도 통용되는 통화로 자리 잡게 되었다. 미국 달러에 대한 수요가 엄청나게 증가하였으며, 달러 가치가 지속적으로 크게 상승하였다.

참고로 1979년 2대 산유국인 이란에 혁명이 일어나 석유수출이 하루 5백만 배럴에서 2백만 배럴로 감소하였다. 이것이 석유의 공급 불안을 초래해 가격 폭등을 유발했다. 1980년대 초에는 석유가격이 배럴당 30달러 이상이 되어 세계 경제는 다시 혼란에 빠졌다. 이것을 2차 오일쇼크라고 한다.

명목화폐의 문제

명목화폐제도의 채택

미국은 닉슨 쇼크 이후 명목화폐제도를 채택했다. '명목화폐'란 미국 정부가 화폐의 가치를 결정하고, 금이나 다른 재화에 연계하지 않는 것을 말한다. 명목화폐제도 아래에서 지폐는 금이나 은과 동등한 가치는 없고, 단지 연방은행이 발행하는 일종의 차용증서의 의미를 갖는다. 그저 약속일 뿐이다.

그 이전까지는 미국을 비롯한 대부분의 국가에서 1백 년 넘게 금본위제를 채택하고 있었다. 따라서 금이라는 유한 자원과 연계되어 통화량은 제한적일 수밖에 없었다. 그렇기 때문에 순환 사이클에 의해 불황이 시작된다고 해도 정부가 보유 금을 풀어 할 수 있는 일은 제한적이었다.

이런 까닭에 대공황의 혼란은 무려 10년간 이어졌다. 금본위제 아래에서 화폐의 공급이 원활하지 못했기 때문에 불황에서 탈피할 특별한 방법이 없었다. 그저 고전주의학파가 주장하는 자정 능력을 믿고 진중하게 기다리는 수밖에 없었다. 당시 다우지수는 무려 90% 가까이 폭락했다.

하지만 1971년 이후에는 불황의 조짐이 보이면 정부가 즉각 개입하였다. 보유화폐를 시장에 풀거나 부족하면 윤전기를 돌려 화폐를 찍어내 공급했기 때문에 유동성은 무한대로 늘어날 수 있었다. 금융시장에서 유통되는 돈은 경제에서 혈액과 같은 역할을 한다. 실물경제를 살아 숨 쉬게 하고 역동적으로 움직이게 하는 것이다. 금본위제 폐지에는 이러한 역사적 당위성이 있었다.

명목화폐제도의 문제, 미국의 도덕적 해이

하지만 명목화폐제도에도 문제는 있었다. 미국이 냉철하게 자기제어를 하지 못하고 쉽게 화폐발행에 의존하게 되었다는 점이다. 가장 대표적인 것이 무역적자이다. 1977년 미국은 그간의 무역흑자에서 적자로 전환되었다. 금환본위제가 폐지된 지 불과 6년 만이었다. 원인은 연준이 얼마든지 쉽게 돈을 찍어낼 수 있어 파산의 위험성이 현저히 줄어들었기 때문이다.

재정적자도 마찬가지였다. 2차 세계대전 이후 2천 6백억 달러였던 국가부채가 냉전시대의 군비증가로 1980년대에 이르러 9천 3백억 달러로 늘어났다. 그 뒤 미국 정부는 재정적자의 누적에 대한 불감증에 걸렸다.

대규모 재정적자의 원조는 배우 출신 로널드 레이건 대통령이었다. 냉전을 종식시켰다는 찬사를 받았던 레이건 정부 때 오히려 군비가 더 불어났다. 소련 침공에 맞서 싸우는 아프가니스탄의 탈레반정부 지원 등으로 재정지출을 늘리면서 사상 처음으로 국가부채가 2조 7천억 달러까지 늘어났다.

게다가 '레이거노믹스'로 대변되는 레이건은 세입을 대폭 줄였다. 집권하자마자 부자들의 세율을 50%나 삭감했다. 1986년에는 또 한 번의 감세정책으로 부자들의 세금을 추가로 28% 감면했다. 대규모 감세정책으로 1950년대 아이젠하워 시절까지만 해도 기업의 연방 납세액이 세입의 25%를 차지했지만, 2001년에는 7%로 줄어들었다. 1981년 레이건 집권초기 때만 해도 9천 3백억 달러였던 국가채무가 그가 물러난 1989년에는 3조 달러 선에 근접했다. 무역적자와 재정적자라는 쌍둥이적자 구조도 이때부터 고착되었다.

:: 냉전을 종식시킨 고르바초프와 레이건

| The Exchange Rate Wars Story **PLUS** |

이라크 전쟁의
진짜 이유

미국의 이라크 침공 사유는 대량의 화학무기 때문이었다. 그러나 지금까지도 이라크에서 대량의 화학무기가 발견되었다는 이야기는 없다. 세계에서 이라크만큼 미국의 국익을 위해 철저히 유린된 나라도 없다. 이라크는 중동에서 사우디아라비아 다음으로 석유 매장량이 많은 나라이다. 1979년 대통령직을 승계한 후세인이 미국의 주요 관심인물로 떠오른 것은 이란의 친미 팔레비 왕조가 무너지고 반미 호메이니 정권이 들어선 이후이다.

미국은 이라크를 완충지대 삼아 이란의 석유 공급선의 안정과 이스라엘 안보에 끼치는 위협을 막으려 했다. 후세인이 1980년 이란과의 전쟁을 일으킨 뒤 미국은 대외적으로 중립을 표방했으나 내심 이란의 견제세력으로서 후세인의 존재를 반겼다.

1984년 초 이라크군이 화학무기를 사용해 국제사회가 들끓자 미국도 1984년 3월 공개 성명을 발표해 이라크를 비난했다. 그러나 최근 공개된 비밀문서들에 따르면 조지 슐츠 국무장관은 성명 발표 며칠 뒤 이라크 외교관들을 만나 "미국은 화학무기 사용은 반대하지만 이라크와의 우호관계에 대한 미국의 관심은 전혀 줄지 않았다."는 메시지를 전했다. 그럼에도 후세인이 서운함을 감추지 않자 슐츠 장관은 당시 제약회사 경영자였던 도널드 럼스펠드를 바그다드로 보내 "미국의 우선 관심사항은 화학무기보다는 이라크와의 관계개선"이란 메시지를 전달했다.

앞서 1983년 12월에도 럼스펠드는 대통령특사 자격으로 공개리에 이라크를 방문해 후세인으로부터 환대를 받았다. 당시 레이건 행정부는 럼스펠드에게 "미국은 이란의 승리를 막기 위해 필요한 모든 지원을 아끼지 않겠다."는 점을 후세인에게 분명히 밝히라는 지침을 내렸다. 답례로 이라크 정부는 "후세인 대통령은 럼스팰드 특사의 방문을 매우 기뻐했으며 그를 높이 평가했다."는 감사메모를 미국에 전달했다.

2차에 걸친 럼스팰드의 바그다드 방문이 이뤄졌을 무렵, 이라크는 국토면적에서나 인구에서 대국인 이란군의 공세에 밀려 마즈눈 유전지대를 빼앗기는 등 고전하고 있었다. 미국은 군사정보와 물자를 비롯해 물심양면으로 후세인 정권을 지원했다. 미 백악관과 국무부는 수출입은행을 비롯한 국제금융기관들에 압력을 가해 이라크의 전쟁비용을 대주도록 했다. 1982년 미 국무부는 국제테러리즘 지원국가 명단에서 이라크를 제외했다. 럼스팰드 방문이 있은 지 1년도 못돼 미-이라크는 닫혔던 외교관계를 텄다.

이처럼 우호적인 관계에 금이 가기 시작한 것은 1988년 이란과 휴전협정을 맺은 뒤 후세인이 중동의 맹주가 되겠다는 야망을 노골화하면서부터다. 후세인은 1990년 8월 쿠웨이트를 전격 침공했다. 그러나 1991년 1월 미군 주도의 연합군에 패퇴했다. 이어 1993년 걸프전 전승 기념식 참석차 전직 대통령 신분으로 쿠웨이트를 방문한 조지 H. 부시 전 대통령 암살기도 사건이 발생했다. 미국은 배후 세력으로 후세인을 지목했다.

그 뒤 유엔의 경제제재, 미국과 영국의 끊임없는 군사적 압박 속에서 후세인과 미국의 증오는 최고조로 끓어올랐다. 1990년대 중반부터 서서히 세를 불려나가던 미국의 네오콘(신보수주의자)들은 공개적으로 후세인을 냉전종식 이후 세계평화를 위협하는 제1의 공적으로 규정했다. 마침내 1998년에는 무기사찰을 거부한다는 이유로 이라크에 대규모 공습을 감행했다.

후세인, 원유거래를 유로화로 바꾸다

후세인 정권은 미국이 가장 싫어하는 마지막 카드를 꺼냈다. 2000년 11월 6일자로 원유거래를 달러에서 유로화로 바꾼 것이다. 이로써 철두철미하게 미국에 등을 돌렸다. 이로 인해 '달러마저 거부하는 반미국가=악의 축 국가'라는 등식이 성립되었다.

미국은 다급해졌다. 만일 이라크처럼 달러 대신 유로화로 결제하는 나라들이 중동 산유국 가운데 늘어나기 시작하면 OPEC의 공식 결제화폐로 달러와 함께 유로화가 지정될 수도 있었다. 미국의 국익을 대표하는 오일달러 자리에 유로화가 들어선다는 것은 미국으로서는 상상하기도 싫은 끔찍한 일이었다.

에너지 문제도 그렇지만 미국이 진짜로 무서워하는 것은 자국의 경제시스템이 붕괴되는 기축통화 달러의 지위 하락이다. 석유 소비량의 반을 중동에서 수입하고 있는 EU 국가들이 유로 결제를 중동 산유국 전체로 확대한다면 중동은 유로 경제권의 지배 아래 놓이게 된다. 그러면 유로가 광범위한 지역에서 기축통화로서의 위치를 확립할 것이다.

북한도 결제화폐를 유로화로 바꿈으로써 달러를 배척하는 진짜 반미국가가 되었다. 부시가 테러 지원국가로 지명한 '악의 축'인 이라크, 북한 모두 유로결제로의 움직임을 보였다.

중국이 후세인으로부터 남부의 유전개발권을 양도받다

게다가 미국이 묵과할 수 없는 또 다른 문제가 터졌다. 이라크와 중국 사이에 중대한 협정이 맺어진 것이다. 중국은 미국의 이라크 침공 직전에 이라크 남부의 유전개발권을 후세인으로부터 양도받았다. 이것이 미국에게는 상당한 자극이 되었다. 석유저장고인 이라크가 중국과 손을 잡은 것은 미국에게는 더 이상 지체할 수 없는 결단을 내리게 했다.

"부시 행정부에는 세계를 장악하기 위해 먼저 석유를 장악해야 된다고 믿는 사람들이 있다.…(중략). 부시가 중동 지역의 석유통제권을 확보하게 되면, 중국에 대해 경제성장 속도를 지시하고 교육체계에 간섭하게 될 것이다. 같은 방법으로 미국은 독일과 프랑스, 러시아, 일본에 개입하려 들 것이고, 종국에 가서는 영국도 마찬가지 운명에 처하게 될 것이다." 부시의 이라크 침공을 한 달 여 앞둔 2003년 2월 5일, 후세인이 영국 방송과 인터뷰한 내용이다.

2003년 3월 20일 미국이 전격적으로 이라크를 침공했다. 대량살상무기 보유를 구실로 침공한 것이다. 하지만 전쟁의 명분인 대량살상 무기는 마지막까지도 발견하지 못했다. 그로부터 3년여의 세월이 흐른 2006년 말, 후세인은 동트는 새벽녘에 마침내 형장의 이슬로 사라지고 말았다.

9·11 테러 이후 미국 국민들은 강한 미국을 선호하였기에 당시는 이라크 침략에 대한 정당성을 인정했다. 하지만 지금은 미국 안에서조차 석유를 노린 비열한 침략이었다는 분위기가 고조되고 있다.

아프카니스탄 전쟁의 진짜 이유

2002년 미국의 아프가니스탄 침공조차 그 이면에는 석유가 있었다. "나는 카스피해처럼 어떤 한 지역이 갑자기 전략적으로 매우 중대하고 긍정적인 의미를 갖는 지역으로 부상한 경우를 지금까지 본 적이 없다. 이것은 정말이지 하룻밤에 느닷없이 수많은 가능성이 나타난 것과 같다."

조지 W. 부시 정권 들어 미 역사상 가장 강력한 부통령으로서 권한을 행사한 딕 체니가 아직 부시 행정부가 들어서기 전에 중앙아시아의 카스피해를 두고 한 말이다.

∷ 딕 체니

그것은 카스피해에서 대규모 유전이 발견되었기 때문이다. 세계 최대의 석유기업인 핼리버튼 사의 최고경영자 딕 체니가 흥분한 것도 바로 석유 때문이었다. 실제로 카스피해 원유의 추정 매장량은 대략 2천억 배럴 규모로 배럴당 1백 달러로 환산할 경우 대략 20조 달러에 이르는 엄청난 양이다. 하지만 카스피 해가 딕 체니를 흥분시킨 가장 큰 이유는 무엇보다 이곳 유전의 상태였다.

발견된 지 겨우 20년 정도밖에 되지 않은 카스피해 유전은 걸프만이나 텍사스처럼 고갈되어 가는 유전이 아닌 젊은 유전이었다. 이는 전 세계 대부분의 노후 유전을 대치할 거의 유일무이한 대규모 유전이었다. 비록 해저유전이기는 하지

:: 대규모 유전이 발견된 카스피해

만 카스피해 유전은 북해나 카리브해, 멕시코만에 비해 상대적으로 채굴하기가 쉬웠다.

그런데 문제는 카스피해의 지정학적 특성상, 이곳 원유는 이란, 아제르바이잔, 러시아, 카자흐스탄, 우즈베키스탄, 투르크메니스탄을 거쳐 나갈 수밖에 없었다. 다시 말해 중앙아시아에서 러시아나 중국으로 빠져나갈 가능성이 높았다. 이는 미국으로서 용인할 수 없는 일이었다. 그런 까닭에 미국으로서는 어떻게든 카스피해 석유를 인도양으로 끌어와야만 했다.

유일한 방법은 투르크메니스탄-아프카니스탄-파키스탄으로 이어지는 파이프라인을 구축하는 것이었다. 1997년 12월, 아프간을 통과하는 원유 파이프라인 컨소시엄의 핵심기업인 유노칼이 아프간을 장악하고 있던 탈레반 대표들을 본사가 위치한 텍사스로 초청했던 것도 바로 이런 이유였다.

하지만 미국과 중국, 러시아 사이에서 원유 파이프라인을 놓고 캐스팅 보트를 쥐고 있던 탈레반 대표단은 유노칼이 제시한 미국 측 파이프라인 구축안을 수용하는 대가로 그에 상응하는 수준의 프리미엄을 요구하였다. 그 결과 유노칼 수뇌부는 협상 결렬을 선언하기에 이르렀다. 그런데 카스피해 유전의 파이프라인을 둘러싼 프로젝트는 당시 유노칼 단독으로 진행하였던 게 아니었다. 이 프로젝트에는 몇 년 전 '엔론 사태'의 주인공 엔론을 비롯해 딕 체니가 최고경영자로 있던 핼리버튼, 록펠러의 엑슨, 유노칼 등 미국 메이저 석유사들이 컨소시움 형태로 관여하고 있었다.

2000년 대선에서 고어를 누르고 당선된 부시가 존 마레스카 유노칼 부사장을 아프간 대사로 임명했다. 그리고 2001년 10월 7일, 미국의 총공격이 시작되었다.

아프간을 점령한 2002년 1월에는 유노칼 계약 베이스 직원이던 잘마이 칼릴자드를 아프칸 특사로 임명했다. 물론 부시에 의해 아프간 수상으로 임명된 카르자이 역시 유노칼에서 급료를 받던 사람이었다. 이쯤 되면, 9·11 이후 부시의 아프간 침공이 어떤 전략적 차원에서 이루어졌는지 이해할 것이다.

＊〈팍스 시니카(Pax Sinica) 시대의 도래〉, 임종태 다큐멘터리스트, 프레시안

The Exchange Rate Wars Story

또 한 번의 우격다짐, 플라자 합의

5

1950년 한국전쟁 발발로 덕본 나라는 일본이었다. 전쟁이 발발하자 주한 미군은 전쟁 보급품과 화물차 등을 일본으로부터 구입했고 이로 인해 일본에서는 전쟁특수가 일어났다. 게다가 1951년 미일상호방위조약에 의해 미국은 일본의 군수산업에 엄청난 투자를 했다. 이것은 일본 내 다른 산업에도 영향을 미쳤다. 1950년대 일본은 연평균 10%를 웃도는 경제 성장률을 보였다.

또한 일본 정부는 저축 장려정책을 펼쳐 이것이 높은 투자 증가율로 이어졌다. 일본 자동차가 다른 나라 자동차보다 연비가 뛰어나다는 것이 알려지면서 자동차 산업을 중심으로 수출이 가파르게 성장했다.

1970년대까지만 해도 일본이 세계 제2의 경제대국이 될 줄은 아무도 몰랐다. 일본은 카메라, 오디오, TV 등을 앞세워 놀라운 속도로 미국 시장을 장악하기 시작했다. 오일파동이 터지자 기름 많이 잡아먹는 미국 차 대신 일본의 작은 자동차들이 불티나게 팔려 도요타는 메이저 자동차메이커로 성장했다.

일본은 1980년대부터 본격적으로 세계 경제대국으로 부상했다. 일본의 경영기술을 배우기 위한 프로그램이 미국 내에서도 유행했고 기업체들은 물론 관공서까지 이 프로그램에 참가해 세미나를 열었다. 일본 상품이 진출하지 않은 나라가 거의 없었다. 일본은 나라 자체가 무역회사 역할을 하기 때문에 미국에선 일본을 '일본 주식회사'라고 불렀다.

미국, 일본을 손 보다

일본의 '자이테크'(재테크), 일석삼조 수익

1980년대 초반 일본기업들은 사업 수입 이외에도 '자이테크'(재테크)라는 자산운용으로 엄청난 수익을 벌어들였다. 자이테크 투기가 본격화된 것은 일본기업들이 역외시장인 런던의 유로본드 시장에 접근하면서부터였다.

역외시장이란 자국의 각종 규제로부터 벗어나 자유롭게 자금을 운용하거나 조달할 수 있는 금융시장을 가리키는 말이다. 대표적인 역외시장으로는 유로통화시장(Euro Currency Market)과 유로채권시장(Euro Bond Market)이 있다.

1981년 일본 대장성은 금융자유화 조치의 하나로 기업들이 유로본드 시장에서 '신주인수권부사채'(BW) 발행을 허용했다. 신주인수권부사채란 채권을 산 사람이 일정기간이 경과한 후 일정가격으로 발행회사의 신주를 인수할 수 있는 권리가 부여된 채권을 말한다.

당시 일본 기업들은 자사 주가가 오를수록 BW값이 따라 올랐기 때문에 아주 낮은 이자율로 채권을 발행할 수 있었다. 게다가 엔고가 지속되는 점을 이용해 달러표시 BW를 발행한 뒤, 스왑시장에서 엔화표시 채무로 바꾸어 엔화자금을 일본 내로 끌어들였다.

통화스왑은 만기에 계약당시 환율로 원금을 다시 반대방향으로 매매하는 거래를 말한다. 이에 따라 가치가 하락하는 달러 대신 상승하는 엔화를 조달해 만기시점에 이를 달러로 바꾸어 갚아 환차익까지 덤으로 얻었다. 그리고 통화스왑은 통화의 교환 외에 금리의 교환도 수반된다. 양국 간의 금리 차이를 계산해 일본기업들은 돈을 빌리면서 오히려 이자를 받았다.

더 나아가 조달한 자금을 곧바로 주식시장에 쏟아 붓거나 연 8%를 보장하는 증권사 투금계정에 투자해 막대한 차익을 남겼다. 돈을 빌리면서 되레 이자까지 받고 또 빌린 돈을 예치하고 이자 받으니 꿩 먹고 알 먹는 셈이었다. 더구나 만기에 엔화를 달러로 바꾸어 갚으니 환차익까지 남았다. 일석삼조였다.

이로써 일본기업가들 사이에선 돈 놓고 돈 먹는 '자이테그' 열풍이 불었다. 재테크 수익은 다시 주식시장과 부동산으로 흘러 활황 장세를 이루었다.

미국의 경제패권, 일본 때문에 위협받다

1970년대 두 차례의 석유파동은 미국 경제에 심각한 타격을 주었다. 미국은 깊은 경제 불황에 빠졌다. 1980년대 초 레이건 대통령은 수요를 자극하기 위해 개인소득세를 대폭 감면하는 레이거노믹스 경제정책을 시행했다. 초기에 큰 성공을 거두어 물가상승률과 실업률이 대폭 감소했으며 무역적자도 해소되었다. 하지만 경기가 회복되자 무역적자 규모는 다시 늘어났다.

1980년대 중반부터 미국의 경제패권이 일본 때문에 위협받기 시작했다. 1960년대와 70년대를 거치며 일본은 고도성장을 계속해 세계 2위의 경제대국이 되었다. 당시 일본의 자동차와 전자제품은 전 세계에서 선풍적 인기를 끌며 미국 상품을 시장에서 몰아내기 시작했다. 일본 상품의 세계시장점유율이 10%를 넘어섰으며 무역수지흑자 역시 대규모로 늘어났다.

일본의 자본수출 역시 19세기 영국에 비견될 만큼 활발했다. 일본 은행들은 자산규모와 시장가치 면에서 세계 정상급으로 성장했다. 1985년 미국의 일인당 국민소득이 1만 5천 달러 정도였는데, 일본은 1만 8천 달러를 넘어섰다.

그 무렵 미국 경영대학원은 일본 연구가 유행이었다. 특히 산업정책을 연구할 때 일본의 사례는 하나의 교과서였다. 제조업강국 일본은 철강뿐 아니라 자동차, 반도체에 이르기까지 미국보다 훨씬 나은 경쟁력을 보이고 있었다. 미국의 대일본 무역적자가 극심해지고, 일본과 서독의 경제력이 더욱 강해져서 미국의 무역적자가 급속히 확대되었다. 달러화는 또 다시 위기에 직면했다.

미국, 일본을 손 보다

1980년대 초반 세계 경제는 격동의 시기였다. 1978년에 터진 2차 석유 파동 이후 중남미의 거의 모든 국가들이 외환위기에 시달렸고, 이들 나라에 대규모 자금을 투자했던 미국 금융회사들은 심각한 타격을 입었다. 이런 연유로 미국 역시 1982년에 심각한 금융위기를 겪었다. 그 해 미국의 경제성장률이 -1.9%로 뚝 떨어졌다. 미국은 경기부양을 위해 재정적자를 감수해야 했다.

게다가 당시 미국은 두 자릿수의 인플레이션을 잡기 위해 폴 볼커 연준 의장이 19%대의 고금리를 운영하고 있었다. 이는 일본 우대금리 6%보다 3배나 높았다. 일본 투자자 입장에서는 미국 채권에 투자하면 일본에서보다 300% 이상의 높은 투자수익률을 실현할 수 있었다. 고금리로 달러 강세 현상이 계속되자 미국 경상수지가 적자로 돌아섰다. 1981년에 48억 달러 흑자에서 1985년에는 1,245억 달러 적자로 반전된 것이다. 1982~1986년 사이의 누적 적자만 4,217억 달러였다.

반면 일본은 세계적인 경기부진 속에서도 크게 성장하고 있었다. 무역흑자로 인한 경상수지흑자가 해를 거듭할수록 많아졌다. 1981년 48억 달러 흑자에서 이듬해 69억 달러, 1983년 208억 달러, 1984년 350억 달러로 늘어났다. 1985년 들어서는 더욱 기세를 올리고 있었다. 주로 미국으로부터 얻는 무역흑자 덕분이었다. 이러한 일본의 상승세에 멍드는 나라가 미국이었다. 미국은 무역적자와 재정적자 곧 쌍둥이적자에 시달리고 있었다.

미국은 쌍둥이적자가 심각해지자 또 한 번의 우격다짐을 과시한다. 1985년 9월, 미국의 재무장관 제임스 베이커는 뉴욕 맨해튼 플라자호텔로 각국 재무장관을 소집했다. 베이커는 일본에게 엔화가 너무 저평가되어 미국의 무역적자가 심화되고 있으니 엔화 강세를 유도해 달라고 강력히 요청했다. 베이커의 압박에 각국 재무장관들은 달러가치, 특히 엔화에 대한 달러가치를 떨어뜨리기로 합의했다. 이른바 '플라자 합의'다.

이 합의로 미국은 엔화와 마르크화를 대폭 평가절상시켰다. 달러는 세계기축통화이기 때문에 스스로 평가절하할 방법이 없다. 곧 상대방 통화를 절상시켜야 달러가 평가절하되는 것이다. 닉슨 쇼크와 마찬가지로 이번에도 달러 본위의 변동환율제 아래서 인위적으로 달러를 대폭 평가절하시킨 것이다. 닉슨의 일방적인 금본위제 폐기 선언 뒤 14년 만의 일이다.

이 합의에 따라 각국 정부가 외환시장 개입에 나선 다섯 달 뒤인 1986년 1월, 달러당 엔화 환율이 259엔에서 150엔으로 떨어졌다. 미국의 강한 압박으로 엔고가 급속히 실현되었다. 일본 엔화의 구매력은 40% 오르고, 달러로 표시되는 상품 가격은 그만큼 하락했다. 1987년까지 달러 가치는 엔화대비 42%, 마르크화 대비 38% 절하되었다.

이 과정에서 걸출한 헤지펀드 매니저 조지 소로스는 외환투자로 떼돈을 벌었다. 이때부터 국제 투기성 자금들 중 상당수가 기존의 주식이나 채권, 석유, 금 등 상품 투자에서 외환이나 금리 차이를 공략하는 매크로 투자로 바뀌게 된다.

신자유주의의
망동

레이거노믹스가 자본주의를 망치다

어떤 까닭에서 플라자 합의 같은 일이 발생했는지 그 배경과 일련의 전개과정을 되짚어 살펴보자.

1960년대 중반 즈음 미국은 감세정책을 이용한 민간경제 활성화 정책을 선택했다. 1964년 린든 존슨 대통령 시절 최고 소득세율이 기존 91%에서 77%로, 1965년에는 다시 70%로 줄어들었다.

미국이 선택한 정책은 의도한 만큼 높은 성장률을 보이지 않을 경우 재정적자를 피할 수 없었다. 그런데 베트남 전쟁 후유증으로 1970년대 미국은 경기침체에 직면하였다. 조세수입은 줄었는데 실업률은 상승하면서 복지관련 지출은 증가하고 인플레이션 때문에 저소득계층 생활수준은 갈수록 나빠졌다.

게다가 1971년 이후 금 족쇄에서 풀려난 미국은 마치 인쇄소에서

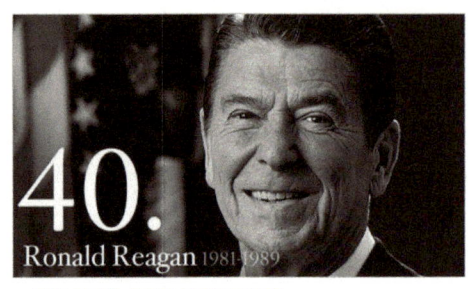
:: 강한 미국을 추구한 레이건 대통령

인쇄하듯이 달러화를 찍어낼 수 있게 되었다. 늘어나는 무역적자를 달러화를 찍어내어 상품 수출국에 내주었다. 이로써 미국뿐 아니라 세계의 통화량이 크게 늘어났다. 통화량이 늘다 보니 미국은 1979년에 연료와 식료품 가격의 급등으로 두 자릿수 인플레이션이 일어났다.

정부와 연준은 종합적인 인플레이션 대책을 실시하고 긴축정책을 펼쳤다. 이로 인해 1980년 초 미국은 전후 일곱 번째 경기후퇴를 맞았다.

이때 등장한 레이건 정부는 경제정책뿐 아니라 사회정책에서도 미국 역사에서 근본적인 전환점이었다. 경기침체에 따른 복지위기를 미국은 복지축소와 결합한 노동시장 유연화, 탈규제 전략으로 대응한다. 이른바 '신자유주의', 쉽게 말해 시장근본주의였다.

1981년 1월 미국 40대 대통령에 취임한 레이건은 인플레이션과 실업을 동시에 감소시켜 미국 경제를 회생시키려는 목적에서 세출 삭감과 감세를 기본으로 하는 경제재건 계획을 발표했다.

레이건은 평균소득세율을 3년간 25%나 내렸다. 1970년대 14%~70%에 달하던 과세범위가 11~50%로 축소되었다. 다시 말해, 최상위 소득계층의 최고세율은 70%에서 50%, 최하위 소득계층의 최고세율은 14%에서 11%로 낮아졌다. 당연한 결과로 미국은 이때부터 거대한 예산적자에 시달리게 된다. 그런데도 레이건은 1986년 또 다시 부자감세를 단행했다. 소득세 감면 조치를 통해 최상위 소득계층의 소득세율을 28%로 대폭 낮췄다.

　이후 레이건 정부는 강한 미국을 회복하기 위해 군사력 증강에도 힘을 쏟았다. 국가미사일방어(MD)체제와 스타워즈 계획이 그때 도입되었다. 레이건의 정책 가운데 세출삭감 계획은 군사비 증대로 추진되지 못했다. 그 결과 막대한 쌍둥이적자 누적으로 미국의 국가부채가 크게 늘었다. 또 감세에 의한 경제 자극도 효과를 거두지 못하고, 미국은 1981년 후반부터 다시 경기후퇴에 빠져들었다.

　로널드 레이건에 대한 평가는 엇갈린다. 신자유주의 이념의 대표적 인물인 레이건은 석유파동으로 인한 스태그플레이션을 극복하고 인플레이션을 잘 막아내어 미국 경제를 살린 대통령으로 유명하다.

　하지만 나는 의견을 달리한다. 인플레이션을 잡은 건 연준의 폴 볼커였다. 레이건은 루스벨트 대통령이 애써 가꾼 수정자본주의 울타리를 송두리째 뒤엎어 버렸다. 그는 법인세와 소득세 등 세금 축소와, 규제 완화 등 부유층을 위주로 한 감세 정책으로 빈부격차를 확대시켜 오늘날 자본주의의 최대 문제점인 '소득불평등'을 야기시킨 장본인이다.

　게다가 평시임에도 과도한 국방비 지출로 재정적자의 관례를 만들기 시작하여 오늘날 골칫거리로 지목되는 국가부채를 키운 원조 대통령이었다. 이 같은 정책은 임기 동안 미국의 국가부채 규모를 9천억 달러에서 2조 9천억 달러로 3배 이상 늘렸다. 전시도 아닌 때에 그 어떤 대통령도 이렇게 부채를 늘린 적은 없었다. 미국의 문제는 그로부터 시작되었으며 자본주의 종주국인 미국의 문제는 전 세계로 확산되었다.

미국은 자본수입국으로 전락, 1986년 하루 이자만 4억 달러

1982년 이후 미국의 쌍둥이적자가 크게 늘기 시작했다. 기록적인 경상수지적자와 재정적자에 미국도 놀랐다. 재정적자 증대는 금융시장을 압박해 고금리를 존속시켰다. 때문에 세계 각국은 미국과의 금리격차를 우려해 이자율 인하 등 경기부양책을 펴지 못했다. 미국이 세계의 불경기를 지속시키고 있다고 비난받았다.

미국은 1983년에 자본수입국이 되고 만다. 재정적자도 2천억 달러에 이르렀다. 이보다 앞서 6년 동안 고금리정책을 쓴 대가로 나라의 이자지불액도 곱절로 늘었다. 1982년에는 520억 달러였던 이자액이 1986년에는 1,420억 달러가 되었다. 하루 4억 달러를 이자로 지불해야 했다. 나라 예산의 20%를 이자 지불에 충당하는 비정상적인 재정난에 몰렸다.

게다가 1983년에 일리노이은행의 예금인출 사태를 진정시키기 위해 110억 달러의 구제자금을 투입했다. 이듬해에는 자본시장의 부채액 곧 자본수지 적자액이 전년도 곱절인 1천억 달러 이상으로 불어나더니, 다음해인 1985년에는 1,170억 달러로 늘어났다.

여기에 최악의 금융사건이 터져 저축신용조합과 농업신용조합이 파산했다. 그 결과 미국에서 1조 3천억 달러의 자산이 사라졌다. 설상가상으로 원유 값이 불경기로 인해 수요가 줄다보니 연초 배럴당 26달러에서 연말 10달러대로 급격히 떨어지면서 석유회사들이 잇달아 도산했다.

미국은 이러한 혼란스러운 상황에서 '인플레이션과 고금리, 무역수지'를 동시에 호전시켜 꺼져가는 경기를 살려내야 할 필요성을 절실히 느꼈다. 세 마리 토끼를 동시에 잡기 위한 가장 손쉬운 방법은 '평가절하'였다.

미국의 국내문제를 플라자 합의로 풀다

1985년 9월 22일, 미국의 제임스 베이커 재무부 장관은 선진 5개국 대표들을 뉴욕 플라자호텔로 불러 모아 이들에게 '달러 가치를 하락시키고 엔화 가치를 높이는' 공동전선을 펴도록 압력을 넣었다. 주 대상은 미국에 대해 무역흑자를 많이 내고 이는 일본과 독일이었다. 특히 일본이 주 타깃이었다. 그해 미국은 1,190억 달러 경상수지 적자를 보았는데 이 가운데 429억 달러가 일본에 대한 적자였다.

이렇게 미국이 시장원리에 맡겨야 할 외환시장에 각국 정부의 개입을 요청한 것이다. 엔화의 경우, 닉슨 쇼크 때 1달러 360엔에서 시작한 환율이 250엔으로 절상되었다. 플라자 합의 이후 일주일 만에 엔화는 다시 8.3% 상승했으며, 마르크화는 달러에 대해 7% 올랐다.

그 뒤 달러화 가치는 1985년 9월 달러당 237엔에서 1988년 1월 127엔까지 하락했다. 2년여 사이에 엔화의 통화가치는 2배 가까이 절상되었다. 이를 현재 상황에 비추어 생각하면 얼마나 큰 변화였는

● 박태견, 뷰스앤뉴스

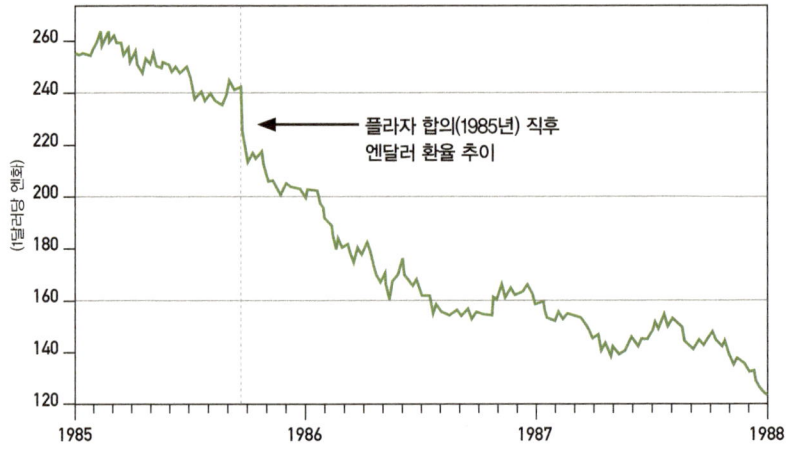

:: 1985년 플라자 합의 직후 엔화는 급격하게 평가절상되었다.

지 이해할 수 있을 것이다. 이를 3차 환율전쟁이라 한다. 사실 일본의 비극은 여기에서 싹텄다.

그 동안 일본이 사들인 미국 국채의 실질가치는 결국 반 토막이 났다. 곧 미국은 일본에 대한 부채를 반으로 탕감시킨 효과를 보았다. 일본의 외환보유고 총액의 실질가치도 3분의 2로 줄어들었다.●

루브르 합의, 달러화 하락 현상에 브레이크를 걸다

플라자 합의 뒤 4차례나 더 환율조정 협의가 있었다. 그러다 보니 이제는 환율 하락속도가 너무 지나치다고 느껴졌다. 당시 달러당 엔화

● 박태견, 뷰스앤뉴스

는 150엔 전후였다. 그러나 이러한 달러화 가치 폭락에도 미국의 적자가 개선되지 않았다. 그러자 미국은 달러화 하락 현상에 브레이크를 걸고 환율의 안정화를 꾀하기로 했다. 이로써 다시금 각국에 달러 안정화에 협조해 달라는 루브르 합의가 이루어졌다.

루브르 합의란 1987년 2월에 열린 선진 7개국 재무장관회담에서 "더 이상의 달러가치 하락은 각국의 경제성장을 저해한다."라며 통화안정에 관해 정리한 합의다. 파리 루브르궁에 있는 프랑스 재무성이 회의 장소였기에 '루브르 합의'라 명명되었다. 루브르 회의에서 미국은 일본에게 내수부양 강화를 강력히 주문했다. 수출을 내수로 돌려 달라는 요구였다.

결국 미국은 금리를 인상하여 달러 약세를 막고 다른 나라는 내수부양을 지속하자는 협약인 루브르 합의가 만들어졌다. 플라자 합의가 환율 조정을 통한 미국의 적자 축소 노력이었다면, 루브르 합의는 각국 간의 상대적인 소득 조정을 통해 적자를 줄이려 한 것이었다.

루브르 합의 직후 일본은 내수부양을 위해 5조 엔의 재정투자와 1조 엔에 이르는 감세를 발표했다. 이미 양적완화정책으로 과열 조짐마저 보이고 있는 일본 경제는 그 뒤 폭발적으로 팽창한다. 그러나 이 합의에도 달러 하락추세를 막지는 못했다.

미국은 자본의 순유입 중단으로 급격한 금리인상을 단행했다. 그러나 독일과 일본의 동반 금리인상으로 효과가 없자 이는 1987년 10월의 미국 증시 폭락인 '블랙 먼데이'의 불씨가 되었다.

1987년 블랙 먼데이, 하루에 22.6% 폭락

루브르 합의가 있었지만 달러의 약세추세는 멈추지 않았다. 엔화 가치는 떨어지지 않았고, 미국의 재정적자와 무역적자는 갈수록 늘어갔다. 달러가치 하락은 인플레이션을 불러왔고 추가 금리인상 우려가 고조되었다. 단기이자율이 급상승하자 결국 미국 주식시장에 투자하던 외국인 투자자들은 추가적인 달러 약세를 걱정해 주식을 팔아 치우기 시작했다. 여기에 펀드매니저들이 주가 하락을 대비해 주식선물을 처분하자 순식간에 대폭락이 발생했다.

1987년 10월 19일 월요일, 뉴욕증권시장은 개장 초부터 대량의 팔자 주문이 쏟아져 뉴욕의 주가는 그날 하루 동안 508포인트, 전일대비 22.6%가 폭락했다.

'블랙 먼데이'. 이 명칭은 세계대공황이 일어났던 1929년 10월 24일의 대폭락을 웃도는 폭락이라고 해서 붙여진 이름이다. 주식파동은 며칠 사이 일본·영국·싱가포르·홍콩 시장에서 큰 폭의 주가 폭락을 몰고 와 전 세계적으로 1조 7천억 달러에 이르는 투자손실을 입혔다.

한편 당시 레이건 대통령의 특명으로 조직된 브래디특별조사위원회는 주가 하락의 배경에는 이런 구조적인 문제 말고도 '프로그램 트레이딩'이라 불리는 일종의 자동주식거래장치에 문제가 있다고 밝혔다. 현물과 연계된 주가지수 선물거래가 서로 투매를 불러 걷잡을 수 없는 폭락으로 치달았다고 보고하였다.

또한 시중에는 어차피 하락을 감지한 유대 자금이 주가가 떨어지

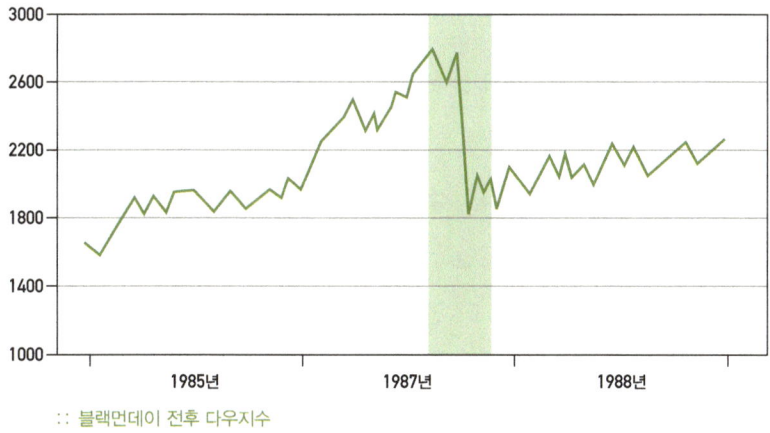
:: 블랙먼데이 전후 다우지수

면 이익을 보는 풋옵션을 잔뜩 사놓고, 선물을 대량 매도해 인위적으로 발생시킨 폭락이라는 루머가 돌았다.

미국의 생명선이 제조업에서 금융으로, 워싱턴 컨센서스

플라자 합의 이후 미국은 엔화 환율을 인위적으로 두 배나 절상시키고 미국 국채를 강제매입토록 하는 등 일본을 전 방위로 압박했다. 당시 미국무역적자의 38%를 차지하는 일본의 엔화를 달러당 240엔에서 130엔대까지 끌어내림으로써 미국 무역수지는 일단 개선되는 듯했다. 하지만 일본은 엔고를 이겨내고 세계 최강의 제조업 국가로 자리매김했다. 미국은 이제 제조업으로서는 설 땅이 없어졌다. 그래서 어차피 평가절하로 수출경쟁력을 되찾을 수 없을 바에는 달러 가치나 되찾자는 게 바로 루브르 합의였다.

그 뒤 미국이 제조업의 대안으로 찾은 것이 '금융'이었다. 그런데 미국이 금융으로 먹고 살기 위해서는 세계 곳곳에 미국의 금융 밭을 가꾸어야 하는데 그러려면 각국 외환시장과 금융시장의 빗장을 벗겨야 했다. 워싱턴의 브레인들은 신자유주의를 집약한 이른바 '워싱턴 컨센서스'를 입안하고 그 전파를 주도했다.

미국과 IMF, 그리고 남미 국가들의 금융 당국자들이 1989년 워싱턴에 모여 남미 국가들이 따라야 할 10가지 주요 경제 정책에 대한 합의를 도출했다. 그 주요 내용은 물가 불안을 잡고 국가개입을 축소하며 시장을 개방해야 한다는 IMF의 구조조정 정책을 그대로 따르는 것이었다. 기실 IMF의 내용 역시 이미 워싱턴에서 기획한 내용이었다.

The
Exchange Rate Wars
Story

미국의 환율정책에 희생된 일본 경제

6

플라자 합의 이후 엔화절상으로 인해 일본의 GDP 성장률은 1985년 6.3%에서 이듬해 2.8%로 하락했다. 일본 정부는 급격한 엔고로 불황 발생이 우려되자 저금리 정책을 쓸 수밖에 없었다. 금리가 낮으니 시중에 유동성이 불어났다. 이때부터 일본은 잃어버린 10년의 단초가 되는 버블에 휩싸이기 시작한다.

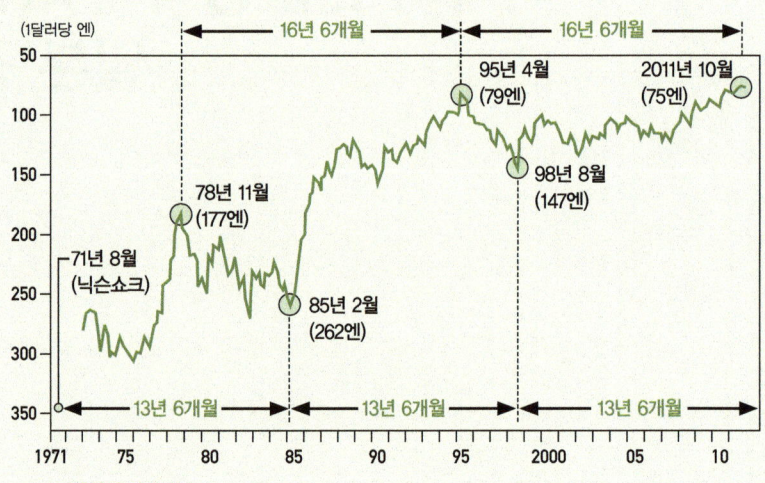

:: 엔화의 가치주기

일본의 거품경제

'일억총중류'(一億総中流)

엔고로 일본의 경제규모는 외형상으로는 급속히 커졌다. 엔화 가치가 올라 반액세일이라고까지 일컬어지는 미국 자산 사들이기가 유행이었다. 해외여행 붐이 일고, 기업은 임금이 싼 나라로 공장이전을 가속화했다. 더불어 자산의 거품현상과 제조업 공동화현상이 급속히 진행되었다. 그러나 당시 일본인들은 이러한 버블과 공동화가 일본의 장기불황으로 연결될 줄은 꿈에도 생각 못한 채, 사회적으로 '일억총중류'(一億総中流)라는 인식을 가지고 있었다.

'일억총중류' 사고는 일본에서 1970년대와 1980년대에 걸쳐 나타난 국민의식 내지는 사회적 현상이었다. 한마디로 1억의 일본인 모두가 중류 이상이라는 의미다. 곧 종신고용에 의해 국민의 90% 이상이 자신을 중류층이라고 생각하여, 약간 무리를 해서라도 자기 집과

자가용을 구매하던 시기의 현상이다. 당시 일본 경제는 지속적 호황으로 '소비는 미덕' 또는 '금으로 가득 찬 일본'(金滿日本)이라는 표어들이 나올 정도였다. 그러나 1991년에 거품경제가 끝나면서 일억 총중류의 분위기도 함께 끝났다.

일본 거품경제의 발생

2008년 초만 하더라도 '잃어버린 10년'이라는 표현은 일본에만 해당되었다. 하지만 지금은 미국뿐 아니라 세계의 모든 국가가 똑 같은 두려움으로 전전긍긍하고 있다. 일본의 잃어버린 10년은 이제 남의 이야기가 아니다. 일본 거품경제의 내막을 좀 더 살펴보자.

플라자 합의 당시 일본은 수출로 먹고사는 나라였다. 일본 정부는 급격한 엔고로 인한 기업의 어려움을 덜어주기 위해 저금리정책으로 전환했다. 일본은행(BOJ)은 수출경쟁력 저하와 불황이 우려되자 1986년부터 1987년 초까지 1년여 만에 정책금리를 5차례에 걸쳐 5%에서 절반인 2.5%로 떨어뜨렸다.

여기서 문제가 생겼다. 금리를 내렸으면 엔화는 약세로 돌아서야 했다. 교과서에는 금리를 내리면 돈의 가치도 함께 떨어진다고 적혀 있다. 그러나 금리는 환율에 그다지 영향력이 없었다. 금리가 떨어져 유동성만 늘어났다. 여기에 엔화 강세로 수입품 가격이 떨어지고 물가가 안정되면서 니케이지수를 강하게 끌어올렸다. 도쿄 증시는 3년 새 300%나 뛰었다.

:: 일본 니케이지수는 1980년대 후반 피크를 찍었다.

이뿐만이 아니었다. 부동산이 뛰기 시작했다. 그렇지 않아도 1956년부터 1986년까지 30년 사이에 일본 땅값은 50배 이상 뛰었다. 반면 이 시기 소비자물가는 2배 오르는 데 그쳤다. 그러다 보니 일본인들은 땅값은 절대 떨어지지 않는다는 신념을 갖게 되었다. 부동산 폭등이 시작되자 한 해 70%씩 뛰기도 했다.

일본의 엄청난 무역수지흑자, 플라자 합의에 따른 엔화의 평가절상, 대장성의 재할인율 인하로 대규모 유동성이 발생했다. 이 돈들이 주식과 부동산시장으로 흘러들어 거품을 키웠다.

게다가 플라자 합의 이후 엔화 강세가 장기 추세로 접어들 모양새를 보이자 대량의 핫머니가 일본으로 몰려들었다. 이 때문에 가뜩이나 많은 유동성에 이 돈들이 가세하면서 부동산값이 천정부지로 치솟았다.

그러자 일본은 자만에 빠졌다. 여기에 일본 기업과 개인들이 엔화 가치가 2배로 뛰자 저금리로 대출을 받아 국내외 부동산을 사들였다. 특히 외국 부동산은 반값에 사들이는 셈이었다.

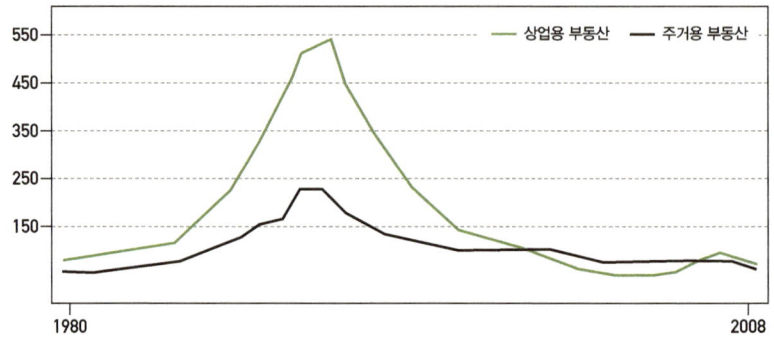
∷ 일본 6개 대도시의 토지 가격지수 추이 (2000년 3월=100)
   (자료 : 일본 부동산 연구소 (JREI))

1987년 10월 19일 블랙먼데이 사태로 인한 세계적인 주가하락에 제동을 걸기 위해 일본은 금리를 낮은 수준에서 억제하는 정책을 취했다. 저금리 정책은 일본의 주가와 지가를 또 다시 끌어올렸다.

블랙먼데이 대폭락에도 일본 증시가 양호하게 지지될 수 있었던 것은 대장성의 명령을 받은 증권사들이 수단과 방법을 가리지 않고 주가부양에 나섰기 때문이다. 당시 제일 큰 증권사인 노무라 증권의 아줌마 부대는 노무라가 제공하는 정보에 충실히 따라 투자하는 경향을 보여 증권사의 작전에 쉽게 이용되었다. 증권사들은 언론사 보유지분을 무기로 언론사를 이용한 주가조작에도 열을 올렸다. 이렇게 사회 전체가 멍들어 갔다.

게다가 1987년 12월에는 국제결제은행의 바젤회의에서 일본은행의 보유 지분 가운데 미실현 이익을 자본으로 인정해 주자는 예외조항이 마련되었다. 그러자 일본 은행들은 대출규모를 늘려 땅값과 주가를 동시에 부양하는 전략을 채택했다. 일본의 거품경제는 이렇게 해서 생겨났다.

일본 주식시장 시가총액이 미국을 앞서다

이로 인해 유동성이 폭증하여 일본 주가는 1980년대 초 6천 포인트에서 시작해서 1980년대 후반에 약 3만 8천 9백 포인트까지 6배 넘게 올랐다. 그 짧은 기간에 말이다. 일본 은행의 단기대출시장은 세계에서 가장 큰 규모가 되었다. 그만큼 투기가 극성을 부렸다.

1987년 일본의 주식시장 시가총액이 미국을 앞섰다. 일본 주식시장의 버블은 일본전신전화주식회사인 NTT의 주가만 보더라도 극명하게 나타난다. 1987년 2월 말 NTT의 시가총액은 세

순위	국가	총액
1	일본	29,970
2	미국	25,810
3	영국	6,250
4	서독	2,360
5	캐나다	2,130
6	프랑스	1,930
7	이탈리아	1,560
8	스위스	1,390
9	호주	1,000
10	네덜란드	830
11	스웨덴	580
12	홍콩	570
13	벨기에	450
14	스페인	440
15	싱가포르	410
16	한국	200

∷ 1987년 4월 세계 주요국의 주식시가 총액
(단위 : 억 달러)

계 1위로 독일과 홍콩 전체 상장기업 시가총액을 합한 것보다도 컸다. 상식으로는 도저히 이해할 수 없는 일이었다. 지가 역시 마찬가지였다. 당시 도쿄 땅을 팔면 미국 땅 전체를 살 수 있었다.

그러나 버블의 한가운데 있을 때에는 누구도 이를 알아채지 못했다. 1988년이 되자 세계 10위권 안에 드는 은행 가운데 7개가 일본 차지가 되었다. 유동성 장세는 자산 버블을 끝 간 데 없이 부풀렸고,

순위	은행	국가	자산	예금	대출
1	다이이치강쿄	일본	2,669	2,448	1,524
2	스미토모	일본	2,505	2,278	1,444
3	후지	일본	2,440	2,233	1,391
4	미쓰비시	일본	2,275	2,088	1,400
5	산와	일본	2,181	2,022	1,296
6	크레딧아그리콜	프랑스	2,143	1,631	1,141
7	시티코프	미국	2,036	1,512	1,334
8	노린처킨	일본	1,848	1,452	711
9	방크나쇼날드파리	프랑스	1,826	1,455	808
10	산업은행	일본	1,769	678	1,064

∷ 1988년 세계은행의 자산 및 영업현황 (단위 : 억 달러)

이는 다시 금융자산을 부풀리는 악순환에 빠졌다. 그러나 당시에는 이것이 선순환으로 보였다.

돈놀이에 망가진 일본 기업

1980년대 후반 일본 기업들의 돈놀이 곧 '자이테크'(재테크) 규모는 도쿄 증시의 활황과 맞물려 기하급수적으로 늘어났다. 유로본드에서 스왑거래를 통해 돈을 빌리면서 되레 이자까지 받고 또 빌린 돈을 이용해 주식시장에서 수익을 올렸다. 더구나 나중에 스왑 만기가 되면 환차익까지 남았다. 그러니 어느 누구도 이 자이테크에서 자유로울 수 없었다.

이 때문에 도쿄 증시에서는 선순환이 일어났다. 자이테크는 수익을 창출했고, 이는 주가상승으로 이어졌다. 이로 인해 다시 자이테크의 수익성이 높아졌다. 1980년대 말 도쿄 증시의 상장기업 대부분이 자이테크를 벌인 것으로 나타났다. 도요타와 닛산, 마쓰시타, 샤프 등 국제적 지명도가 있는 기업들이 낸 순이익의 절반 이상이 자이테크에서 나왔다. 일본 기업 스스로가 외부 유동성을 끌어들인 것이다.

대부분의 사람들은 이 기간에 일본기업들의 영업이익이 줄었다는 사실에는 전혀 관심을 두지 않았다. 심지어 어떤 기업은 기존의 비즈니스를 포기하고 자산운용에만 전력을 다했다. 철강회사 한와는 자이테크로 4조 엔(3백억 달러)을 굴렸는데, 여기서 얻은 수익이 본업으로 얻은 이익의 20배를 넘었다.

1980년대 후반 일본 기업들이 조달한 자금이 모두 투기에 사용된 것은 아니었다. 신주인수권부사채 발행으로 조달된 자금이 생산설비 투자에도 흘러 들어가 세계 역사상 유례없는 투자 붐이 불었다. 이 시기 일본 기업들은 3조 5천억 달러에 이르는 설비투자를 했는데, 이때 일본이 달성한 경제성장의 3분의 2가 설비투자 덕분이었다.

이렇게 외부로부터 유동성을 끌어들이자 버블은 한층 더 심해졌다. 주식시장이 과열되고 부동산 가격이 뛰었다. 붐이 일었던 생산설비투자도 훗날 버블이 꺼지자 과잉투자로 드러나면서 극도로 위축되어 일본 경제의 발목을 잡았다.

미국 부동산 구입에 열 올려

산이 높으면 골이 깊은 법이다. 일반적으로 거품이 클수록 후유증도 크게 마련이다. 1980년대에 형성된 일본경제의 거품은 2차 세계대전 뒤 발생한 강대국의 거품사례 가운데 가장 컸다. 1980년대 후반 도쿄 증시가 더 이상 합리주의 방식으로는 평가할 수 없는 상황으로 치닫자, 서방 투자자들은 보유주식을 처분하고 시장에서 빠져나갔다.

그럼에도 일본 애널리스트들은 일본 경제가 세계 경제성장의 견인차 역할을 할 것이고, 증시 주변의 풍부한 자금 때문에 주가는 더 오를 수 있다는 논리로 투자자들의 판단을 흐려 놓았다.

플라자 합의가 있던 1985년도부터 부동산 버블이 최고조에 이르렀던 1990년까지 총 대출증가액은 155조 엔이나 되었다. 이들의 절반 이상이 주택대출이었다. 얼마나 많은 돈들이 주택시장에서 버블을 만들고 있었는지 알 수 있다. 1990년 일본 전체 부동산 가치는 2천조 엔이 넘는 것으로 평가되었다. 이는 미국 전체 땅값의 4배에 이르는 것이었다.

그 사이 일본인들은 미국 부동산들도 무차별적으로 사 모았다. 뉴욕의 상징인 록펠러 센터 등 미국의 자존심이 서린 건물들도 비싸게 사들였다. 미국인과 공동으로 엠파이어스테이트 빌딩도 사들였다. 세계적으로 유명한 페블 비치도 시가보다 훨씬 비싼 가격에 구입했다. 로스앤젤레스에서 가장 유명한 역사적 건물인 빌트모어 호텔, 전통적으로 할리우드 배우들이 주로 출몰하는 리비에라 컨트리클럽, 이러다 보니 미국인들의 일본에 대한 반감은 커져갈 수밖에 없었다.

미 의회에선 이 때문에 연방준비제도위원회(FRB)의 폴 볼커 이사장을 불러 청문회까지 열었다. "일본이 부동산을 마구 매입, 미국의 자존심을 자극하는 것을 대책 없이 바라만 보고 있을 것인가. 자유시장 원리상 법으로 어떻게 할 수는 없지만, 금융경제 정책을 통해 국제법에 어긋나지 않는 범위 안에서 견제할 방법은 없는가?"라는 질문들이 쏟아졌다. 볼커 이사장이 대답은 "좀 시간을 두고 지켜봐 달라."는 것이었다.

거품이
터지다

항상 급선회 정책이 문제다

여기에 결정타를 먹인 것이 국제결제은행(BIS)의 지급준비율이었다. 1988년에 BIS는 전 세계 은행들이 1992년까지 자본금을 늘려 전체 대출액의 최소 8%를 지급 준비금으로 유지해야 한다는 규칙을 만들었다. 세계에서 가장 지급준비금이 낮았던 일본이 가장 먼저 큰 시련을 겪었다.

그러자 일본은행은 지급준비율을 맞추기 위해 대출을 억제해야 했다. 서둘러 금리를 올렸다. 1989년 5월 한 번에 0.75%의 금리인상을 시작으로 1990년 8월까지 1년여 동안 다섯 차례에 걸쳐 무려 3.5%나 인상시켰다. 금리가 2.5%에서 6%로 단기간에 두 배 이상 올라갔다.

짧은 기간의 급격한 금리 조정이 늘 문제다. 경제 충격은 늘 이렇게 발생했다. 그리고 일본 정부는 각종 부동산 규제와 더불어 부동산 세금을 강화하고, '부동산융자 총량제한' 도입으로 부동산 대출을 금지시켰다. 경제사에서 보면 언제나 이러한 급선회정책이 문제였다. 이것이 일본 장기불황의 서곡이었다.

미국 부동산을 헐값에 토해내다

이러한 금리인상은 미국도 마찬가지였다. 연준은 인플레이션을 잡기 위해 연방 이자율을 0.25% 인상한 데 이어 이후 여섯 번 잇달아 이자율을 올렸다. 그 바람에 부동산 시장이 침체해 일본인 부동산 투자가들이 제일 먼저 직격탄을 맞았다. 대부분 70%를 미국 은행에서 융자받고, 나머지 30%는 일본 은행이 보증한 투자여서 별안간 닥친 높은 이자율 때문에 부동산 가격이 20%나 급락했다. 미국 은행은 그 차이 20%를 보전하라며 일본 투자가들에게 현금을 요구했다.

한 부동산을 담보로 다른 부동산 2~3개를 문어발식으로 매입한 일본인들은 이 현금 요구를 이행하지 못했다. 결국 일본인들은 미국 내 부동산을 구입가격의 3분의 2라는 헐값에 되팔아야 했다.

환율전쟁에서 비롯된 일본의 운명

지금까지 저금리에 푹 빠져 있던 일본 내 개인투자자들도 돌연한 고

금리를 감당할 수 없었다. 개인들은 단기간에 6%까지 치솟은 금리 때문에 부동산을 내다 팔기 시작했다. 기업들도 조달금리가 높아지자 투자를 중단했다. 증시에는 몰락의 서곡이 울렸다.

지나친 버블을 우려해 이렇게 재할인이자율을 급격히 인상시키자 주식수익률이 장기국채수익률을 밑돌면서 투자자들이 주식시장에서 대거 이탈하기 시작했다. 이후 부동산 가격이 꺾이자 부동산 담보대출을 시작으로 부도 도미노가 이어졌다.

1990년 들어 일본 경제의 버블이 빠지기 시작하자 일본 경제는 버블 전보다 더 악화되었다. 1990년 여름에는 주가하락으로 부패 금융 스캔들이 모습을 드러냈고, 수많은 투기꾼들이 파산했다. 일본 기업들이 사들였던 해외자산들은 다시 헐값에 되팔려 나갔다. 또한 버블 기간 동안 일본 기업의 설비투자가 과잉투자로 드러나면서 일본 경제는 침체의 늪으로 빠져들었다.

일본 정부는 경제와 증시부양을 위해 1995년 9월 재할인이자율을 사상 최저수준인 0.5%까지 낮추었지만 이미 기차는 떠난 뒤였다. 결국 경기부양에 실패하고, 은행 및 증권사의 도산사태가 이어졌다.

이 모든 것이 환율에서 시작되었다. 환율전쟁은 어떤 의미에선 영토전쟁보다 더 격렬하다. 결과도 더 참혹하다. 이유도 없이 지는 건 물론이요, 지고도 진 줄 모른다. 일본 가나가와 대학 요시카와 모토타다 교수는 그의 저서 《머니패전》에서 "무형의 전쟁에서 패배하고는 기꺼이 자기 강산을 적의 손에 공손히 넘기고도 전혀 모르는 경우가 있다. 이런 패배야말로 더 비참하고 고통스럽다."고 썼다. 그는 1990년 일본 버블붕괴를 '약한 달러'의 공격에 '강한 엔'이 패배한 것으로 보았다. 그러면서 "2차 세계대전 패배와 맞먹을 만큼 충격적"
이었다고 적고 있다.

일본 경제의 본격적인 침체

1991년부터 일본 경제는 본격적으로 하강하기 시작했다. 1990년
5.2%였던 성장률이 이듬해에는 3.3%로 낮아졌다. 1992년에는 1%,
1993년에는 0.2%로 뚝 떨어졌다. 이후 경기가 잠시 상승하였으나
1997년부터 다시 하강으로 돌아서 1998년부터 2년 동안은 마이너스
성장률을 기록했다.

그 반작용으로 2000년에는 3%에 가까운 성장을 했지만 2001년부

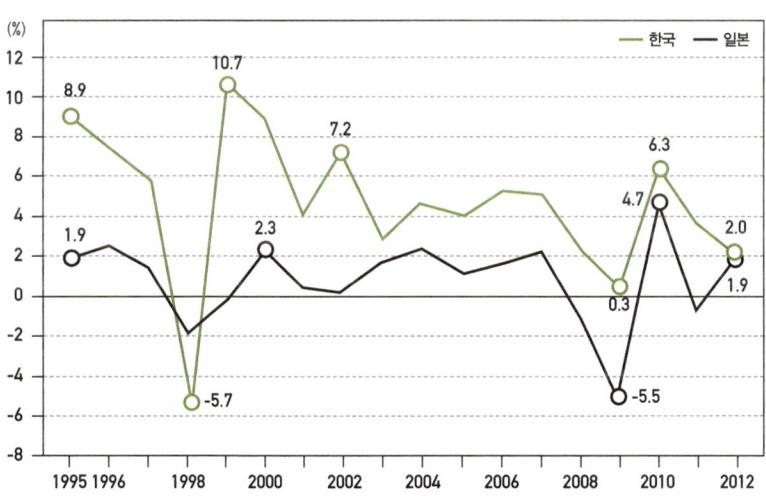

:: 한국과 일본의 실질 국내총생산 성장률 추이
(자료 : 한국은행, 일본 내각부)

터 다시 0%대 성장률로 돌아갔다. 2003년부터 조금 나아지긴 했지만 그래도 2007년까지 2%대의 저성장에 시달려야 했다. 2008년부터 다시 경기가 급강하하여 2010년 깜짝 성장을 제외하고는 부진한 상태로 오늘에 이르고 있다. 한 마디로 일본 경제는 1991년부터 하강을 시작한 이후 20년이 넘도록 오랜 세월 동안 경기부진에 시달리고 있는 셈이다.

● 《환율전쟁》, 최용식, 새빛에듀넷, 2010년 1월

The Exchange Rate Wars Story

일본의 잃어버린 10년,
또 잃어버린 10년

7

일본을 희생시킨 플라자 합의는 미국이 지향하는 강한 미국과 쌍둥이적자를 메우기 위한 조정이었다. 그것도 고통을 외부로 떠넘기면서. 한편 미국의 제조업은 이러한 달러 평가절하 속에서도 경쟁력을 회복하기는커녕 쇠퇴해갔다.

미국의 달러정책 역사를 들여다보면, 미국의 경제와 통화정책에 힘의 논리가 적용되고 있음을 알 수 있다. 패권국의 횡포인 것이다.

헤지펀드의
놀이터가 된 일본

미국의 달러정책, 힘의 논리 적용

1990년대 일본은 잃어버린 10년을 혹독하게 경험했다. 경기침체는 물론이고, 부동산값과 주식시장이 곤두박질쳤다. 일본은 1980년대 말부터 1990년대 말까지 10년 사이에 주가지수가 3만 8천대에서 6천대로 떨어졌다. 반에 반 토막을 넘어 80% 이상 폭락한 것이다.

주택 가격도 고점대비 70% 이상 떨어졌다. 당시 291을 기록하면서 최고점을 만들었던 부동산지수는 2009년에도 80대 중반까지 떨어졌다. 쉽게 말해서 1989년 당시에 1억 엔짜리 부동산을 샀다면 2009년에는 2천 8백만 엔까지 떨어졌다. 엄청난 디레버리지가 무섭도록 오랜 시간 진행되었다. 당시 일본은 부동산 버블이 터지는 순간 3년에 걸쳐 반 토막 났고, 그 뒤에도 부동산은 하락세를 이어갔다.

대출로 부동산과 주식에 투자했던 서민들이 갚아야 할 부채는 쓰

:: 일본 니케이지수 추이

나미처럼 삶을 황폐하게 만들었다. 대출받은 사람들은 빚부터 갚으려 했다. 이것이 1990년대 일본의 소비침체로 이어졌다. 소비침체는 '잃어버린 10년'으로 나타났다. 그로 인해 일본은 1991년부터 10년 넘게 0% 성장률을 기록하여 아예 성장을 못했다.

헤지펀드에게 당한 일본

한편 일본정부는 경기를 살리기 위해 1990년대에 다시 금리를 계속적으로 내려 1996년에 콜금리를 0.5%로 내렸다. 사실상 제로 금리였다. 이런 저금리 환경을 이용하는 이리떼들이 바로 헤지펀드들이다. 이로써 일본은 또 다시 희생양이 된다.

1990년대에 들어 헤지펀드가 세계 금융시장에서 큰 영향력을 발휘했다. 그들은 저금리 국가의 통화를 활용해 투기를 벌인다. 그 무렵 헤지펀드들은 '엔 캐리트레이드'(Yen-carry trade)라는 수법을 사용해 자금력 이상의 환거래를 행했다.

이를 이용해 유대계 헤지펀드들이 일본 엔화의 환율과 주식시장의 주가를 갖고 놀며 큰 수익을 올렸다. 금융기법이 일천한 일본은 뻔히 눈 뜨고도 당할 수밖에 없었다.

'엔 캐리트레이드', 일정자본으로 거의 무한대로 국채 매입

엔 캐리트레이드 수법은 다양하다. 그 가운데 헤지펀드들이 즐겨 사용하는 수법을 보자.

우선 헤지펀드의 자본금으로 산 미국 국채를 담보로 일본 은행에서 엔을 빌려 일본 국채를 산다. 그 다음 그 일본 국채를 담보로 엔을 빌려 이를 외환시장에서 달러로 바꾼다. 그 자금으로 다시 미국 국채를 사고 이를 다시 엔화로 바꾸는 과정을 반복하는 것이다. 이로써 일정한 자본을 갖고도 거의 무한대로 미국 국채를 사들일 수 있다.

환리스크는 있지만 저리의 엔을 빌려 금리가 높은 달러 자산을 운용할 수 있는 것이다. 당시 미국 연준 기준금리가 연 5.25%인 데 비해 일본 은행 단기금리는 0.25%였다. 은행 금리 차이만 취해도 연 5%의 수익이었다. 또 헤지펀드들이 사 놓은 두 나라 채권은 채권대로 수익을 올려 주었다. 이로써 미국의 헤지펀드는 엄청난 수익을 거두었다.

이는 다른 나라에 대해서도 똑 같이 응용할 수 있다. 그리하여 선진국 자산뿐 아니라 이머징 마켓에도 엔 캐리트레이드 자금이 많이 들어왔다. 엔을 빌려 유로나 달러로 바꾸면 외환시장에 방출된 엔화 값은 떨어질 수밖에 없다. 엔을 사자는 주문보다 팔자는 주문이 넘쳐 엔 시세가 뚝뚝 떨어지는 것이다.

1996년부터 2년 동안 월가에서는 엔 캐리트레이드가 유행해 엔은 1998년 147.64엔까지 떨어졌다. 캐리트레이드 통화는 이처럼 가치가 떨어져야 헤지펀드들이 나중에 청산할 때, 처음 빌릴 때 시세와 견주어 환차익까지 볼 수 있는 것이다. 1990년대 후반 헤지펀드들의 전략은 뛰어났다. 비록 일본이 골병들었지만 말이다.

문제는 썰물처럼 빠져나갈 때

그때 러시아의 디폴트 선언이 있었다. 놀란 헤지펀드들은 개도국에 투자했던 엔 캐리트레이드를 청산하고 썰물처럼 빠져 나가 안전자산으로 회귀했다. 통화시장에서 안전자산이란 엔화와 달러화를 일컫는다. 가장 경제적으로 안전한 나라로 꼽기 때문이다. 이로 인해 엔화는 3일 만에 13%나 치솟았다. 거대 통화가 단기간에 이 정도 오른 것은 상당한 변화였다. 그리고 두 달여 만에 달러당 112엔까지 올랐다. 이때 세계 금융시장은 충격에 휩싸였다. 그 여파로 당시 세계 최대 헤지펀드이던 롱텀캐피털매니지먼트가 결국 문을 닫았다.

금번 2008년 신용위기의 초입에도 엔 캐리트레이드의 청산이 심하게 일어나 개발도상국들은 자금경색이 극에 달했다. 시장이 불안해지면 캐리트레이드 자금이 고향으로 회귀하기 때문이다.

최근에는 달러 금리가 초저금리로 떨어지자 엔화 대신 달러 캐리트레이드가 극성을 부리고 있다. 문제는 상황이 변하여 이것이 일시에 빠져 나갈 때 이머징 마켓은 다시 한 번 골병이 든다는 것이다.

백약이 무효

일본, 무제한 통화팽창정책 등 백약이 무효

1999년에는 일본이 정식으로 제로금리를 선언하여 콜금리를 0%로 못 박았다. 하지만 이런 초저율의 이자율정책도 경기를 되살리지는 못했다. 케인스가 말한 '유동성 함정'에 일본 경제가 빠져든 것이다.

통화정책으로 안 되자 일본 정부는 재정정책을 강화했다. 경기를 부양하기 위해 공공투자를 확대하는 한편 소비를 부추기기 위해 감세정책을 썼다. 곧 세출은 늘리고 세입은 줄이는 전형적인 재정적자 정책을 강행했다. 때문에 재정적자가 눈덩이처럼 불어났다.

그러나 버블이 터진 지 10년이 넘어도 일본 경제시스템은 살아나지 못했다. 은행들은 도저히 규모를 파악할 수 없는 부실채권을 짊어지고 신음했다. 기업들은 사상 최고의 손실을 기록했다. 소비자들은 불확실한 앞날을 대비해 허리띠를 과도하게 졸라맸다. 미국의 신용평가회사인 스탠더드앤푸어스(S&P)는 일본 은행들의 부실채권이 정부의 지원을 받아 엄청난 규모를 털어내고도 150조 엔 선에 이른다고 밝혔다. 이 여파로 수많은 기업들이 운영자금을 조달하지 못해 도산했다. 또 일본인들 사이에 주식 혐오증이 퍼져 이자율이 연 0.5%도 되지 않는 예금에 돈을 맡겼다.

최후의 수단, 양적완화정책

일본은 2001년 양적완화정책을 발표하며 무제한 통화팽창정책을 썼다. 양적완화란 제로금리라 더 이상 금리정책을 쓸 수 없을 때, 돈을 찍어서 직접 시장에 푸는 것이다. 방법은 장기국채나 신용등급이 우량한 회사채 등을 사들이는 것이다. 그 결과 시장금리가 낮아져서 기업들이 낮은 금리로 자금을 조달해 투자를 하게 하는 것이 양적완화의 목적이다.

양적완화정책이란 말은 부드럽지만 실은 아주 극단적인 방법이다. 과거에 사용한 적이 없어 그 효과와 부작용이 검증되지 않은 방법이다. 당연히 중앙은행 내부와 외부의 반발도 컸다. 그러나 일본 정부는 양적완화정책을 밀어붙였다.

결과는 참혹했다. 백약이 무효였다. 한 번 얼어붙은 시장은 꿈적도 하지 않았다. 너무나도 혹독한 결과였다. 일본 주가는 반에 반 토막을 넘어 6분의 1로 쪼그라들었다. 그리고 부동산은 반에 반 토막이 났다. 정확히 버블 이전의 단계로 회귀했다. 그 동안 부풀어 올랐던

버블은 모두 환상이었다.

일본은 2010년 5월 주가와 부동산 모두 고점대비 4분의 1 수준이었다. 오히려 외국의 투자자들이 일본의 싼 엔화를 빌려 고금리 국가에 투자하는 엔 캐리트레이드를 불러와, 다른 나라들의 경기호황을 지속시켜 주었다.

일본의 반유대 정서

일본 증시 하락에 베팅한 미국 금융자본

1982년 미국 시카고상업거래소는 '주식선물'이라는 금융무기를 최초로 만들어냈다. '주가지수 풋옵션'도 나왔다. 미국 투자자들은 이 옵션에 투자한 반면 일본의 주가지수가 절대 떨어질 일이 없을 거라 믿은 일본 투자자들은 지수가 오르는 데 걸었다. 당시에는 주식투자에 나섰던 거의 모든 일본인들이 큰돈을 벌고 있을 때였다. 그도 그럴 것이 1970년대 초에 2천 선을 겨우 넘었던 니케이지수가 근 20년 동안 줄기차게 올라 1989년 말에는 3만 8,916을 기록했다.

1989년 말 니케이지수가 정점에 오르자, 1990년 1월 12일 미국주식거래소에서는 갑자기 '니케이 풋 워런트'라는 새로운 금융상품이 출현했다. 일본의 지수가 밀리면 대박을 보는 파생상품이었다. 일본 주식시장을 한순간에 날려 보낼 수 있는 파생상품이 등장한 것이다.

이 상품은 미국에서 날개 돋친 듯 팔렸다.

곧이어 일본 증시에 매도 광풍이 불었다. 특히 외국인의 공매도가 거셌다. 이 통에 일본 증시는 붕괴되었다. 1989년 말에 거의 4만에 육박하였던 주가지수가 불과 4개월 뒤인 1990년 4월에 2만 9,584까지 무려 24%나 폭락했다. '니케이 풋 워런트'에 건 사람들은 부자가 되었다. 이후 하락장이 지속되어 2003년 2월 8,363까지 떨어졌다. 반에 반 토막보다도 더 떨어진 것이다. 이 통에 많은 투자자와 기업들이 파산했다. 버블의 최후는 이토록 끔찍했다.

일본과 한국의 반 유대인 정서

이 과정에서 일본에서는 일부 계층에서 반 유대인 정서가 불기 시작했다. 급성장한 일본이 국제사회에서 유대인의 경쟁대상으로 부각되자 유대인들이 일본 증시를 망가뜨렸다고 보기 때문이다. 그리고 또 그들은 유대인 단체들이 일본을 강력히 견제하는 차원에서 환율 압박과 무역마찰을 제기한 것이라는 나름대로의 결론을 얻었다. 그 뒤 일본에서는 유대인의 음모론과 같은 반 유대 서적이 많이 출간되었다.

그런데 우리나라는 반유대인 정서가 일본이나 중국보다 훨씬 더 높은 것으로 조사되었다. 유대인 차별반대 단체인 ADL(Anti-Defamation League)이 2014년 5월 발표한 설문조사 결과를 보면 한국인들이 강한 반유대 정서를 가지고 있는 것으로 조사됐다. 한국의 반

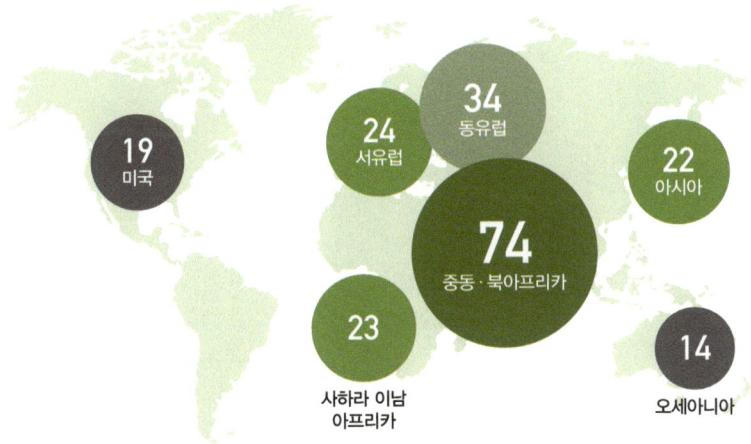

:: 전 세계 반유대주의 지수 (자료 : ADL)

유대주의 지수는 53%로 세계 평균인 26%보다 두 배나 높다. 한국은 아시아에서 말레이시아와 아르메니아 다음으로 강한 반유대주의적 정서를 보인 국가로 분류됐다. 일본과 중국은 각각 23%와 20%를 기록했다.

일본 채권시장 흔들리면 메가톤 위기

마이너스 재정정책으로 오늘날 일본의 누적 재정수지적자분이 GDP의 2배를 넘어섰다. 2012년 말 일본 국가부채는 14조 6천억 달러로 GDP의 230%로 불어났다. 원래 60% 이상이면 위험하다는 수치다.

일본의 채권은 내국인들이 주로 갖고 있고, 일본의 경제 규모가

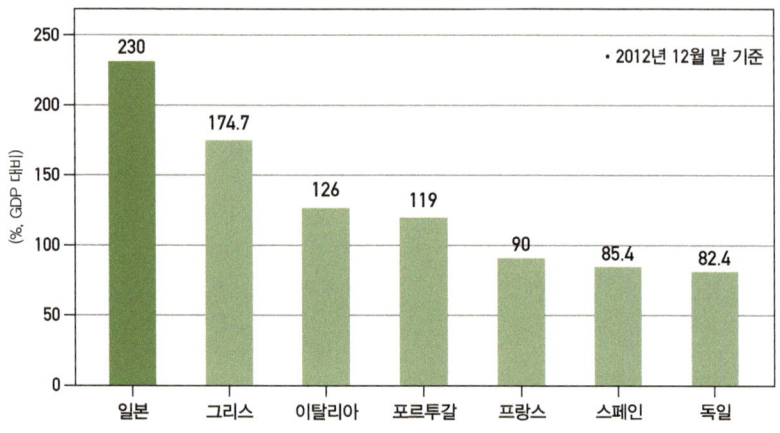
::주요국 국가부채비율 (자료 : 유럽통계청)

큰데다 해외에서 받을 채권과 해외 자산이 많아 그리 큰 위험은 아니라고 말하는 사람도 있다. 그러나 총부채에서 총채권을 뺀 순부채도 이미 GDP의 105%에 이르고 있다. 다른 나라 총부채보다도 많은 편이다.

조그만 나라의 부채가 경제규모가 두 배나 큰 미국 부채 수준(16조 4,2376억 달러)에 버금간다. 문제는 국가예산의 25%가 이자지급에 쓰이고 있는 데도 일본 정부는 별다른 손을 쓰지 않고 아베 정부는 오히려 경기부양을 위해 부채를 더 늘리고 있다. 무디스는 일본이 갖고 있는 1조 달러 이상의 외환보유고가 외채상환능력 측면에서 볼 때 너무 적다는 지적을 한 바 있는데 바로 이러한 이유 때문이다.

세계 3대 신용평가회사 가운데 하나인 피치가 2012년 5월 일본의 엔화표시 국채 신용등급을 AA-에서 A+로 한 단계 내리고, 외화표시 장기국채 등급은 AA에서 A+로 두 단계 내렸다. 신용등급 전망은 모두 '부정적'으로 매겨, 재정 사정에 개선이 없을 경우 추가로 등급을

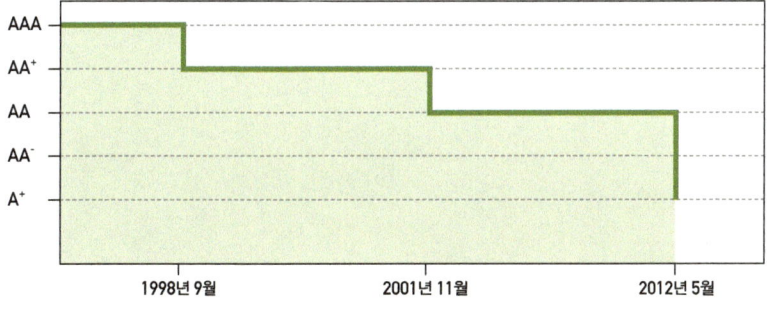
::: 일본의 신용등급 추이 (자료 : 피치)

내릴 수 있음을 내비쳤다.

한 미국 헤지펀드 대표는 "일본 국채시장의 붕괴가 나타날 것"이라며 "그것은 시간문제"라고 말했다. 유럽 재정위기가 가시화되자 일본이 긴장한 이유이다. 오히려 문제가 되고 있는 유럽 나라들의 정부부채 수준은 일본보다 현저히 낮은 수준이다.

● 오상용 기자 외, 이데일리

The Exchange Rate Wars Story

위안화 평가절하에 멍든 일본

8

1984년부터 10년 사이에 300%나 평가절하된 위안화는 두 가지 큰 변화를 이끌었다. 하나는 전 세계에 '골디락스'를 수출한 것이다. 골디락스란 '중국의 값싼 상품이 인플레이션을 상쇄시켜 세계 경제는 차지도 덥지도 않은 알맞은 성장을 지탱시켜 주었다.'는 뜻이다.

　또 다른 하나는 주변국 특히 일본의 제조업 경쟁력을 초토화시켰다. 1889년부터 1995년까지 위안화당 엔화 환율은 2백 엔에서 50엔으로 무려 4분의 1로 추락했다. 이 때문에 세계에서 가장 제조업 경쟁력이 높았던 일본의 경쟁력은 중국으로 넘어가기 시작했다. 일본의 공장들이 속속 중국으로 옮겨가 일본의 산업공동화가 본격화되었다.

등소평의
국가적 작전

중국 위안화 10년 만에 300% 평가절하

게다가 일본은 중국 위안화에도 심하게 당했다. 중국의 등소평은 1978년에 유명한 '흑묘백묘론'을 내세우며 중국의 개방화와 세계화를 선언했다. 흑묘백묘론이란 "고양이 색깔이 검든 희든, 쥐를 잘 잡으면 좋은 고양이다."라는 뜻으로, 실사구시의 의미이다. 실사구시란 "실질적인 것에 의거하여 사물의 진리를 찾는다."는 뜻이다. 중국의 환율정책이 바로 그랬다.

1980년 개방 초기에는 이중환율제도를 실시했다. 수출기업에게는 달러 당 2.8위안, 외국인 직접투자나 관광객

:: 타임지에 의해 '1978년의 풍운아'로 선정되었던 등소평

그리고 민간에게는 달러당 1.5위안으로 환전해 주었다. 일종의 수출 보조금제도 성격이었다. 당시 암시장 환율 등 3개의 환율이 동시에 존재해 외국인들을 힘들게 했다. 그 뒤 이중환율제도가 수출 보조금 역할을 한다는 교역상대국들의 주장과 공정 환율의 상승으로 1984년 이중환율제도를 통합하여 달러당 2.8위안으로 통일했다.

이후 등소평을 위시한 중국 지도부는 중국이 수출로 일어나기 위해서는 위안화의 평가절하가 긴요하다고 보았다. 위안화의 가치가 쌀수록 수출품의 가격경쟁력은 강해지기 때문이다. 더구나 기술과 자본이 없는 후진국의 경제 발전이 대부분 그렇듯 중국은 값싼 인력을 무기로 세계의 공장을 자임하는 전략을 추구했다. 이 전략의 핵심 요소가 환율이었다. 위안화의 가치가 쌀수록 임금이 값싸져 외국기업의 중국 내 투자가 늘어났다.

그 뒤 1986년에 달러당 3.2위안, 1989년에는 달러당 4.7위안, 1990년 달러당 5.2위안으로 연속적으로 평가절하했다. 이때부터 중국은 경상수지 흑자국으로 돌아선다.

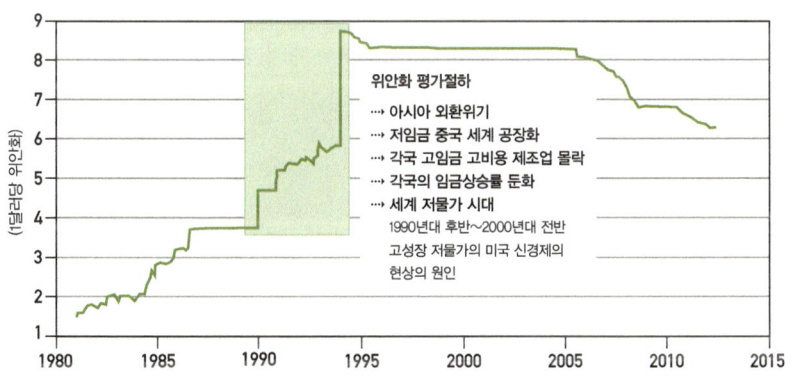

:: 중국 위안화와 미국 달러화의 환율변동

8 위안화 평가절하에 멍든 일본

이렇게 위안화는 계속 계단식으로 평가절하되다가 1994년 한꺼번에 무려 40%의 평가절하가 단행되어 달러당 8.8위안이 되었다. 제조업 경쟁력을 확보하고 외국자본을 유치하기 위한 등소평의 국가적 작전이었다. 1984년 달러당 2.8위안이 10년 만에 8.8위안이 되어 약 300% 평가절하되었다.

일본 직격탄을 맞다

그 뒤 평가절하된 위안화는 전 세계에 '골디락스'를 수출하기 시작했다. 골디락스란 '중국의 값싼 상품이 인플레이션을 상쇄시켜 세계 경제는 차지도 덥지도 않은 알맞은 성장을 지탱시켜 주었다.'는 뜻이다. 중국은 세계의 제조업을 낮은 가격으로 무력화시켰다. 중국 저가 제품은 마치 전염병처럼 주변국의 제조업을 비롯한 1차산업을 무너뜨렸다.

특히 일본은 직격탄을 맞았다. 1889년부터 1995년까지 위안화당 엔화 환율은 200엔에서 50엔으로 무려 4분의 1로 추락했다. 이 때문에 세계에서 가장 제조업 경쟁력이 높았던 일본의 경쟁력은 중국으로 넘어가기 시작했다. 일본의 공장들이 속속 중국으로 옮겨갔고 일본의 산업공동화가 본격화되었다.

그 뒤 위안화가 너무 저평가되어 있다는 인식이 팽배하여 조금씩 절상 움직임을 보였다. 그러자 해외 자본은 일본과 아시아의 신흥국을 빠져 나와 급속히 중국으로 이동했다. 이런 유동성의 이동은 일본에 치명타였다.

뿐만 아니라 이후 우리나라를 포함한 아시아 외환 위기의 직접적인 원인이 된다. 1997년 아시아 금융위기가 발발하자 마하티르 전 말레이시아 총리 등 일부에서는 "아시아 금융위기는 위안화가 대폭 평가절하되어 발생했다."고 말했다.

많은 경제학자들은 일본의 잃어버린 20년을 말하면서 한국도 비슷한 과정을 따를 수 있다고 이야기한다. 그러나 이것은 일본이 미국과 중국 양쪽으로부터 심한 환율 공격을 당한 역사를 잘 모르고 하는 말이다. 그들은 일본의 20년 성장 둔화가 환율에 기인하고 있다는 사실을 모르고 있다.

중국, 변형된 달러 페그제를 도입하다

그 뒤 중국은 2005년 7월 통화바스켓 제도에 근거한 관리변동환율제를 도입했다. 그러나 기실 이것은 달러 페그제나 다름없었다. 그간의 달러에 고정했던 고정환율제에 약간의 융통성을 두어 달러와 위안화의 교환비율을 일정 밴드 내에 묶어둔 것이다. 이후 위안화는 3년에 걸쳐 서서히 달러당 6위안대로 절상되었다.

중국 위안화의 달러 페그제는 이때가 처음이 아니었다. 위안화는 그 이전에도 두 차례에 걸쳐 미 달러화에 아예 가치를 고정했다. 일명 고정환율제였다. 먼저 1955년부터 1970년까지 15년 동안 위안화 환율은 1달러당 4.618위안에서 조금도 변동이 없었다. 그다음은

1998년부터 2005년까지 달러당 8.27위안을 7년 동안 유지했다.

중국이 이렇게 달러 페그제에 집착하는 이유는 인플레이션에 혼났기 때문이다. 장개석 국민당 시절 물가가 매월 50% 이상 치솟던 악성 인플레이션은 결국 전 국민을 국민당 정부의 반대편에 서게 만들었다.

또 한 번 혼난 적이 있었다. 1993년 중국의 물가 상승률은 16%를 넘었고, 다음해에는 24%까지 솟구쳤다. 다양한 분야에서 물가를 통제했던 것을 감안하면 실제로는 더 높았을 것이다. 당시 중국 경제는 앞날을 장담할 수 없었다. 다행히 등소평은 주룽지 전 총리가 뼈를 깎는 고통을 감내하며 인플레를 통제하도록 지원했다. 그 결과 3년 만에 물가상승률은 2.8%까지 떨어졌다. 이는 금리 인상에만 의존하지 않고 직접 화폐공급량을 줄였기 때문이다.

2000년 이후 중국의 경상수지 흑자가 급증했다. 한국 등 외국기업들이 중국에 생산기지를 옮겨 수출이 급증한 것이 중요한 원인이었다. 중국 상무부에 의하면 2009년 기준으로 전체 수출액 중에서 56%가 중국에 진출한 외국기업들이 미국 등지에 수출한 금액이다.

미국은 중국과 교역에서 막대한 무역적자가 발생하고 있어 중국에 환율 조정을 요구하고 있다. 하지만 중국은 자국 경제에 이상이 없는 한 조정을 가능한 한 뒤로 미루려 하면서 양국 간 갈등이 깊어지고 있다.

중국과 미국의 환율전쟁이 근심스러운 이유

중국은 이렇게 세계의 공장으로서 역할을 하고 있다. 일본이 한국이나 대만에 부품소재를 수출하고 한국과 대만은 이를 기반으로 중간재를 만들어 중국에 수출한다. 중국은 수입한 중간재를 갖고 조립생산을 통해 미국 등 서방국가에 수출한다. 곧 '일본 ⇨ 한국, 대만 ⇨ 중국'으로 이어지는 공급채널이 가동하는 것이다.

중국은 우리의 가장 큰 수출시장이다. 미국과 일본을 합친 시장보다도 더 크다. 우리 전체 수출 중 4분의 1 이상이 대중국 수출이다. 만일 중국의 수출이 타격을 입을 경우 중국에 수출해서 먹고 사는 한국의 경기침체는 불 보듯 뻔하다.

특히 우리나라는 무역의존도가 G20 국가 중에서 가장 높다. 80%가 넘는 무역의존도에서 알 수 있듯이 우리 경제는 대외환경 변화에 취약할 수밖에 없다. 만일 중국과 미국 간 무역전쟁이 발발하여 교역

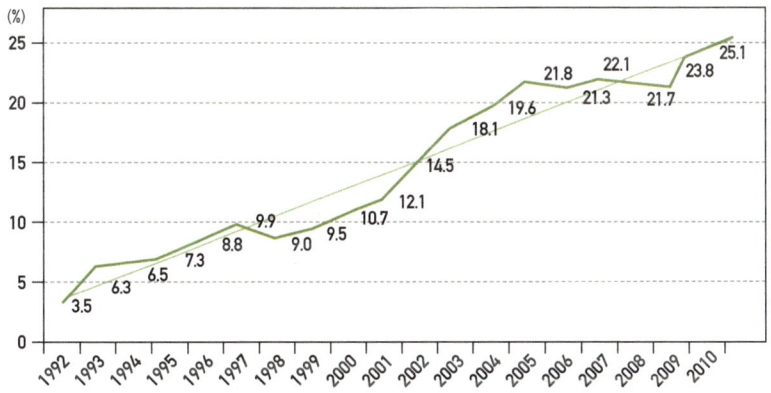

∷ 한국 총 수출시장에서 중국이 차지하는 비율추이

이 축소될 경우 우리 경제는 그야말로 직격탄을 맞을 가능성이 높다. 중국과 미국의 환율전쟁이 근심스러운 이유이다.

● 이강연 포카라 블로그, http://blog.naver.com/pokara61, 2010년 6년 28일

The Exchange Rate Wars Story

1995년
역플라자 합의

9

내가 뉴욕무역관에서 근무할 때 역플라자 합의가 나왔다. 그러나 당시는 그것이 정확히 무얼 의미하는지 몰랐다. 그런데 바로 이 시점부터 미국 금융자본의 해외시장개척과 대외 공략방법이 거칠어진다.

그 무렵 나는 제조업 비중이 10% 남짓한 미국이 세계 경제를 리드하는 것이 서비스산업의 힘이라 보았다. 그 가운데서도 금융산업이 가장 두드러지게 강함을 느꼈다. 월가에 해답이 있는 듯 보였지만 그 속내를 도저히 알 수 없었다. 지금도 그 속내를 모르기는 마찬가지이다. 다만 헤아려 볼 뿐이다. 게다가 대부분 헤지펀드의 금융기법은 철저한 영업기밀 속에 진행되어 외부에서는 그 돌아가는 내용을 도저히 가늠조차 할 수 없는 실정이다.

이 장에서는 어떻게 재무부와 연준, 월가 그리고 IMF가 한 통속, 한 몸이 되어 단합의 서막을 여는지 살펴보자.

자본침투를 위해
삼각편대와 IMF가 한 몸이 되다

역플라자 합의 후 미국, 제조업 수출보다는 달러 수출

1985년 플라자 합의 이후 미국의 달러는 10년 동안 약달러를 지향했지만 도저히 무역적자의 수렁에서 헤어 나오지 못했다. 미국의 제조업은 점점 더 경쟁력을 상실해 갔다. 일본의 엔화가 80엔까지 올라도 미국 수출에 별 도움이 되지 않았다. 미국의 저성장이 지속되자 미국은 작전을 바꾸기로 했다.

어차피 제조업 무역경쟁에서 밀릴 바에는 금융자본으로 금융산업에서 승부를 보기로 했다. 달러가 기축통화라는 것을 무기로 무역수지적자를 자본수지흑자로 메워 보기로 한 것이다. 제조업 수출보다는 달러를 수출하는 것이 미국의 이익에 도움이 될 것으로 판단했다.

당시 이를 주도한 사람이 1995년 재무부 장관이 된 로버트 루빈이었다. 루빈은 골드만삭스 회장 출신으로 월가 유대 금융계의 대부다.

미국은 이를 위해 다시 한 번 플라자호텔에서 선진 7개국 대표 모임을 갖는다. 이른바 1995년 2차 플라자 합의다. 1차와는 정반대로 달러 강세를 만드는 데 합의했다. 이를 '역플라자 합의'라고 부른다.

1차 플라자 합의 때는 약달러를 통한 재정적자 탕감을 목표로 했지만, 2차에서는 강달러를 통한 세계 자본시장 장악을 목표로 했다. 겉으로는 미국의 경기부양을 내세웠다. 달러가 강해지면 수입물가가 싸져 서민 생활이 윤택해지고 소비가 느는 것은 사실이다. 우리가 '원고'(圓高)를 무서워하지 말아야 하는 이유이다.

월가는 그때부터 행동대원으로 해외공략의 전진기지가 되었다. 조지 소로스 등 헤지펀드가 1992년 유럽통화 위기 때 영란은행 등 유럽 중앙은행들을 유린했듯이 1997년 아시아 외환위기 때 태국과 한국 등을 초토화시켰다. 환란은 IMF체제로 이어졌다. 이렇게 강제로 외국 외환시장과 금융시장의 빗장을 풀고 해외에 투하한 미국 자본이 전 세계 외국인 투자자본의 3분의 2가 되었다.

한 몸이 된 미국 재무부, 연준, 월가, IMF

그러자 '토빈세 도입' 등 핫머니를 규제하자는 국제여론이 빗발쳤다. 그러나 미국 정부와 연준은 월가를 철저히 감쌌다. 그도 그럴 것이 클린턴 정권의 재무장관 로버트 루빈이나 부시 정권의 재무장관 헨리 폴슨 모두가 월가 출신 유대인이다. 정부와 월가 사이엔 눈에 안 보이는 '재무부-월가 동맹'이 체결되어 있었다. 이때부터 재무부, 연준, 월가의 삼각편대는 유대인의 아성이 되었다.

여기에 IMF가 가세하여 '월가-재무부-IMF 복합체'(Wall Street-Treasury-IMF complex)라 불리는 금융자본과 미 정부 그리고 IMF 사이의 인적, 물적 네트워크를 통한 유착은 더욱 강화되었다.

∷ 로버트 루빈(왼쪽)과 헨리 폴슨(오른쪽)

미국, 금융 중심의 성장 패러다임 채택

역플라자 합의로 구축된 일련의 프로세스가 있다. 곧 '강한 달러 ⇨ 미국으로 자본유입 ⇨ 주가상승·금리하락 ⇨ 소비증가·투자증가 ⇨ 수입증대 ⇨ 경상수지적자 확대 ⇨ 전 세계 동반성장'이라는 금융 중심의 글로벌 성장패러다임을 미국이 선진국들의 협조를 얻어 마침내 공식적으로 채택했다. 미국은 이를 실현하기 위해 주식시장을 타깃으로 정했다.

역플라자 합의 이후 엔·달러 환율이 79엔에서 148엔까지 올랐다. 이는 미국 달러 가치가 50% 이상 올랐음을 뜻했다. 강세 통화로 돈이 몰리는 법이다. 그러자 미국으로 달러 유입이 급증하면서 미국 주식시장이 호황을 맞았다. 나스닥이 5천 포인트까지 상승하면서 금융시장이 성장을 구가했다.

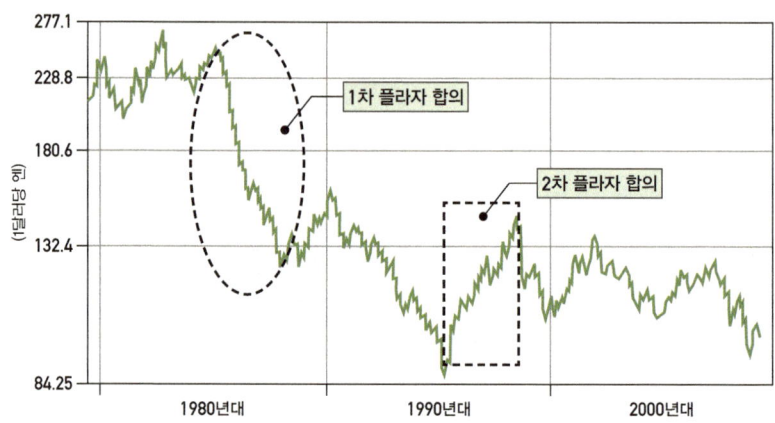

그러나 달러 강세는 몇 년 가지 못했다. 기본적으로 미국 경제에 대한 의구심과 폭발적인 달러 유동성 증가가 달러 가치를 하락시켰다.

금융장세의 호황으로 소비와 인플레이션이 가속화되자 그린스펀은 금리를 순차적으로 빠르게 올렸다. 예나제나 이런 급브레이크가 문제였다. 이후 금리 폭등과 IT 버블 붕괴로 나스닥은 무려 5천 포인트에서 1천 포인트로 수직 낙하했다.

관리감독 해야 할 기관들이 월가와 한 통속이 되다

미국의 금융산업은 월가와 연준 그리고 재무부의 삼각편대가 주도하고 있다. 하지만 이들은 서로 자기의 섹터에서 맡은 바 일을 함으로써 서로 견제와 균형을 이루어야 하는 섹터들이다. 그런데 서로 한 통속이 되다보니 관리나 감독 기능이 현저히 약화되었다. 그 한 예가 바로 파생상품의 남발이었다.

그때는 중국의 저렴한 공산품 생산 덕분에 전 세계가 골디락스에 취해 있었다. 춥지도 덥지도 않은 알맞은 온기의 경기가 오랫동안 계속되었다. 세상은 그린스펀의 연준과 루빈과 서머스의 재무부 그리고 월가의 삼각편대가 세상을 구했다고 칭송이 자자했다.

∷ 타임지 표지를 장식한 그린스펀과 재무부 장관들

2008년의 신용위기는 미국 재무부와 연준 의장 그린스펀이 모두 파생상품에 대해 지나치게 관대한 바람에 터진 것이다. 이는 결국 금융시스템의 파국을 초래했다. 그린스펀은 2003년 상원 금융위원회에서 "파생상품은 시장에서 위험을 떠안지 말아야 할 사람으로부터 떠안을 능력과 의사가 있는 사람에게 이전시키는 뛰어난 수단이다."라고 말했을 정도로 파생상품 예찬론자였다. 그 무렵 역대 재무부 장관들도 모두 파생상품 규제에 반대했었다.

금융은 흔히 '승수효과' 산업이라 불린다. 잘 나갈 때는 돈이 돈을 벌면서 2의 2배식으로 엄청나게 불어나간다. 보통 화폐발행액이 신용창조 과정의 신용승수와 유통과정의 통화승수 효과로 약 70배 이상의 광의 유동성으로 커진다. 그러다 반대의 경우에는 말 그대로 초토화가 된다. 역방향으로 신용수렴이 일어나기 때문이다. 그 많던 돈이 순식간에 시장에서 사라지는 것이다. 2008년 10월 월가 상황이 그랬다.

● 박태견, 뷰스앤뉴스

The Exchange Rate Wars Story

한국의
IMF 사태

10

외국 자본의 영향력은 우리가 생각하는 것 이상으로 생활 곳곳에 스며들어 있다. 우리나라 증시가 대표적인 예다. 2014년 9월 현재 외국인 비중이 33%에 이른다. 딱 3분의 1이다. 그 가운데에도 은행과 대기업들의 외국인 지분율은 50%가 넘는다. 사실상 경영권을 지배할 수 있는 지분이다. 언제든지 적대적 인수합병을 시도할 수 있는 지분인데, 이 외국인 자본의 태반이 유대계다.

유대인들이 그토록 좋아하는 금융권은 사실상 무장해제 당한 형편이다. 우량 은행들의 외국인 지분은 오래전에 60%를 넘어섰다. 이 가운데 아예 3개 은행 경영권은 외국인 손에 넘어갔다. 이러한 사태는 1997년 외환위기 때 본격적으로 시작되었다.

외환위기의 주범은 관치금융과 기업대출이었다. 은행권에 국민총소득의 약 3분의 1에 달하는 공적자금을 투입해 부실을 정리해주어 위기를 극복했다. 5대 은행이 모두 거덜 나고 30대 재벌 가운데 16개 재벌이 도산해 인수되었다.

기업들에 대한 부채탕감과 금융기관에 대한 공적자금 투입은 결과적으로 이들을 인수한 재벌들과 외국인투자자들에게 그 혜택이 돌아간 셈이다. 이러한 위기가 터지면 그 비용은 결국 납세자인 국민들이 지게 된다. 위기로 가장 피해를 보는 사람들은 서민과 청년들이다.●

● 〈금융위기는 다시 온다〉, 조윤제 서강대 교수, 중앙일보 2014년 0월 6일

나라의 곳간이
비다

1997년 11월 시작된 외환위기 당시, 정부는 환율 하락을 막기 위해 10월과 11월 두 달 동안 118억 달러를 외환시장에 쏟아 부었다. 그러나 역부족이었다. 애당초 무지한 게임이었다.

1992년 영란은행과 이듬해 유럽 주요 국가들이 헤지펀드에 당하는 모습과 과정을 조금만 유심히 보고 공부했더라면 부리지 않았을 객기였다. 이 통에 대외부채상환용 외환만 바닥났다. 달러를 비싼 값에 사서 싼 값으로 시장에 팔아치운 꼴이었다. 엄청난 국부의 손실이었다. 게다가 더 치명적인 것은 나라 곳간이 비어 국가가 부도 직전에 몰린 것이다.

일본과 미국의 매몰찬 반응

다급해진 정부는 IMF와 비밀협상을 시작했다. 1997년 11월 중순 IMF 와 비밀협상을 시작한 뒤에도 재정경제부는 아시아태평양 재무차관 회의가 열린 필리핀 마닐라에 엄낙용 차관보를 보내 사카키바라 일본 대장성 차관을 면담하고 도움을 요청했다. 일본 금융기관들이 한국 금융기관들에 빌려준 단기채무 상환을 연장해 주도록 대장성이 적극 나서 도와달라고 부탁했다. 그러나 매몰차게 거절당한다. 사카키바라 차관은 "한국 정부가 원화 환율을 시장에 맡기지 않은 상황에서 일본이 자금을 지원할 경우 이 돈이 시장개입용으로 사용될 수 있기 때문에 지원이 곤란하다."는 뉘앙스였다. 그 뒤에는 미국의 훈수가 있었다.

미국 정부는 한국의 위기사태 초기부터 직접지원 방안을 배제한 채, 오직 IMF를 통한 지원 방안만 강력히 고수했다. 그 전제는 한국 경제의 강력한 구조개혁 곧 '완전개방 시장경제체제'로의 환골탈태였다. 미국 정부는 이 같은 방침을 관철시키기 위해 당시 일본 정부가 추진하던 아시아통화기금을 포함해, 한국이 시도하던 다른 자금조달 수단을 차단했다.

엄 차관보는 "오후에는 미국의 서머스 재무차관과 가이트너 차관보와 면담했다. 이들 미국 관료들에게 사카키바라 차관에게 말했던 것을 반복 설명했다. 한마디로 '지금은 시장상황이 어렵게 되었으니 우방국인 미국이 적극적으로 도와 달라, 이번 위기를 넘기고 나면 금융시장을 개방하고 기업 및 금융 시스템도 적극적으로 고쳐나가겠다.'는 내용이었다."

당시 국제사회가 한국에 우선적으로 요구한 두 가지는 '투명성 확보와 상호보증 해소'였다. 외환위기는 신뢰의 위기였다. 멀쩡해 보이던 한국 기업이 픽픽 쓰러지자 월스트리트의 한국 담당자들은 일제히 투명성 문제를 지적했다. "한국은 회계가 엉망이다. 우발 채무가 기록이 안 돼 있다." "부채 규모를 파악할 수가 없다. 상호지급보증 때문이다." "밀어내기 수출 관행 때문에 매출 채권을 믿을 수가 없다."는 식이었다. 이런 보고들 때문에 국제 사회에 '한국은 믿을 수 없는 나라'라는 인식이 박혔다. 그리고 걷잡을 수 없이 돈이 빠져나간 것이다.

미국, 한국을 IMF 구제금융 쪽으로 몰아가다

IMF 사태 때 외국계 사이에서 나돌았던 말 가운데 하나가 "한국에서 정직한 숫자는 천연기념물뿐"이라는 극히 냉소적인 표현이었다. 서머스 차관은 "한국 금융기관이 안고 있는 부실채권 규모를 솔직하게 공개해야 한다. 이를 토대로 정리가 불가피한 금융기관을 선정해 조속히 처리해야 한다."고 못 박았다. 한국이 IMF에 자금지원을 요청할 생각이 있다면 빠른 시일 안에, 그리고 명시적으로 이를 대외에 공표하는 게 바람직하다고 말했다. 환율제도도 조속히 자유변동환율제로

● 〈이헌재 위기를 쏘다〉, 중앙일보, 2012년 3월 7일

전환하는 것이 좋을 것이라는 충고했다. 엄 차관보는 도움을 청하러 갔다가 까다로운 충고만 들었다.

1997년 11월 16일 미셸 캉드쉬 IMF 총재가 입국했다. 김영삼 대통령은 삼성동 인터콘티넨탈호텔 스위트룸에서 미셸 캉드쉬 총재를 맞이했다. 그는 비밀협상을 현장에서 지휘하려고 내한한 것이다.

그 와중에 대통령은 경제부총리를 경질했다. 임창렬 부총리가 한국 경제의 키를 잡은 11월 19일 오후였다. 그는 서울에 와 있던 가이트너 차관보와 IMF 피셔 부총재를 차례로 만났다. 모두 유대인이었다. 가이트너로부터 전해들은 미국의 입장은 확고했다. "한국이 현 금융위기를 넘기려면 IMF의 자금지원을 받는 수밖에 없다. 미국은 IMF를 통하지 않고 양자 지원을 통해 한국을 도울 수는 없다."는 요지였다. 피셔 부총재도 "한국의 상황이 갈수록 악화되고 있는 만큼 서둘러 IMF에 구제금융을 신청해야 한다."고 강조했다.

미국 현지에서의 압박도 심했다. 루빈 미국 재무장관은 11월 20일 오전에 한국 관련 성명을 발표했다. "한국이 현재의 위기상황을 벗어나기 위해서는 금융체제를 강화할 수 있는 강력하고 효과적인 행동을 신속히 취해야 한다."는 내용이었다. 더 이상 지체하지 말고 IMF에 손을 벌리라는 경고성 메시지였다. 미국 재무부 3인방이 모두 유대인이었다. 우리의 IMF 사태는 이렇게 유대인들에 의해 주도되었다.

11월 20일 외환 시장은 달러가 거의 증발한 상태에서 4일째 거래가 중단되었다. 그 이튿날 재경원이 마

∷ 재무부 유대인 3인방. 왼쪽부터 루빈, 서머스, 가이트너

지막 순간까지 IMF 자금지원에 대해 사실무근이라고 부인했으나, 밤 10시 20분경 임 부총리가 IMF 자금지원 요청을 전격 발표했다. 지원금액과 조건 등 실무협상은 11월 24일부터 시작되었다.

협상이 막바지에 들어서자 미국 대통령까지 나섰다. 클린턴은 11월 28일 김영삼 대통령에게 전화를 걸어 협상의 조속한 타결을 요구했다. "12월 첫째 주가 되면 한국은 파산이다. 협상을 조속히 마무리 짓는 게 좋을 것"이라는 게 통화의 요지였다.

외환보유액을 속인 정부

미국 정보기관은 우리 관료들이 '튼튼한 펀더멘털'을 강조하던 1997년 중반부터 이미 단기부채 급증으로 한국 경제가 심각한 유동성 위기에 빠질 가능성이 크다는 사실을 반복해서 경고했다. 결국 11월 말 정부는 놀라운 사실을 발표한다. 장부상에 남아 있는 것으로 되어 있는 외환보유액 3백억 달러가 실은 거의 바닥났다고 고백한 것이다. 우리 국민만 모르는 사실이었다. 시중은행에 몇 십억 달러가 예치되어 있었지만 이마저도 곧 사라질 처지에 있었다. 정부는 마침내 IMF에 손을 내밀었다. 당시 연준 의장 그린스펀도 그의 자서전《격동의 시대》에서 당시 상황을 다음과 같이 기록했다.

"루빈이 이끄는 태스크포스 팀이 사실상 24시간 움직이고 있었고, IMF는 550억 달러 규모의 금융지원종합정책을 마련했다. 역대 가장 큰 규모였다. 이 거래는 새로 선출된 김대중 대통령의 협조를 필요로 했다. 김대중 대통령이 처음으로 내린 결정은 긴급경제개혁에 전념하겠다는 것이었다. 그동안 재무부와 연준은 수많은 세계의 대형 은행들에 연락해 한국에 빌려준 차관을 회수하지 말 것을 요청해야 했다."

"곧 우리는 한국 정부가 외환보유고를 속여 왔다는 사실을 알게 되었다. 한국 정부는 갖고 있던 외환 대부분을 시중은행에 매각하거나 융자해 주었다. 이 은행들은 악성채무 문제를 해결하는 데 이 자금을 썼다. 그들이 보유액이라고 발표하였던 자금은 이미 사용된 뒤였다."

미국의 의도, 한국 경제를 관치에서 신자유주의로

미국이 왜 한국 경제를 IMF 관리체제에 집어넣으려 했는지에 대한 궁금증은 IMF와 자금지원 조건을 협상하는 과정에서 풀렸다. 미국은 이미 오래전부터 한국 경제를 '팍스 아메리카나'로 일컬어지는 미국 주도의 경제 틀에 맞추려는 의도를 갖고 있었다. 한국의 경제력이 커지면 커질수록 미국은 한국 경제의 체질을 '관치에서 미국식 경제체재 곧 신자유주의 경제체재로' 바꿔야 한다고 생각했다.

그들은 한국 경제의 낡은 틀을 깨부수기 위해서는 IMF를 통한 관리가 가장 효율적이라고 생각했던 것이다. 협상 끝에 IMF는 550억 달러의 패키지 자금을 빌려주는 조건으로 우리 금융 산업의 무장해제와 주요 경제정책의 감독권까지 틀어쥐었다.

IMF가 아닌 미국과 벌인 협상

IMF는 출자액에 따라 지분을 갖는다. 따라서 IMF 구조상 실질적인 운영권은 줄곧 미국이 장악해 왔다. 다만 IMF 구상을 처음 제안하였던 영국의 입장이 고려되어 총재만큼은 지금껏 유럽이 맡아왔다. 당시 캉드쉬 총재가 부지런히 서울을 들락거렸고, 휴버트 나이스 단장이 이끄는 대표단과 한국정부가 협상을 밀고 당겼다.

그러나 말이 IMF 대표단과 협상이었을 뿐, 실제로는 미국과의 협상이었다. 미 재무차관보 데이비드 립튼이 1997년 11월 30일, 극비리에 서울에 들어와 협상을 막후에서 지휘했다.

립튼 차관보는 IMF를 관할하는 재무부 책임자였다. 당시 한국 상황에서는 그가 곧 IMF였다. 협상장은 힐튼호텔 19층이었고, 립튼 차관보는 이 호텔 10층에 여장을 풀었다. 나이스 단장은 부지런히 10층을 들락거리며 차관보의 지시를 받아왔고, 협상장에 돌아와서는 이를 그대로 요구했다. 협상은 칼자루를 쥔 그들 의도대로 결정되었다.

관치금융의 종말

그때 그들이 내린 결론은 간단했다. "한국은 그간의 일본식 금융시스템 곧 관치금융을 버리고 미국식 자본주의로 대체한다."는 것이었다. 이것은 이미 합의 이전에 워싱턴에서부터 결정되었던 사항이었다.

당시 미국 재무부는 그 무렵 한국의 금융 관행이 일반적인 방법으로는 치료하기 힘든 중증이라고 여겼다. 로버트 루빈의 자서전《글로벌 경제의 위기와 미국》에 아래와 같이 기록되어 있다.

> "우리의 견해는 갈수록 한국에서 대대적인 개혁이 외면되는 한 그 어떤 조치로도 시장의 신뢰를 회복할 수 없다는 쪽으로 쏠렸다. … (중략). 문제가 되는 한 가지 관행은 '관치금융'이었다. 그것을 통해 정부 관리들은 누구에게 융자해줄 것인지 은행들에게 지시할 수 있었다. 그 같은 관행은 이른바 '정실자본주의'라고 일컬어졌다. 결과적으로 한국의 은행들은 기강이 없었다. 기업에 호의를 베푸는 은행들은 도산하는 일이 없도록 보호받았으며, 사실상 금융에 대한 견제라고는 없는 상태였다. 한국은 경제가 되살아나기 위해서는 근본적인 문제들에 대처해야 했다. 그러나 국제통화기금 관계자들과의 협상이나 데이비드 립튼과의 대좌에서 한국 관리들이 제시한 방안은 미흡했다."

협상이 끝난 후, 2백여 항목에 이르는 방대한 이행각서에 김영삼 대통령은 물론, 김대중 후보 등 대통령 출마자들까지 서명해야 했다.

550억 달러의 패키지 자금 가운데 실제로 갖다 쓴 돈은 195억 달러였는데, 그나마 우리 국민들의 금 모으기 등으로 이마저 4년 안에 다 갚았다. 그러나 IMF의 후유증은 컸다.

| The Exchange Rate Wars Story **PLUS** |

세계은행과 IMF는 미국 재무장관의 허수아비다

2001년 노벨경제학상 수상자인 컬럼비아대 조지프 스티클리츠 교수는 2001년 BBC 방송 인터뷰에서 "세계은행과 IMF는 미국 재무장관의 허수아비다. 그들이 하는 일은 달러를 조정해 월가의 해외전략을 돕는 것에 불과하다."며 충격적인 실정을 밝혔다.

그는 1993년부터 1995년까지 미국 정부의 경제자문위원회 위원을 지냈으며, 1995년부터 1997년까지는 클린턴 대통령의 경제자문위원회 위원장으로 활동했고, 그 뒤 1997년부터 2000년까지는 세계은행의 수석연구위원 및 수석부총재를 역임했다. 2000년 9월 연례회의가 열리기 일주일 전, 그는 자기가 몸담고 있는 세계은행과 IMF를 싸잡아 강하게 비판했다. 이 일로 그는 강제사퇴당했다.

∷ 조지프 스티클리츠 교수

조지프 스티글리츠는 다음과 같은 이야기도 남겼다. IMF에 구제금융을 신청한 나라는 우선 지도자가 뇌물을 받게 된다. 지원 대상국의 지도자가 국유자산을 싼 값으로 다른 나라에 양도하겠다고 동의만 하면 즉석에서 10%의 사례비가 스위스은행의 비밀계좌로 입금된다. 또한 자본시장이 자유화된다. 이론적으로 자본의 자유화는 자본이 자유롭게 유입되고 유출되는 것을 의미한다. 그러나 아시아와 브라질의 금융위기 경험에 비춰볼 때 자본의 자유로운 유입은 필연적으로 부동산과 증시 및 환율시장의 투기로 이어진다.

심지어 세계은행에서 오래 근무했던 퍼킨스는 《경제저격수의 고백》이라는 책에서 자신이 직접 개발도상국에서 금융위기를 만들어내는 일에 개입하였다고 고백한다.

조지프 스티글리츠는 미 정부 경제자문위원장과 세계은행 수석 부총재를 지내 미국 정부와 이들 국제기구의 관계는 물론, 국제기구의 속성을 누구보다 잘 아는 사람이었다. 미국은 제도적으로 국제기구가 미국의 영향력 아래 있을 수밖에 없도록 태생적인 장치를 해 놓았다. IMF가 바로 좋은 예다.

IMF의 운영원리

IMF의 운영원리는 1국 1표제의 민주주의 원리가 아니라, 지분에 따른 약육강식의 논리다. IMF는 돈을 많이 낸 나라일수록 발언권이 클 수밖에 없다. IMF의 재원은 가맹국의 납입금으로 충당되며, 주식회사처럼 납입금의 비율에 따라 지분이 주어진다. 이 점에서 IMF는 철저하게 자본의 논리가 지배하는 작동체제다. 이러한 IMF 창설을 이끈 이가 유대인이다. 당시 미국 대표로 영국 대표 케인스가 내놓은 안을 누르고 미국의 뜻대로 관철시킨 화이트 재무차관이 그 주인공이다.

결성 이래 IMF의 최대 주주는 미국이다. 2009년 3월 현재 미국의 지분비율은 17% 정도다. 일본과 독일이 6% 안팎이며, 프랑스와 영국은 5% 정도다. 그런데도 미국이 IMF를 좌지우지할 수 있는 까닭은 무엇인가? 그것은 IMF의 의사결정이 중대의제일 경우에는 반드시 전체 투표수의 85% 이상의 찬성으로 이루어지도록 하였기 때문이다.

IMF는 미국의 지지와 동의를 얻지 못하면 그 어떤 결정도 내릴 수가 없다. 말 그대로 IMF는 미국에 의한, 미국을 위한 의결구조다. 이런 편파적이고 독단적인 의결구조에 힘입어 미국은 IMF를 원격조종하는 것이다. 그래서 이러한 국제기구는 미국의 대외경제정책에 보조를 같이 할 수밖에 없는 구조다.

미국의 대외경제정책은 유대계 관료와 금융가들에 의하여 크게 영향을 받고 있다. IMF 사태 당시의 로버트 루빈 재무장관, 매들린 올브라이트 국무장관, 로렌스 서머스 재무차관, 그린스펀 연준의장 등은 물론 월가의 주요 실세들이 모두 유대인들이었다. 이들이 주도하는 미국의 대외경제정책 가운데 악명 높은 하나가 일명 '워싱턴 컨센서스'다.

워싱턴 컨센서스

'워싱턴 컨센서스'(Washington Consensus)는 1990년 전후로 등장한 미국의 경제체제 확산 전략이다. 외환위기와 같은 국가적 위기발생을 제3세계 구조조정의 전제로 삼아 미국식 시장경제체제인 신자유주의의 대외확산을 꾀하는 것이다. 미 행정부와 IMF, 세계은행이 있는 워싱턴에서 정책결정자들 사이에 이루어진 합의다.

미국의 정치경제학자인 존 윌리엄슨이 1989년 자신의 저서에서 제시한 남미 등 개도국에 대한 개혁 처방을 '워싱턴 컨센서스'로 부른 데서 유래되었다. 거시경제안정화, 경제자유화, 사유화, 민영화가 그 뼈대이다. 이후 이 합의는 개발도상국들이 시행해야 할 구조조정 내용들을 담고 있다. 그 내용은 정부예산 삭감, 자본시장 자유화, 외환시장 개방, 관세인하, 국가 기간산업 민영화, 외국자본에 의한 국내 우량기업 합병·매수 허용, 정부규제 축소, 재산권 보호 등이다.

그런데 이런 권고를 수용하지 않을 때는 집권세력의 부패비리를 폭로해 지배정권을 무력화시킨 다음 다른 정당을 집권시킨 뒤 구조조정을 하게 한다는 전략이다. 또한 외환위기가 발생하면 이를 방치함으로써 구조조정 프로그램을 관철하는 기회로 삼는다는 것이다.

이처럼 제3세계의 외환위기 발생을 구조조정의 기회로 삼아 신자유주의를 확산시킨다. 이것이 반 세계화 진영이 '세계 경제를 미국 기업이 진출하기 쉽게 만들어 이익을 극대화하기 위한 금융자본주의의 음모'라고 비난하는 이유이다. 또 조지 소로스는 이를 '시장근본주의'라고 비난한 바 있다.

한때 워싱턴 컨센서스를 지지하였던 자유주의자로서 〈뉴욕 타임스〉의 정기 기고자인 폴 크루그먼 교수는 자신의 기고문에서 이렇게 말했다.

"10년 전 워싱턴은 확신에 찬 태도로 라틴아메리카 국가들을 설득했다. 외국의 상품과 자본에 문호를 개방하고 국영기업들을 사유화시키면 엄청남 경제성장을 누릴 수 있다고 말이다. 그러나 그런 일은 일어나지 않았다. 아르헨티나는 오히려 재앙을 맞았다. 멕시코와 브라질은 얼마 전만 해도 성공신화로 회자되었다. 그런데 두 나라의 일인당 국민소득이 1980년에 비해 조금 높아졌을 뿐, 오히려 불평등수준이 갑자기 높아졌기 때문에 대부분의 사람들은 20년 전보다 더 빈곤해졌다. 왜 개혁은 약속한 효과를 실현하지 못하는가? 이는 심란한 질문이다. 나 역시 워싱턴 컨센서스를 전부 믿은 것은 아니었지만 많은 부분을 믿었다. 하지만 지금은 나의 신념을 시장에 내다 팔아야 할 때다.…"

병 주고 약 준 미국, 위기의 순간에 돕다

1997년 12월 3일 IMF가 한국에 총 583억 달러의 자금을 지원하기로 확정했음에도 국가부도 위험으로 환율이 치솟았다. 12월 5일 IMF로부터 52억 달러가 들어왔지만, 이 돈은 중앙은행의 창고에 쌓이기도 전에 곧바로 나라밖으로 빠져나갔다. 한국 정부는 IMF와 협상이 타결되면 외국계 금융기관들의 자금인출 사태가 진정되고 국제사회의 신뢰도 회복될 것으로 기대했으나 실상은 반대였다.

IMF를 출발한 달러는 서울 도착 즉시 빠져나갔다. 해외투자자들은 그동안 한국에 달러가 부족해 대출을 적극적으로 회수하지 못했으나 IMF로부터 달러가 유입되자 기회는 이때라며 서둘러 대출을 회수해 갔다. 금융시장의 혼란은 좀처럼 개선될 조짐을 보이지 않았다. 오히려 더 심해졌다.

외환시장에 모라토리엄의 위기감이 점증되었다. 12월 10일 서울 외환시장은 개장 37분 만에 거래가 중단되었다. 미 달러화에 대한 원화 환율이 하루상승 제한폭인 1565.90원까지 폭등했기 때문이다. 아무도 달러화를 팔겠다고 나서지 않았다. 환율이 연초 8백 원대에 비해 2배가 된 것이다. 12월 18일 김대중 후보가 대통령에 당선되었을 때 우리나라 외환보유고는 고작 39억 달러였다. 12월 23일에는 우리나라로서는 이제 더 이상 어떻게 손써 볼 수 없는 마지막 상황에 몰렸다. 환율이 1,960원까지 치솟았다.

이렇게 우리가 국가 부도라는 절체절명의 위기에 처했을 때 위기적 상황을 타개해준 것은 그래도 미국이었다. 1997년 12월 19일 백악관에서 클린턴 대통령 주재로 국가안보회의가 열렸다. 매들린 올브라이트 국무장관, 윌리엄 코언 국방장관, 로버트 루빈 재무장관 등이 둘러앉았다. 대통령을 제외한 네 사람이 모두 유대인이었다. 이날 회의의 의제는 한국의 외채만기연장 문제였다. 우리나라의 운명이 유대인들에 의해 재단되는 순간이었다.

루빈 재무장관은 시장논리를 들어 한국 채권의 만기연장 문제는 민간 금융기관에 맡겨야 한다고 주장했다. 지금까지 한국의 상황을 이끌어온 미국 재무부의 입장을 고스란히 반영하고 있었다. 반론이 제기되었다. 코언 국방장관이었다. "한국은 수만 명의 미군이 휴전선을 사이에 두고 북한과 총을 겨누고 있는 나라다. 한국의 경제위기는 이 같은 상황을 감안해서 풀어가야 한다." 올브라이트 국무장관도 코언 장관을 거들고 나섰다.

이날 회의의 결과는 한국에 대한 자금지원을 조기에 재개하고, 은행들의 외채연장을 적극 유도해야 한다는 것이었다. 그동안 한국을 옥죄어 왔던 경제문제가 안보논리로 해결되는 순간이었다.

유대인들, 구원투수로 나서다

하지만 한국 외환시장은 아수라장이었다. 크리스마스를 눈앞에 둔 12월 23일, 우리나라로서는 이제 더 이상 어떻게 손써 볼 수 없는 마지막 상황에 몰렸다. 이때 구원투수로 나선 사람들이 유대인들이었다.

그린스펀이 자서전《격동의 시기》에서 한국의 외환위기 해결을 위해 자신이 한 역할을 이렇게 기록하고 있다. "1997년 아시아 금융위기 당시 한국이 내게 가장 큰 충격을 안겼다. 그때 한국을 디폴트 조치했으면 사태는 더욱 악화되었을 거다. 서울에 급전을 공급해 한국경제를 회생시킨 로버트 루빈 당시 미 재무장관은 전 세계 재무장관들의 '명예의 전당'에 오를 만하다.

한국 정부는 250억 달러의 외환이 있어 끄떡없다고 주장했으나 우리는 곧 한국 정부가 장난치고 있음을 알게 되었다. 내 보좌관 찰리 시그먼이 11월 말 한국은행에 전화해 "왜 외환을 풀지 않나."고 묻자 그들은 "한푼도 없다."고 답했다. 어려운 문제는 전 세계 수십 개 대형은행에 "한국 부채를 회수하지 말라."고 설득하는 일이었다. 우리는 전 세계 재무장관, 은행장들의 잠을 일시에 깨우는 기록을 만들었다."

당시 재무장관이었던 루빈도 그의 자서전《글로벌 경제의 위기와 미국》에서 다음과 같이 말했다.

"우리는 그해 휴가철에 전 세계 재무장관들과 중앙은행장이 잠을 설치게 하는 데 모종의 기록을 수립했던 것이 틀림없다. 하지만 연방 걸어댄 전화는 보람이 있었다. 12개국의 참여를 확보한 가운데 우리는 성탄절 전날에 성명을 발표했다. 내용은 우리가 전 세계 선진국 은행들로부터 이끌어낼 자발적 대출 연장의 맥락에서 국제통화기금이 자금 방출에 박차를 가한다는 것이었다. 그 성명은 민간 은행들과 한국인들이 자기 몫을 해줄 경우 쌍무형식의 자금을 내놓을 의향이 있는 나라들 모두의 이름을 명시했다."

"은행들이 함께 움직이도록 종용하기 위한 대대적이고 동시다발적인 국제적 노력은 주로 뉴욕 연방준비은행을 통한 연방준비제도이사회와 미국 재무부의 기여를 통해 실현되었다. 본질적으로 어려운 상황을 가중시킨 것은 만나야 할 은행가들이 모두 성탄절 휴가로 흩어져 있었다는 사실이었다. 나는 서머스 차관의 방에 있는 회의 탁자에서 미국 은행들과 투자은행들에 전화를 걸었다. 뉴욕 연방준부은행장 윌리엄 맥다노는 국제적 상대역들에게 전화했고, 그들은 다시 유럽과 일본의 은행에 비슷한 전화를 했다."

"상업은행에 근무했던 맥다노는 이 문제를 어떤 식으로 포장해야 하는지 알고 있었다. 미국의 주요 은행장들이 모이자, 그는 그들이 한국을 위해서가 아니라 자신들과 주주의 이익을 위해 집단적으로 행동해줄 것을 권하였다. 그렇지 않을 경우 그들이 안고 있는 거액의 한국 채권은 회수 불가능해질 수 있다고 말했다. 일부 은행가들은 불평했으나 거의 모두 참여하기로 했다. 우리 같은 회의가 세계 전역의 금융 중심지에서 있었다. 아마도 세계에서 다른 어느 곳보다 외국은행들이 많은 런던에서는 영란은행 총재 에디 조지가 휴가 중인 주요 은행가들을 불러들였다. 런던의 금융가 '더 시티'가 휴가로 문을 닫았던 복싱데이 곧 크리스마스 선물을 하는 12월 26일에 회의를 가졌다."

미국이 이렇게 몸이 달았던 데는 이유가 있었다. 그린스펀의 자서전 《격동의 시대》는 미국의 뜻이 어디에 있었는가를 좀 더 명확하게 드러낸다. "한국을 채무불이행 상태로 그냥 두게 되면 훨씬 안 좋은 결과가 나타날 수 있었다. 한국처럼 큰 경제규모를 가진 국가가 채무불이행 상태에 빠질 경우, 국제시장이 위태로워질 가능성도 무시할 수 없었다. 그 여파가 일본이나 다른 국가의 주요 은행 시스템으로 퍼지면 이들이 파산에 이를 수도 있었다."는 것이다.

크리스마스 다음 날 IMF와 미국 등 G7국가들이 자금을 조기에 지원하기로 했다는 소식이 전해지면서 서울 외환시장에서 원화가치가 큰 폭으로 반등했다. 이날 미 달러화에 대한 원화 환율은 모라토리엄 위기감이 감돌던 12월 23일보다 22.6%가 떨어진 달러당 1,498원으로 마감했다. 절대 절명의 위기는 수습된 것이었다.

녹아난
한국 경제

IMF를 틈탄 외국자본의 인수합병 사례들

하지만 IMF로부터 혹독한 대가를 요구받은 한국 경제는 순식간에 나락으로 추락했다. 외국인에게는 값싼 한국 기업을 사들일 절호의 기회가 온 것이다.

우리나라 최대 기업인 삼성그룹조차 IMF로부터 자유로울 수 없었다. 삼성그룹의 굴삭기가 볼보에, 포크리프트 부문이 클라크에, 화학 부문은 듀퐁과 GE플라스틱에, 석유화학 부문은 아모코에 넘어갔다. 또한 세계경영을 모토로 하던 대우그룹이 공중분해되어 대우자동차가 GM에 넘어갔다. 이 밖에도 두산음료가 코카콜라에, 삼양제지가 프로텍터갬블에, 오비맥주가 인터브류에 넘어가는 등 크고 작은 업체가 헐값에 외국인에게 매각되었다.

뿐만 아니다. 당시 외국인 자본은 폭락한 우리나라 상장기업들의 지분을 거저줍다시피 하였다. 특히 우량기업과 금융주들을 쓸어 담았다. 이때 재미를 본 외국인 헤지펀드는 그 뒤에도 목표물을 정해 대량 공략을 일삼았다.

이러한 외국계 펀드는 주로 유대계로, SK텔레콤을 공격한 타이거펀드, SK㈜를 노렸던 소버린자산운용, 삼성물산을 괴롭힌 헤르메스펀드 등이 있었다. 1999년 소로스와 쌍벽을 이루었던 유대계 펀드인 타이거펀드는 SK텔레콤 지분 7%를 매집한 뒤 적대적 인수합병 위협을 가했다. 하지만 불과 몇 달 뒤 6천 3백억 원의 시세차익을 남기고 지분을 SK계열사에 넘겼다. 이 과정에서 SK그룹은 2조 원 가량의 경영권 방어자금을 쏟아 부었다. 또 2003년에는 소버린자산운용이 SK㈜ 지분 15%를 확보하면서 최대주주에 올라선 이후, 기존 경영진 사임을 요구하는 등 분쟁을 벌였다. 하지만 이 또한 투자목적을 단순투자로 변경하더니 결국 1조 원의 차익을 남기고 떠났다.

이 밖에 영국계 헤르메스펀드는 2004년 3월 삼성물산 지분 5%를 매집해 단일 최대주주로 올라선 이후, 삼성전자 지분매각 등을 요구하는 등 경영권 참여에 나섰다. 하지만 1년도 안 되어 전량 매각해 73억 원의 시세차익을 챙겼다.

2005년 초 제일은행을 팔아 1조 원이 넘는 이익을 챙겼던 뉴브리지캐피털, 한미은행 대주주였던 칼라일펀드 등이 국내에서 돈을 벌어간 대표적 헤지펀드다. 이렇듯 이들 외국계 펀드는 주주총회 개최 요구 등 적극적인 경영참여로 주가를 끌어올린 뒤, 대규모 시세차익을 남기고 지분을 정리하곤 했다. 그래서 '한국은 헤지펀드의 놀이터'라는 말까지 생겨났다.

칼 아이칸과 KT&G

기업사냥꾼이란 특정 목적을 위해서 기업을 인수하거나 합병하는 투자가 또는 전문가 집단이다. 원래 기업사냥꾼은 필요에 따라 우호적 인수합병 또는 적대적 인수합병을 취하지만, 특히 적대적 매수자를 기업사냥꾼으로 표현한다. 기업사냥꾼은 크게 세 부류로 나눌 수 있다.

첫째, 거대한 기업조직을 운영하면서 기업가치를 극대화할 목적으로 인수합병을 활용하는 경우다. 대표적인 예로 제너럴일렉트릭(GE)을 이끌었던 잭 웰치 회장을 들 수 있다. 웰치는 16년 동안 480여 개의 기업을 사고 팔아 제너럴일렉트릭을 세계 최고의 기업으로 변신시켰다.

둘째, 인수합병을 통해 기업매매차익을 노리는 경우다. 적대적 인수합병으로 싼 값에 기업을 인수한 다음, 이보다 높은 가격에 팔아 차익을 남긴다. 주로 론스타 등 구조조정 전문 투자집단에 의해 시도된다.

셋째, 인수합병 대상이 되는 기업에 전문적으로 투자하여 그린메일이나 주식매매 차익을 노리는 경우로, 주로 전문 투자집단이 해당한다. 그린메일이란 경영권이 취약한 대주주에게 보유주식을 높은 가격에 팔아 프리미엄을 챙기는 투자를 말한다. 이때 보유주식을 팔기 위한 목적으로 대주주에게 그린메일이라 불리는 편지를 보내는데, 공갈·갈취를 뜻하는 블랙메일의 '메일'과 미국 지폐 색깔인 '그린'의 합성어로 미국 증권시장에서 널리 사용된다. 대표적인 예로 칼 아이칸이나 대규모의 인수합병 펀드를 운용하는 워런 버핏이 해당된다.

  기업사냥꾼 세계에서 영향력이 크기로 소문난 인물은 단연 칼 아이칸이다. 물론 유대인이다. 금융위기 이전에 그의 재산은 145억 달러로 미국의 18번째 부자였다. 우리나라에서는 2006년 KT&G 지분을 사들여 10개월 만에 40%의 차익을 남기고 되판 일로 유명해졌다.

론스타와 외환은행, 론스타펀드

론스타는 1989년 텍사스 주 댈러스에서 설립된 폐쇄형 사모펀드다. 론스타는 텍사스 주의 별칭이다. 처음에는 주로 부동산투자 전문으로 출발하여 부동산에만 투자했다. 이후 부실채권정리, 구조조정 등으로 운용의 폭을 넓혔다. 세계 14개국에 6천여 건, 180억 달러 규모의 부동산 관련 자산을 보유하고 있으며, 투자자산의 75%가 아시아에 집중되어 있다 한다.

  부실채권정리 분야에서는 골드만삭스나 도이치뱅크를 능가한다는 평가를 받는다. 신용위기에서도 론스타는 부실채권정리 전문회사답게 메릴린치가 보유했던 장부가액 306억 달러 규모의 부실채권자산담보부증권(CDO)을 22%의 가격인 67억 달러에 매입했다. 그나마 인수대금의 75%는 메릴린치가 빌려주고, 손실이 나면 이 부분도 메릴린치가 떠안는 구조였다. 인수대금도 2개 펀드를 출시해 순식간에 모았다. 한마디로 자기 돈 한 푼 안 들이고 코푼 격이다. 참으로 대단한 실력이었다.

위기에서 천부적으로 돈 냄새를 맡는 텍사스의 외로운 별 론스타는 우리 외환위기를 틈타 한국 시장에서 포식한 뒤, 이제 다시 자기 본토에서 사냥하고 있다. 230억 달러의 운용자금을 갖고 위기에 처한 기업과 자산들을 사들이는 것이다. 이번 신용위기에서도 CTI그룹의 모기지사업 부문을 44억 달러의 채권을 떠안는 조건으로 15억 달러에 사들였고, 베어스턴스 모기지 부문도 매입했다.

원래 론스타의 주 활동지역은 아시아였다. 일본의 노무라증권과 니혼채권은행 등으로부터 5조 엔 정도의 채권을 매입했고, 2002년에는 도쿄쇼와은행(지금의 스타은행)과 타이완의 제일은행을 인수했다.

한국에는 IMF 외환위기 직후 한국자산관리공사와 예금보험공사로부터 5천억 원 이상의 부실채권을 사들이면서 진출했다. 이후 계속 투자를 확대해 투자규모만도 10조 원을 넘는다. 2001년 6월 서울 강남구 역삼동에 있는 스타타워, 2002년 한빛여신전문, 2003년 4월에 극동건설을 각각 인수한 데 이어, 같은 해 8월에는 외환은행을 인수함으로써 한국에서도 은행업을 시작했다. 한국에서는 론스타코리아가 투자를 맡고, 허드슨어드바이저코리아가 자산을 관리한다. 관련 회사로는 한빛여신전문의 후신인 스타리스(주)와 합작회사인 신한신용정보 등이 있다.

론스타는 또 극동건설을 인수한 지 3년도 안 돼 인수자금 대비 3배를 벌었다. 그 동안 고배당과 부동산 매각 등으로 최소 3천 5백억 원 이상을 현금화했다. 만도기업의 운명도 극동건설과 비슷하다. 고배당과 자산매각 등으로 이미 인수가의 두 배를 안겨주었다.

대상기관	매입자	매입연도	매입가격(백만 달러)
굿모닝증권	H&Q, Lombard	1998	82
한미은행	Caryle Group	1998	385
제일은행	Newbridge Capital	1998	427
외환카드	Olympus Capital	1999	118
위니아만도	UBS Capital Consortium	1999	201
만도기업	JP Morgan Partner Consortium	2000	470
해태제과	UBS Capital Consortium	2001	410
하나로통신	Newbridge-AIG	2003	1,100
외환은행	Loan Star	2003	1조 4천억 원

∷ 외환위기 이후 사모펀드의 주요 국내금융기관 및 기업 인수현황

론스타는 1조 3,832억 원에 외환은행을 사서 3년이 채 안 되어 4조 2천 5백억 원의 매각차익을 남기고 국민은행에 팔리다 중단된 상태였다. 그 뒤 외환은행은 2012년 2월 배당과 시세차익으로 4조 원이 넘는 이익을 챙긴 뒤 하나금융지주에 인수되었다

IMF 구제금융 이후 우리나라에서 외국계 사모펀드가 이렇듯 막대한 수익을 가져간 예는 '론스타-외환은행 사례'뿐만이 아니다. 미국계 사모펀드인 뉴브리지캐피탈이 1999년에 5천억 원을 들여 제일은행을 인수해서 1조 1천 8백억 원의 매각차익을 얻었다. 제일은행은 현재 스탠더드차타드은행에서 인수하여 SC제일은행이라는 이름으로 새출발했다. 또한 칼라일이 2000년에 4,559억 원을 들여 한미은행을 인수하여 약 7천억 원의 매각차익을 얻고 시티뱅크에 팔았다. 현재는 한국시티은행이라는 이름으로 영업을 하고 있다.

재무적 투자자와 전략적 투자자

론스타나 뉴브리지캐피탈, 칼라일 등과 같이 자본이득만 노리고 회사를 인수하는 세력을 자본시장에서는 FI(financial investors) 곧 재무적 투자자라고 한다. 단순히 매각차익을 노리고 회사를 인수하는 세력을 말한다. 이와 반대되는 개념이 SI(strategic investors) 곧 전략적 투자자다. 실제로 해당 사업을 영위할 목적으로 자금을 들여 회사를 인수하는 세력을 말한다. 앞의 사례에서는 스탠더드차타드은행이나 시티뱅크, 그리고 국민은행이 여기에 속한다. 이들은 실제로 은행을 경영할 목적으로 인수를 한 것이다.

이들 재무적 투자자 FI는 IMF 당시 풍전등화에 서 있던 은행이나 기업들을 비교적 헐값에 인수한 다음, 경제가 안정되자 실제 그 회사를 경영하고 싶어 하는 SI를 찾아 높은 가격에 팔아 치우는 방식으로 큰 차익을 챙긴다.

이렇게 설명하면 FI는 마치 잿밥에만 관심이 있는 야비한 세력으로 비칠 수 있지만 흑백논리로 FI를 바라봐서는 안 된다. 분명 자본시장에서 이들의 존재는 필요하다. 예를 들어 사업 확장을 위해 반드시 A회사를 인수해야 하는 SI가 있는데, 당장 자신의 회사에는 돈이 별로 없을 경우, 돈 많은 FI와 컨소시엄을 이루어 인수하는 경우가 있다. 이 경우 FI는 수익을 얻을 목적으로, SI는 경영권을 확보할 목적으로 동맹을 맺는 것이다. 결과적으로 SI의 인수에 도움을 주게 된다.

또한 자력으로는 회생하기 힘든 부실기업을 인수해서 강력한 구조조정과 신규투자로 기업을 정상화시킨 다음, 이를 되팔아 차익을 올리는 FI도 있다. 이 경우 FI는 자신의 노력으로 기업을 회생시켜 수익을 얻고, 부실기업은 새로운 회생의 기회를 얻고, 기존 주주는 주가가 올라서 좋은 일거삼득의 효과를 얻는다. 이러한 FI들을 특히 구조조정펀드(CRC펀드)라고 한다.

문제는 이러한 역할을 하는 FI가 그 동안은 대부분 외국계 사모펀드였다는 것이다. 아무래도 외국계의 경우, 우리나라에 뿌리를 두지 않았기 때문에 기본적인 상도의까지 무시하면서 단물을 빨아먹는 경우가 비일비재했다. 우리나라 토종자본을 육성할 필요성이 여기에 있다. 아무래도 토종자본의 경우, 적법한 테두리 안에서 최소한의 상도의는 지켜가며 거래를 할 것이기 때문이다. 따라서 최근에 군인공제회나 국민연금 등이 주축이 되어 사모펀드(PEF)를 만드는 현상은 바람직하다.

하지만 돈만 있다고 문제가 해결되는 것은 아니다. 고도의 테크닉으로 무장한 외국계 펀드들과 맞대결하기 위해서는 우리도 상당한 금융 노하우와 실력을 길러야 한다. 우리가 론스타와 같은 외국계 사모펀드들을 비난하지만, 그들의 정보력이나 딜을 만들어 나가는 아이디어를 보면 참으로 대단하다.

따라서 우리의 시각도 변해야 한다. FI들을 돈 놓고 돈 먹는 협잡꾼처럼 보는 시각이 있는 한, 유능한 토종 FI들을 육성하기란 쉽지 않아 외국계 펀드들에게 휘둘릴 공산이 크다.

당시 외환은행은 부실덩어리

이러한 독수리 투자가들이 IMF 사태와 같은 위험한 상황에서 아무도 거들떠보지 않는 다 죽어가는 기업을 회생시켜 놓았다면, 그 긍정적인 면도 참작해야 한다. 만약 투자했다가 기업이 회생하지 못하고 죽어버렸다면 그들도 엄청난 손해를 본다. '하이 리스크 하이 리턴'의 자본주의 속성을 너무 백안시하는 것도 문제다.

사실 당시 외환은행은 부실덩어리였다. 하이닉스와 대우건설 등에 돈을 빌려주었다가 떼였기 때문이다. 외환은행은 못 받게 된 대출금을 두 회사의 주식으로 바꿔 가졌다. 주당 5천 원씩 값을 쳐주고 운영자금도 더 대줬다. 그러나 두 회사 주가는 1천 원대에서 헤맸다. 외환은행의 부실도 덩달아 눈덩이처럼 커졌다. 팔려고 내놓았지만 사겠다는 곳이 없었다. 미국 사모펀드 론스타가 나타난 건 그때였다.

그리고 이렇게 평상시 기업경영을 잘못해 기업가치가 저평가되어 있는 것을, 이들이 들어와 주주 행동주의를 통해 기업 가치를 올려놓았다면 당연히 그에 대한 보상이 따라야 한다는 주장도 있다. 양쪽의 주장을 균형 있게 살펴보는 균형감각과 상식이 필요하다.

IMF 때 여러 국내 금융기관들을 문 닫게 만든 제이피모건

제이피모건은행은 IMF 외환위기 초기 반 년 동안 12건의 채권발행 주간사로 선정되어 모두 40억 달러어치 채권을 성공적으로 발행했다. 또 1998년 1월 뉴욕에서 열린 단기외채 210억 달러의 만기연장 협상에서 서방채권은행단의 대표 역할을 했다.

제이피모건은 같은 해 4월 국내 사상 최대 규모의 '파생금융상품 사고'를 쳤다. 내용을 살펴 보자.

제이피모건은 1996년 말 태국 등 동남아 통화가 지나치게 강세를 보이자 거품이 심하다고 보았다. 이를 이용해 총수익스왑(TRS : Total Return Swap)이라 불리는 동남아채권연계 신용파생상품을 만들었다. 태국 바트화나 인도네시아 루피아화 가치가 더 올라가면 이를 산 사람이 돈을 벌지만 통화가치가 폭락하면 이를 판 제이피모건이 떼돈을 버는 구조였다. 문제는 이를 사줄 만한 멍청이를 찾아야 했다. 이때 걸려든 멍청이가 우리나라 금융사들이었다.

제이피모건은 1997년 봄 주택은행·보람은행·SK증권·한국투신·한남투신·제일투신·신세기투신 등 국내 금융기관들에 무이자로 돈을 빌려주면서 동남아채권연계 파생금융상품인 TRS를 사도록 했다. 그리고 겨우 몇 달 뒤, 동남아 금융위기가 터져 두 나라 통화가치가 급락했고, TRS를 샀던 우리 금융사들은 쪽박을 찼다.

SK증권이 설립한 역외펀드 가운데 하나인 다이아몬드펀드는 3백억 원의 자본금과 제이피모건에서 차입한 5천 3백만 달러 상당의 엔화를 동원해 제이피모건이 판매한 8천 7백만 달러어치의 금융상품을 사들였다. 역외펀드란 세부담 및 법규제가 엄하지 않은 외국에 마련한 재외투자신탁이다. 다이아몬드펀드가 사들인 상품은 1년 만기 인도네시아 채권에 투자하는 상품으로, 동남아의 통화가치가 엔화보다 오르면 투자이익을 거두되, 하락하면 투자원금의 4배를 물어주도록 되어 있었다. 그런데 1997년 7월 타이 바트화 폭락사태를 시작으로 인도네시아 루피화, 말레이시아 링기트화 등 동남아 통화의 가치가 무더기로 폭락했다. 이로 인해 다이아몬드펀드는 차입금과 투자 손실금 1억 8천 9백만 달러를 제이피모건에게 물어주어야 할 처지가 되었다. 결국 다이아몬드펀드에 지급보증을 선 보람은행에까지 책임이 고스란히 돌아온 것이다. 주택은행은 SK증권의 다이아몬드펀드에 1억 6천 7백만 달러, 신세기투신이 설립한 역외펀드의 파생금융상품 거래에 1억 4천 2백만 달러 등 모두 3억 9백만 달러의 지급보증을 섰다가, 이들 펀드가 투자에 실패하는 바람에 이 거금을 제이피모건 측에 물어주어야 했다. 두 은행과 SK증권 외에도 많았다. 한국투신·대한투신·한남투신·제일투신·신세기투신과 이름 밝히기를 꺼리는 증권사·종합금융사·생명보험사 등이 제이피모건의 파생금융상품을 샀다가 예외 없이 손해를 보았다.

국내 금융기관들이 입은 전체 피해액은 자그마치 16억 달러, 당시 우리 돈으로 2조 원 가까운 거액이었다. 피해를 입은 해당 기관들은 "제이피모건에게 사기를 당했다."며 소송을 내며 부산을 떨었으나 이미 기차는 떠난 뒤였다. 이 사건의 여파로 한남투신과 신세기투신은 결국 문을 닫았다. 문제 상품의 판매간사를 맡았던 SK증권 또한 자본이 완전잠식되면서 모그룹인 SK그룹의 자금난마저 야기할 정도로 치명적인 손실을 입었다. 이전까지만 해도 잘 나가던 보람은행도 1998년 9월 8일 라이벌 하나은행에 합병당했다.

● 박태견, 프레시안, 2002년 7월 25일

우리 상장기업 주식들, 헐값에 넘어가다

국내 주식시장이 개방된 것이 1992년이다. 그러나 1997년 말 외환위기 전까지는 외국인 투자가 제한에 묶여 그리 크지 않았다. 이 기간 외국인이 주식투자를 위해 국내에 순유입한 금액은 170억 달러에 불과했다.

1997년 들어 외환위기가 본격적으로 진행되자 국내 주식시장은 폭락세를 보였다. 동시에 외국인의 국내 주식시장 투자제한이 풀렸다. 이때부터 대부분의 우량주식들이 외국인의 손에 넘어갔다. 당시 상황을 보자.

1996년 800대를 웃돌던 주가지수는 IMF 사태가 본격화되던 1997년 연말에 376까지 떨어졌다. 700~800원 수준이던 달러 환율은 1997년 말에는 2천 원을 넘볼 정도로 치솟았다. 때문에 이때 들어온 핫머니는 우리 주식을 헐값에 무더기로 쓸어 담았다. 평소 가격의 15% 수준에서 산 셈이다. 이듬해 초 잠시 반등하던 주가는 6월 말에 298까지 밀렸다. 이렇게 연평균 주가지수가 곤두박질한 1998년에, 외국인들은 거저줍다시피 하며 우량주 4조 8천억 원어치를 사들였다.

1998년 한 해 동안 외국인의 순매수 상위 5개 종목은 삼성전자·한국전력·삼성전관·엘지전자·삼성화재였다. 대한민국을 대표하는 종목들이다. 그리고 외환위기로 폭락한 금융주들을 쓸어 담았다.

이를 시작으로 외국인들은 지수 1,000대인 이듬해에 1조 5천억 원, 주식시장이 다시 꺾여 지수 500대인 2000년에 무려 11조 4천억 원어치를 사들였다. 2000년 IT 버블이 깨지면서 연초에 1,000을 넘겼던 주가지수가 연말에 504까지 떨어졌다. 그리고 지수 600대인 2001년에 7조 5천억 원어치를 매수했다. 이로써 외국인 지분율이 1999년 처음으로 20%를 넘긴 뒤 2001년 1월 30%대에 진입했다.

외환위기가 치유되어 가던 2000년에 불어 닥친 '국가부채와 국부유출 논쟁'으로 인한 경제위기설은 경기냉각만 불러온 게 아니라 주식시장에 직격탄을 날렸다. 게다가 2000년은 IT 버블이 깨지면서 무서운 하락이 진행되던 구간이었다. 2000년 연초 1,055였던 주가지수는 연말에 504까지 추락했다. 경제위기가 닥칠지도 모른다고 우려한 국내 투자자들이 주식을 내다 팔기에 바빴다. 당시 우리나라 국가부채는 1999년 말 현재 GDP의 22.5%에 불과했다. 일본의 97%, 프랑스 67%, 독일 63%, 미국 57% 등과 비교하면 전혀 문제될 게 없었다. 유럽 통합 당시 경제수렴 기준 60%에도 훨씬 못 미치는 금액이었다. 더구나 외환위기를 극복하기 위한 노력이 국부유출로 매도당했다.

그렇지만 외국인 투자자들은 달랐다. 그들은 경제위기설이 터무니없다는 사실을 꿰뚫어봤다. 게다가 IT 거품도 가라앉아 있었다. 외국인 투자자들은 우리 주식을 2000년 한 해에만 무려 11조 4천억 원어치 사들였다. 이것은 외환위기 직후인 1998년에 기록했던 사상 최고 기록인 4조 8천억 원의 매입을 두 배 이상 넘어선 것이었다.

이렇듯 우리 경제를 사실 이하로 비관적으로 폄하하는 것은 경제심리를 위축시켜 큰 해악을 끼치게 된다. 경제위기설을 함부로 이야기해서는 안 되는 이유이다.

그 뒤에도 외국인은 지수 800대인 2003년과 2004년에 각각 13조 8천억 원과 10조 5천억 원어치의 주식을 순매수했다. 2002년도의 일시적인 순매도 2조 9천억 원을 감안하면 외환위기 이후 2004년까지 우리 주식을 낮은 지수대에서 싼 가격에 46조 6천억 원어치나 사들였다. 미화로 490억 달러 남짓이었다. 이로써 주가지수 782 정도였던 2003년 10월에 외국인 지분율은 40%를 넘어섰다. 그리고 2004년 4월 44.1%까지 올라갔다.

우리 증권시장이 개방된 1992년부터 2004년까지 총합계를 내보면, 외국인 투자가들은 유가증권시장(61조 4천억 원)과 코스닥시장(6조 원)에서 약 67조 4천억 원 규모를 순매수했다.

대략 IMF를 틈타 외국인이 본격적으로 순매수를 이어간 1998년에서 2004년까지 주가는 400에서 800 사이에서 등락을 거듭하였다. 이 기간 외국인 지분율은 18%에서 44%로 2.4배 이상 불어났다. 이로써 우리나라는 미국의 뒷마당이자 우리보다 먼저 외환위기를 겪었던 멕시코 다음으로 외국인 주식보유 비중이 높은 국가가 되었다.●

외국인, 이미 본전은 뽑고도 남아

그 뒤 외국인이 장기 보유한 과실을 본격적으로 수확하기 시작한 것은 2005년부터였다. 외국인들이 한국 시장에 첫발을 들인 지 14년째 되던 해였다. 그들이 순매도로 돌아선 것은 지수가 1,300대를 넘어서 그들이 산 가격대보다 2배 이상 비싸졌기 때문이다. 지수가 1,800

● 〈최웅식의 주식시장 읽기〉, 최웅식, 이데일리

대를 넘어선 2007년까지 3년 동안 무려 44조 원 이상을 팔아 치웠다. 외국인들은 2005년부터 2008년 8월까지 코스피시장(75조 4,568억 원)과 코스닥시장(1조 340억 원)에서 연간 기준으로 줄곧 '매도 우위'를 보이면서 총 76조 5천억 원의 순매도를 기록했다.

이에 따라 국내 증시가 개방된 1992년부터 2008년 9월까지 우리 주식시장에서 외국인 투자가의 누적 순매도액은 9조 원을 넘어섰다. 외국인 투자가가 국내 증시에 투자한 자금보다 빼내간 자금이 9조 원이나 더 많아진 것이다.

그럼에도 코스피 시장에서 외국인이 보유한 주식 잔고액은 2008년 8월 19일 기준 237조 7천억 원이었다. 시가총액의 30.3%다. 그들이 사들인 금액보다 훨씬 많이 팔았음에도 그들의 시가총액은 단지 13%만 조정되었을 뿐이다. 그들은 투자한 돈보다 더 많이 빼내가고도 아직도 우리 상장기업 전체 지분의 30%를 쥐고 있는 것이다. '외국인이 국내 주식시장에서 단물을 다 빼먹는다.'는 속설이 그다지 과장된 이야기만은 아닌 셈이다.

그리고 신용위기로 주식시장이 다시 상대적으로 약세였던 2009년에 외국인 투자자는 순매수로 돌아 7월 말까지 17조 8천억 원을 순매수하였다. 이로써 코스피 시장의 외국인 투자 시가총액은 235조 원에 이르렀다. 이후에도 매수세를 늦추지 않아 2009년 8월 13일 기준 코스피 시장 순매수 규모가 20조 590억 원으로 20조 원을 넘어서는 진기록을 세웠다.

주식은 쌀 때 사서 비쌀 때 팔아야 한다. 이것은 가치투자의 기본이다. 이것은 탓할 것이 못 된다. 다만 우리 스스로 알아야 할 것은,

외세에 의하여 강제로 개방되고 외국인 주식투자 한도가 급격히 상향 조정되었다는 점이다. 우리 스스로가 스케줄을 가지고 선제적으로 대책을 세워 열었어야 하는 부분이다.

그리고 또 하나, 현실을 직시해야 할 것이 있다. 2005년도의 예를 보면, 우리 상장기업들이 벌어들인 순이익이 약 69조 원에 이른다. 그런데 우리 주식시장에 들어와 있는 외국인들이 2005년도에 벌어들인 시세차익과 배당금은 그보다 많은 80조 원이었다. 우리 상장기업 전체가 힘들여 번 돈보다 더 많은 돈을 그들이 가져간 셈이다.

지나친 '웩더독 현상'(wag the dog)

이뿐 아니다. 돈 많은 외국인들의 선물 및 옵션 파생시장에서의 횡포는 더 심하다. 막대한 자금력으로 선물과 옵션을 활용해 현물시장을 입맛대로 주무르고 있다. 이를 꼬리가 몸통을 흔드는 '웩더독 현상'(wag the dog)이라 부른다. 이제는 이것이 기정사실화되고 심화되어 마치 주식시장은 그러려니 한다. 순진하게 현물시장에 투자하고 있는 개미들만 속절없이 털리고 있는 실정이다.

외국인들이 파생시장을 악용해 현물 주식시장을 흔들어 벌어가는 돈도 문제지만, 파생시장 그 자체에서 외국인들이 벌어들이는 돈은 추정조차 안 된다. 이러한 탓에 우리나라 주가지수 선물옵션시장은 유동성 측면에서 세계 최대의 파생상품시장으로 부상했다. 국내의 외국인뿐 아니라 일본, 홍콩, 대만, 싱가포르, 호주, 미국 등 세계 각지에서 우리나라 시간에 맞추어 주문을 내는 등 파생상품시장의 글로벌화가 빠르게 진행되고 있다.

특히 우리나라의 경우 현물거래대금과 선물거래대금의 차이가 너무 크다. 실제 파생상품시장의 과열 정도를 보여주는 '선물거래대금/현물거래대금' 배율에서 한국은 4.8배로 나타났다. 물론 약정액 등 선물거래의 특성상 어느 정도 현물보다 선물대금이 클 수도 있다. 하지만 미국(1.62배), 일본(0.74배)의 경우를 고려하면 지나치게 과열되어 있다.

파생상품은 2007년 미국 발 금융위기의 주범이었다. 한국의 경우 2008년 전 세계 옵션시장 거래량 1위를 차지하였으며, 선물시장 거래량도 7위를 기록할 정도였다. 파생시장은 현물시장과 비례해서 커지는 게 맞다. 그럼에도 이렇게 파생시장이 비정상적으로 커지는 데는 이유가 있는 법이다.

한 일간지는 2008년 금융위기 이후 1년 동안 외국인 투자자들이 한국 자본시장에서 파생금융상품 거래로 챙긴 수익이 25조 원에 이른다고 보도했다. 한국은행에 따르면 2008년 9월부터 2009년 9월까지, 정확히 총 13개월 동안 파생금융상품수지가 185억 5,320만 달러 적자를 기록했다. 평균 환율로 따지면 24조 8,232억 원으로, 우리나라 예산의 10분의 1에 가까운 규모다.

금융위기 이후 13개월 동안 파생시장에서 불거진 엄청난 적자는 2008년 하반기부터 외환시장이 요동을 친 데서 비롯되었다. 여기에 국내 금융기관이나 수출기업 대부분이 향후 환율 하향세를 예상하고 너도나도 환율변동 위험을 피하기 위해 '선물환'이나 '키코'

(KIKO)라는 환헤지 파생상품을 보험처럼 이용한 것이 문제다. 금융위기가 한국의 내부사정 때문에 촉발된 것도 아니고, 금융위기라는 높은 파도에 휩쓸린 것은 국내 투자자나 외국인 투자자나 마찬가지였을 텐데, 그 와중에 외국인만 한국에서 25조 원을 벌어간 것이다.

외국인 18년 동안 연평균수익률 30%

한국 주식시장이 개방된 1992년 이후 지난 18년 동안 외국인 순매수, 보유시가총액 등을 따져 환산한 결과 외국인은 연평균 30.8%의 높은 수익을 올린 것으로 추산되었다. 이는 같은 기간 코스피 연평균 상승률(11%)보다 3배 가까이 높다. 예금금리(6.9%)보다는 4배 이상 높다. 1990년대 통계자료가 없어 계산에서 빠진 연평균 2조에서 5조 원 수준의 배당수익까지 더하면 실제 수익률은 이보다 더 높을 것으로 추정된다. 너무나 대단한 수익이다.●

금융산업을 위한 시스템 곧 제도의 틀을 잘 갖추어야

금융산업은 자유로운 환경과 창의성이 꽃 피울 수 있는 개방된 제도 위에서 만개할 수 있다. 그러나 우리가 서브프라임 사태로 촉발된 신

● 〈외국인 18년간 年평균 수익률 30%〉, 이힌니·정옥 기자, 매일경제신문, 2009년 8월 2일

융위기에서 보았듯이, 이에 못지않게 중요한 게 금융제도와 감독 시스템이다. 양쪽의 균형과 견제가 필요하다. 흔히들 경제성장은 기술 경쟁력에 달려있다고 한다. 그러나 경제제도(system) 연구로 노벨상을 수상한 더글러스 노스 교수는 한 나라의 경제적 성과는 '기술수준'이 아니라 '제도수준'에 달려 있다고 주장한다.

자원이나 기술이 부족한 것은 비교적 쉽게 해결된다. 자원이 풍부한 동남아시아나 라틴아메리카보다 자원이 부족한 동북아시아가 더 빠른 고도성장을 한 사실을 보아도 쉽게 알 수 있다. 기술이 부족하면 외국에서 도입하면 된다. 기술을 개발하는 것보다 도입하는 편이 오히려 더 경제적일 수도 있다. 그런데 바람직한 제도나 의식은 외국에서 쉽게 도입할 수 없다. 물론 제도의 외형을 모방하는 것은 어렵지 않다. 그러나 사회에 체화된 제도는 문화의 산물이기 때문에 쉽게 얻어지지 않는다. 그러므로 한 사회가 경쟁력이 있는 제도를 갖추는 것은 기술수준을 올리는 것보다 훨씬 어렵다.

대외개방과 금융자유화, 그리고 기업부채의 감소와 기업회계의 투명화 등은 우리가 먼저 대책을 세워 단계적으로 개방하거나 조치했어야 할 부문이었다. 그런데 IMF 사태로 외부의 힘에 의해 문이 열리고 금융 혁신이 단행되었다. 이를 두고 혹자는 보이지 않는 축복이라고까지 했다. 일견 일리 있는 말이다. 외환위기 때 우리는 많이 당했다. 하지만 이 속에서 배워야 한다. 지나간, 흘러간 역사가 아니라 현재에 숨 쉬고 있는 역사여야 한다. 아팠던 역사는 잊어버리면 안 된다.

외환시장은
시장원리에 맡겨야

글로벌 금융자유화 이후 수많은 외환위기가 세계 각국을 강타하였다. 1980년대 초 남미, 1990년대 초의 영국을 비롯한 유럽과 스칸디나비아 국가들, 그리고 1990년대 후반의 동아시아, 러시아와 터키, 그리고 최근의 그리스에 이르기까지 거의 모든 개도국들과 일부 선진국들이 돌림병처럼 외환위기를 겪었다.

외환위기, 대부분 인위적 정책개입으로 촉발

외환위기의 공식은 생각보다 간단하다. 환율이 시장참여자들이 느끼는 실질 가격과 괴리가 클 때 발생한다. 나는 중남미 4개국에서도 근무했다. 현장에서 느낀 바로는, 중남미 각국 정부가 물가안정을 위하여 자국 통화가치를 지나치게 달러화에 고정시키려는 정책이 항상 문제였다. 하도 인플레이션에 시달리다 보니 인플레이션 공포에서 벗어나고자 하는 것이었다. 환율을 시장에 맡기지 못하고 인위적으로 잡고 있다 외환위기를 당하는 것이다. 각국의 사례와 배경은 다르지만 직접적 계기는 인위적인 환율에서 비롯되었다.

각국 정부가 환율시장에 인위적으로 개입한 원인을 사례별로 살펴보자. 수많은 위기 사례 가운데 중남미의 외환위기가 가장 유명하다. 아르헨티나, 브라질, 칠레, 멕시코, 우루과이는 1970년 중반 이후 대외적인 금융개방을 포함한 금융자유화를 적극적으로 시행했다가 거의 모두 1980년대 초 외환위기를 맞았다. 미국의 금리인상으로 부채위기까지 함께 겪었다. 당시 중남미 각국은 많은 해외차관과 투자를 유치하여 경제발전을 이루었다.

1970년대 들어 세계 경제는 두 차례에 걸친 오일쇼크로 인플레이션 압력이 고조되고 경기가 침체되는 등 이중고에 시달렸다. 특히 미국은 베트남 전쟁에 휘말려 재정적자가 커지면서 더 힘들었다. 그런 와중에 미국 연준의 볼커 의장이 인플레이션을 잡기 위해 1979년 고금리정책으로 전환하면서 이자율이 11%에서 19%로 급등하였다. 중남미 각국은 미국에서 들여 온 해외차관에 대한 이자부담 증가와 고금리를 겨냥한 투자자금의 유출로 큰 타격을 받았다.

그러나 그것보다 더 무서운 것은 각국 정부의 인플레이션에 대한 우려와 공포로 자국 화폐의 통화가치에 대한 지나친 집착이었다. 중남미는 항상 고율의 인플레이션에 시달려 왔기 때문에 인플레이션 방어에 대한 집착이 다른 어느 나라보다 강하다. 미국의 고금리정책으로 달러가 강세로 돌변하면 자국 통화의 가치는 당연히 평가절하된다. 그럴 때는 그동안 중남미 정부들이 달러화에 고정시켜 두었던 자국 통화의 페그제나 제한적 변동환율제를 포기하고 환율을 시장에 맡기는 변동환율제를 채택하여야 한다. 그래야 금융위기가 외환위기로 번지지 않는다. 그러나 물가안정에 대한 정부의 집착이 환율시장에 대한 정부의 인위적인 개입을 불러 외부에서 바라본 환율의 실질시장 가격과 큰 차이를 보여준다. 이를 시장이나 헤지펀드가 그냥 내버려둘 리 없다.

금융위기와 외환위기는 분리해서 생각하여야 한다. 우리는 흔히 금융위기와 외환위기를 동의어로 착각하는 경우가 있다. 금융위기는 금융산업의 문제이며 외환위기는 외환시장에서 발생하는 문제다. 물론 금융위기가 외환위기를 촉발하는 원인인 경우가 많다. 하지만 부실채권의 증대 등 금융위기는 금융산업 내의 해법으로 풀어야 할 문제다. 이로 인해 생기는 외환의 탈출 러시나 외부 헤지펀드의 공격 등의 문제는 외환시장의 시장기능으로 풀어야 한다는 뜻이다.

각국의 외환위기 사례들

금융위기가 외환위기로 전이된 각국의 사례들을 살펴보자. 아르헨티나의 경우 금융 부문에 대한 적절한 규제와 감독 없이 금융자유화가 급진전되어 도덕적 해이에 빠진 은행 부문의 대출이 급격히 증가하였다가 1979년 10월부터 시작된 미국의 고금리로 금융위기를 맞았다. 이때라도 환율을 시상에 밀겨야 했다. 평가절하가 예상되자 외국

자본이 썰물처럼 빠져 나갔다. 누가 평가절하가 예상되는 나라에 달러를 그냥 잠겨 두고 있겠는가.

그러나 아르헨티나 정부는 자본유출이 극도로 심화되고 외환보유고가 급격히 줄어든 다음에야 고정환율제를 포기하고 1981년 2월 페소화를 10% 평가절하했다. 이것이 시장의 기대치에 못 미치자 4월과 6월에 각각 34%와 38%를 추가로 큰 폭의 평가절하를 단행하였으나 사후 약방문에 불과했다. 너무 늦은 것이다. 결국 금융위기가 외환위기로 전이되어 GDP의 절반이 넘는 비용을 지출하였다.

칠레는 1970년 세계에서 최초로 민주적인 선거에 의해 공산주의 정권이 평화적으로 집권하게 된다. 아옌데 정부는 외국기업의 유상몰수를 원칙으로 했으나 미국기업의 경우 지난 15년간 총이윤이 총자본금을 초과하였다는 이유로 무상몰수를 단행했다. 이에 대해 당시 미국 대통령 닉슨은 1972년 1월 칠레에 대한 경제원조 중단을 발표했다. 세계의 다른 금융기관도 칠레에 대한 자금대여를 중단했다.

이후 1973년 칠레의 피노체트 군부독재 정권은 아옌데의 사회주의 정권을 총칼로 무너뜨리고 1970년대 중반 영국보다도 일찍 신자유주의를 도입했다. 정부의 주먹(visible fist) 아래 시장의 보이지 않는 손(invisible hand)을 대거 도입한 칠레는 금융부문에서도 금리자유화, 은행의 민영화, 신용배분에 대한 규제 철폐, 그리고 금융시장의 개방 등을 도입했다.

칠레경제가 회복기에 접어들자 경제정책 입안자들은 1979년부터 인플레이션을 잡기 위해 노력했다. 남미에서 인플레를 잡기 위해 주로 쓰였던 방법은 달러화에 페소 환율을 고정(pegged)시키는 것이었다. 상대적으로 미국의 물가가 안정되어있기 때문이다. 칠레는 페소화의 공시환율을 39페소 : 1달러로 낮추어 조정했다.

이처럼 고평가된 페소화의 고정환율제는 일시적으로 인플레이션을 잡고 칠레에 경제호황을 불러왔다. 정부의 안정화 정책과 경제성장에 대한 초반의 낙관적인 기대는 1980년대에 들어서 주식시장의 활황과 부동산 가격의 폭등을 유발하였고, 은행 금리가 지속적으로 인상되면서 제조업보다 금융부문에 의존하는 거품경제의 양상이 나타난 것이다. 일시에 너무 앞서 나간 금융자유화의 결과는 심각한 투기와 버블이었다.

그러나 1979년부터 발생한 국제금리의 상승으로 인해 외자는 유출되기 시작하고 이에 따라 거품경기는 축소된다. 칠레 역시 이때라도 고정환율제를 포기하고 환율을 시장에 맡겨야 했다. 거품경기가 빠지고 칠레 경제가 빠른 속도로 퇴보하면서 1981년 말부터는 외국 자본들이 썰물처럼 빠져나가기 시작했다. 그 결과 더 이상의 외자 유치가 힘들어지고 고정환율제를 유지할 수 없게 되자 그제서야 페소화를 급격히 평가절하시켰다. 그러나 너무 늦어 1982년 8월 외환위기를 맞게 된 것이다.

라틴아메리카의 국내 금융위기는 잘못된 금융자유화 탓이었다. 외채위기의 원인은 방만한 재정이나 심각한 인플레이션과 같은 잘못된 거시경제정책과 무분별한 차관도입 등이었다. 금융위기와 부채위기는 서로를 더욱 악화시키며 1970년대까지 꽤 훌륭한 성장을 하던 이 지역 경제를 수렁에 빠뜨리고 말았다.

라틴아메리카의 경험은 금융억압을 비판하고 자유화를 주장했던 주류 경제학자들의 믿음에 심각한 타격을 주었다. 자유화가 저축과 투자, 그리고 자금배분의 효율성을 증대시켜 경제성장을 촉진하기는커녕, 금융 부문을 취약하게 만들고 결국은 위기로 내몰고 말았던 것이다. 유명한 표현대로 '금융 억압을 끝내자'(goodbye financial repression) '찾아온 것은 금융위기'(hello financial crash)였다.

결국 금융 자유화는 환율시장이 유연하게 반응할 수 있는 시장 시스템 아래에서만 가능한 것이었다. 금융시장을 개방하고 시장경제에 맞추어 자유화를 도모하면서 고답적인 방법으로 억누르면 금융의 출입구인 외환시장은 터지기 마련이다. 이것이 금융위기가 외환위기로 전이되는 방식이다.

영국의 외환위기

외환위기의 파도는 다른 지역도 비껴가지 않았다. 1992년에 영국 등 유럽을 강타한 뒤 스칸디나비아 반도로 번진 것이다. 영국의 재무관료들은 대체적으로 '검은 수요일' 사건이 통화정책이 정치논리에 좌우되어 정책 판단을 잘못해서 빚어진 사건이라고 평가했다.

당시도 독일의 고금리가 문제였다. 1990년 통일을 달성한 독일이 동독 경제부흥을 위하여 돈을 퍼붓자 인플레이션이 일어났다. 이를 막기 위해 독일은 2년 동안 10차례나 금리를 올려 초고금리로 돌아섰다. 그러자 영국의 파운드화는 강한 평가절하 압력을 받았다. 이때라도 같이 금리를 올리든가 환율조정체제(ERM)를 탈퇴하여 환율을 시장에 맡겨 자유화해야 했다. 그러나 영국은 미련을 버리지 못하고 버티다 나중에는 무모한 강수를 선택했다.

1990년 10월 유럽단일통화체제인 환율조정체제(ERM)에 가입했던 영국이 '검은 수요일'이라 불리는 1992년 9월 16일 환투기 공격에 대처하기 위해 파운드화 지지용으로 280억 달러의 보유외환을 투입해 파운드화를 매입하였다. 그러나 소로스를 비롯한 헤지펀드들의 공격 앞에 역부족이었다. 이때 헤지펀드들이 동원한 액수는 1조 달러에 달하는 것으로 추정되었다. 그러다가 영국은 33억 파운드의 손실을 보고, 이자율도 하루에 10%에서 12%, 15%로 올렸다. 그것도 안 돼 외환보유고가 바닥을 보이자 결국 환율조정체제를 탈퇴하였다. 지난 25년간 영국 정치·경제사에 최악의 치욕으로 기록된 사건이다. 당시 무능함이 드러난 집권 보수당은 1997년 토니 블레어가 이끄는 '뉴 노동당'에 참패한 뒤 지금까지도 지지도를 회복하지 못하고 있다.

동아시아 외환위기

한국을 포함한 동아시아 국가들도 1997년 심각한 외환위기로 말미암아 깊은 내상을 입었다. 이는 대공황 이후 자본주의 경제사에서 가장 큰 사건으로 불리고 있다. 수십 년 동안 기적적인 경제성장을 이룩하여 '동아시아의 기적'이라 불리던 이들의 외환위기는 아무도 예상치 못한 것이었다.

이들 국가는 자본흐름에 대한 조심스런 규제 속에서 차관과 국내 투자를 촉진하며 급속한 성장을 이룩하였다. 1990년대 초반에는 정치·경제, 그리고 이데올로기의 변화 속에서 금융시장을 개방하라는 대내외적 압력이 강화되었고, 결국 단기자본을 포함한 금융시장의 빗장을 열어젖히고 만 것이다. 물론 과다한 투자로 말미암은 수익성 악화나 수출시장의 쇼크 등 경제의 구조적인 문제점도 중요한 요인이었지만, 적절한 규제와 감독 없이 도입된 금융자유화와 개방으로 말미암아 단기외채가 급등하고 금융 부문의 취약성이 심화되었던 것이 더욱 일차적인 요인이었다.

위기 이전에는 개방과 밝은 성장 전망을 배경으로 이 지역에 대한 자본유입이 급등하였지만, 일단 위기가 촉발되자 패닉에 휩싸인 국제 금융자본의 무리 짓기 행위가 태국에서 시작된 위기를 멀리 한국에까지 전염시켰다. 결국 국제자본은 단기대출에 대한 롤오버(연장) 거부라는 형태로 이 지역으로부터 급속히 빠져나갔다. 결국 '기적'을 파산시키고 말았던 것이다.

1997년 하반기부터 불어 닥친 동남아와 한국의 외환위기는 이 지역에서 처음으로 유대인에 대한 비판적 시각을 갖게 하였다. 마하티르 수상은 말레이시아의 화폐인 링깃의 급격한 가치 하락은 국제 유대 자본의 숨은 음모라고 주장하였다. 국제 환투기꾼 소로스가 미국 및 IMF와 짜고 개혁에 미온적인 태국 경제에 대한 악성루머를 퍼뜨려 바트화의 가치를 폭락시켰다는 것이다.

각국 외환위기의 공통점

각국의 외환위기에는 중요한 공통점이 있다. 해당 통화 당국과 민간 투기자본간의 상호대결이라는 구도가 작용하고 있는 점이다. 다른 각도에서 바라보면, 민간 투기자본들은 공적 기관인 각국의 통화 당국을 상대로 하는 머니게임을 대단히 매력적인 기회로 생각한다고 볼 수 있다. 그러면 민간 투기자본은 왜 민간끼리의 머니게임보다는 공적인 통화 당국을 상대로 하는 머니게임을 선호하는 것일까. 그 이유는 간단하다.

순수한 민간끼리의 머니게임에서는 서로 상대방의 패를 읽기가 쉽지 않다. 당연히 승률도 반반이다. 그렇지만 공적 기관을 상대로 한 머니게임에서는 상대방 패를 읽기가 쉽다. 이길 확률이 상당히 높은 것이다. 공적인 통화 당국이 외환시장에 개입하는 데에는 명백한 정책의지가 반영되게 마련이고, 이러한 정책의지는 민간에게 쉽게 노출된다.

영국의 검은 9월 사태 때도 그랬다. 당시 나는 스페인에 근무하고 있었기 때문에 유럽에서 진행되고 있는 외환시장의 움직임을 비교적 피부로 느낄 수 있었다. 영란은행이 하루 몇 십억 달러씩 동원해 환율을 방어해 보려 하였지만 내가 보기에도 터무니없는 역부족이었다. 그것은 시장에 대항하는 영국 관리의 오판에 의한 엄연하고도 엄청난 국부의 손실이었다.

당시 상황을 보자. 유럽의 기축통화인 마르크의 금리인상으로 투기자본이 대거 이탈하는 상황에서 영국이 취할 수 있는 최선의 대응책은 마르크와 똑같은 수준 또는 그 이상으로 금리를 인상시키는 것이었다. 그렇지만 영국은 고질적인 실업병을 앓고 있어 금리를 인상하는 데에는 한계가 있었다. 그렇다면 남아 있는 방법은 파운드의 가치를 ERM의 기준환율 밑으로 충분히 절하시키는 것뿐이었다.

이에 대해 외환투기꾼들은 당시 영국의 입장에서 파운드의 기준환율을 바꾼다는 것이 결코 쉽지 않음을 잘 알고 있었다. 그렇지만 영국으로서는 달리 대안이 있을 수 없다는 패에 승부를 걸었다.

외환투기자들은 국제 투기자본을 끌어 모아 계속 파운드를 매도하면서 영란은행을 몰아붙였다. 영국은 계속 환율을 고수하면서 파운드화 폭락을 막으려 들었다. 마침내 국고가 텅 비게 될 위기로 몰렸다. 다른 수단으로는 금리를 더 올리는 길밖에 없으나, 그럴 경우 가뜩이나 심각한 불경기가 더욱 곤두박질 칠 것을 우려한 영국 국민들은 존 메이저 영국 총리에게 차라리 ERM 체체를 탈퇴하라고 요구하였다. 야당의 거센 반대를 무릅쓰고 영국을 ERM에 가입시켰던 범유럽주의자 메이저 총리는 결국 압력에 굴복하여 굴욕적인 ERM 탈퇴 선언을 해야 했다. 비슷한 곤경에 처하였던 이탈리아 리라화도 ERM에서 같이 탈퇴했다. 이탈리아 일간지 〈라 레프불리카〉는 이 소식을 '유럽, 산산조각 나다'라는 제목으로 대서특필했다.

한편으로는 영국 정부가 디폴트(부도)를 내지 않은 건 그때나마 환율을 시장에 맡겼기 때문이다. 만약 고집을 더 피워 영국이 마지막까지 파운드화의 방어를 포기하지 않았더라면 우리나라가 외환위기 직전에 그랬던 것처럼 더 큰 손실을 입어야 했을 것이다.

투기자본은 영란은행이 고집하던 가격으로 파운드를 비싸게 팔

수 있었고 파운드의 절하조치가 내려진 다음에 파운드를 다시 싸게 매입함으로써 막대한 환차익을 거둘 수 있었다. 오늘의 국제 금융세계를 들여다보면 민간 투기자본의 규모가 골리앗인데 견주어 공적 외환준비금의 규모는 다윗에 불과하다는 사실을 깨달을 수 있다.

과잉유동성과 기러기떼

2004년 IMF 통계에 따르면 전 세계 연간수출액은 7조 4천억 달러인 반면 전 세계 외환거래 규모는 770조 달러로 연간 전 세계 수출액의 100배가 넘는다. 2004년 연간 외환거래액의 99%는 무역활동과 직접 관련이 없는 거래라는 뜻이다. 여기서 1992년과 2004년 사이에 연간 교역량은 약 50% 증가한 반면 외환거래 규모는 280%나 급증했다. 세계의 금융 유동성이 실물경제를 훨씬 앞지르고 있다. 하루 약 3조 원의 핫머니가 흘러 다니는, 한마디로 유동성 과잉공급이 계속되고 있다.

이러한 핫머니의 과잉유동성에 대항해 OECD 회원국의 모든 중앙은행이 동원할 수 있는 공적 외환준비금은 고작 5천억 달러에도 못 미치는 실정이다. 게다가 남의 나라일로 각국의 중앙은행들이 동시에 같은 방향으로 움직여 줄 것으로 기대하는 것은 비현실적이다. 적어도 규모에 관한 한 공적인 통화 당국이 민간 투기자본과 대적할 수 없다는 사실은 명백하다. 게다가 헤지펀드들의 기러기떼 공격은 한순간에 승패를 결정짓는다.

이미 1980년대 중반 피터 드러커 교수는 그의 저서《새로운 현실》에서 전후 세계경제를 지배하는 패러다임이 '무역에 의한 상호의존'에서 '자본이동에 의한 상호의존'으로 변하고 있다고 지적하였다. 이제 우리는 자본이동에 의한 상호의존도가 높은 시대에 살고 있음을 인식해야 한다. 이는 제조업보다 금융업이 우리 경제와 삶에 끼치는 영향이 훨씬 크다는 뜻이다.

IMF 사태의 주범, 환율

IMF 사태 당시 원/달러 환율은 800원대였다. 환율 결정요인은 수없이 많지만, 길게 보면 궁극적으로 양국 간의 구매력 평가에 수렴한다. 경제학 용어로 '구매력 평가설'이다. 장기 환율결정이론이다.

우리 경제가 본격적으로 올림픽을 준비하기 시작한 1984년의 환율이 800원대였다. 이때부터 1997년 IMF가 일어날 때까지 13년간 한미 양국 간 물가상승률의 누적 차이는 30%를 웃돌았다. 미국의 연간 물가상승률이 3% 안팎일 때 우리는 연평균 5.4%로 13년간 물가가 97.5%나 올랐기 때문이다. 구매력 평가에 따르면 우리 원화의 환율이 달러에 비해 30% 이상 올라야 정상인 것이다. 그럼에도 우리의 환율은 1984년에서부터 1997년까지 13년간이나 계속 800원대 이하에 머물러 있었다. 구매력 평가설에 따르면 1,100원대 이상에 있어야 할 환율이었다.

올림픽을 치루면서 국민적 긍지를 높이고 '1만 달러 시대'를 앞당겨 '선진조국 창조'를 해야 한다는 정치적 논리가 득세하였다. 이 정치적 캠페인이 정권의 기반과 연결되어 성역화 조짐을 보였다. 결국 정치논리가 시장의 경제논리를 무시하고 강하게 사회를 리드하면서 시장을 무시했다. 1만 달러 시대의 선진조국 창조에 집착하여 원화 고평가를 고집하는 무리한 시장방어가 계속되었고, 결국 외환보유고가 바닥을 드러냈다. 외국 헤지펀드들이 이걸 놓칠 리 없다. 결국 IMF의 원인이 많겠지만 직접적인 주범은 환율이었다. 환율만 시장에 맡겨 놓았더라도 혹독한 외환위기는 피할 수 있었다.

국제수지 측면도 살펴보자. 우리나라 국제수지는 1994년부터 급속히 악화되었다. 이때부터라도 환율이 자연스럽게 올라야 했다. 그래야 국제수지를 호전시킬 수 있었기 때문이다. 그러나 당시 정권은 환율을 결사적으로 방어했다. 1996년 수출이 격감하여 이 해 국제수지 적자가 230억 달러로 늘었다. 이 때문에 외환보유고도 크게 줄었다. 하지만 1996년에도 원화가치는 크게 떨어지지 않았다.

게다가 원화의 강세 곧 고평가를 유지하기 위해서는 국내금리를 국제금리보다 훨씬 높은 수준에서 고금리정책을 유지해야 했다. 결국 부채비율이 높은 우리 기업들만 녹아났다. 이처럼 순리에 어긋나는 일이 벌어진 것은 정권의 이해관계 때문이었다.

종금사의 돈놀이가 화를 불러

게다가 김영삼 정부의 섣부른 '세계화'는 사실상 외환과 금융에 대한 급진적 규제 철폐를 불러왔다. 그리고 감독기구 같은 것도 없이 '종금사'(종합금융사)와 같은 금융업체 설립이 허가되었다. 이 종금사가 이른바 '만기 불일치' 방식의 금융업 돈벌이를 처음 선보였다. 금리가 싼 엔화 계열의 단기대출을 얻어다 금리가 비싼 국내 시장과 동남아 금융시장에 투자하는 것이었다. 이런 일들이 세계화라는 명목으로 진행되었다.

당시 종금사는 '황금알을 낳는 거위'로 여겨졌다. 해외에서 이자가 싼 자금을 들여와 이자가 비싼 국내에서 돈놀이를 하였으니 앉아서 큰돈을 벌었다. 이러니 종금사 설립은 거대한 이권이었다. 정권은 무더기로 종금사 허가를 내줬다. 그런데 환율이 상승하면 종금사는 환차손을 입을 수밖에 없다. 달러당 800원에 10억 달러를 들여왔다면 총 8천억 원을 돈놀이해서 해외이자와 국내이자의 차이만큼 돈을 벌어야 한다. 그러나 환율이 1,100원으로 오른다면 원금은 7억 3천억 달러로 줄어든다. 환차손이 원금의 30%에 이르러, 이자차익으로는 도저히 감당하기 어렵다. 결국 종금사는 대부분 무너질 수밖에 없다. 정도의 차이는 있으나 당시 모든 금융기관이 비슷한 처지였다. 이런 이해관계 때문에 당시 정권은 결사적으로 환율을 방어했다.

그러나 언제까지나 버틸 수는 없었다. 외환위기 직전 4년 동안의 국제수지 적자는 430억 달러로, 1990년대 중반의 외환보유고보다 두 배가 많았다. 외환보유고는 빠르게 줄어들었고, 막대한 외채를 들여와 외환보유고를 메워야 했다. 악순환의 연속이었다.

결국 외환위기를 맞아 그 동안 시장을 무시했던 원화가치는 폭락하여 환율이 순식간에 폭등했다. IMF 뒤 1998년 1월의 평균 환율은

1,707원, 1년 전과 비교해 두 배 이상 폭등했다. 이 과정에서 환율을 억지로 방어하려다 외환보유고가 고갈된 것이다. 800원대에 판 달러를 1,700원대에 다시 사들여야 했다. 엄청난 국고의 손실이었다.

캉드쉬, 한국 관료와 종금사는 근친상간 관계

한국이 IMF와 구제금융을 합의할 때인 12월 초 캉드쉬는 연일 메가톤급 발언을 한국 경제에 퍼부었다. 그는 서울에 오기 앞서 스페인 신문 〈엘 파이스〉와의 회견에서 아시아경제모델 폐기를 선언하며 그 한 예로 한국의 재벌해체를 언급했다. 그는 이어 방콕에서 아시아 국가들의 군비축소까지 언급했다. 한국 경제 위기의 근본원인을 잘 지적하는 것이기는 하나 그의 속내는 '시장에 대한 국가의 개입 근절을 통한 시장개방'이었다. 미셸 캉드쉬 IMF총재가 1997년 말 한국에 구제금융을 주기 직전, 외신 기자회견에서 퍼부은 독설이 있다. "한국 관료와 종금사는 근친상간 관계에 있다." 이 얼마나 씻기 힘든 쓰라린 비난인가.

:: 미셸 캉드쉬 당시 IMF 총재

당시 캉드쉬만 이런 얘기를 한 게 아니다.

"한국 정부는 모든 것을 비밀로 덮어두고 군대와 같은 수직적인 조직에 휩싸여 있다. 한국 국민은 우선 정부 관료들이 수년간 양산한 쓰레기 청소

부터 해야 할 것이다."(루디거 돈 부시, MIT대 교수)

"한국 경제 몰락의 원인은 지적으로 무능하고 부도덕한 금융관료 때문이다."(독일, 〈디 자이트〉)

"한국이 그동안 고속성장을 이룬 것은 한국 국민의 근면성, 교육열, 저축심 때문이다. 그러나 정부와 기업이 모든 것을 망쳐놓고 있다."(폴 크루그먼, 당시 MIT대 교수)

외환위기로도 관치를 벗어나지 못한 외환시장

1997년 외환위기는 환율과 금리 등이 당국자들 손에 좌우되던 낡은 시스템이 부른 결과였다. 당연히 외환위기를 겪는 과정에서 금리는 속박을 훌훌 벗어던졌다. 관치를 벗어나 시장 기능이 작동한 것이다. 채권시장이 눈부시게 성장하며 시장금리가 뿌리를 내렸다. 금리는 주가처럼 수요와 공급, 재료와 정보에 따라 움직이는 명실상부한 시장가격으로 자리 잡았다.

그러나 우리에게는 아직 철저하게 반성하지 않은 시장이 남아 있다. 바로 외환시장이다. 과거에는 이처럼 '환율상승'을 방어하다가 외환보유고를 소진하였다면 다음에는 '환율하락'을 방어하느라 원화 자산을 소진하여 국가부채를 누적시키기도 하였다. 명분만 바뀌었다. 지난번에는 선진조국창조를 위한 방어였다면, 이번에는 수출기업을 돕기 위한 방어란다.

이 통에 외환시장 안정을 위해 너무 많은 외국환평형기금채권을 발행했다. 이를 통해 사들인 달러표시 외환보유수익률이 외평채 이자보다 낮아 손실이 가중되었다. 게다가 달러 약세가 한 동안 진행되어 환차손도 심한 편이었다. 또 한편으로는 외환시장 안정을 위해 사들인 달러 과다로 통화 증발이 심해지자 이를 다시 환수하기 위하여 통화안정채권을 발행하였다. 그 이자 부담도 만만치 않다. 이래저래 빚이 쌓이고 있다. 이래서는 안 된다. 시장은 시장에 맡겨야 한다.

경제는 균형감각이 무엇보다 중요하다. 어느 한쪽에 치우침이 없어야 한다. 시장은 다수의 참여자로 이루어져 비교적 상식과 균형점을 추구하는 속성이 있다. 시장은 어느 한쪽의 정치 논리나 이데올로기에 치우치지 않는다. 사람의 IQ가 100이라면 시장은 1,000이라 한다. 몇 사람이 머리 맞대고 지혜를 짜내는 것보다 시장이 훨씬 효율적으로 일을 한다. 그래서 계획경제가 시장경제를 못 당하는 것이다.

시장경제를 진정으로 추구하는 나라라면 정부는 스스로 무엇을 할 것인지에 앞서, 무엇을 하지 말아야 할 것인지를 먼저 생각해야 한다. 정부가 개입해서는 안 되는 일을 의지를 갖고 하지 않는 것이 중요하다. '무위이무불위'(無爲而無不爲), 곧 인위적인 일을 하지 않기에 하지 못하는 일이 없다는 도가의 사상이 시장경제의 중요한 덕목이다. 특히 외환시장에서는 시장의 능력을 믿는 정부와 국민의 인식이 중요하다.

● 최용식, 21세기 경제연구소장

정부가 해서는 안 될 일

정부가 해서는 안 될 일이 바로 시장에 대한 필요 이상의 인위적인 개입이다. 시장이 시장원리에 맞게 잘 돌아갈 수 있도록 지원하고, 시장의 결함이나 불공정한 게임 룰이 없는지 살펴 시장 기능을 활성화시켜 주는 것이 정부의 몫이다. 물론 시장참여자의 일원으로 시장에 참여하는 것은 예외다. 시장을 이기려고 드는 지나친 개입이 문제다. 어느 누구도 시장을 이길 수 없다. 이기는 것처럼 보이는 게 사실은 더 큰 문제다. 문제가 속으로 곪아 훗날 더 크게 덧나기 마련이다.

외환시장이 바로 그렇다. 정부가 인위적으로 개입해 작위적인 강세나 약세를 만들 수 있다고 생각하면 큰 오산이다. 경제논리에도 맞지 않는다. 후유증이 더 크다. 정책 실패에 따른 비용을 반드시 치러야 되는 곳이 시장이다. 비록 정책적 결정이었다 해도 정책 실패에 대한 책임을 사후에라도 물어야 한다. 뭐가 잘못되었는지 후세에 알려야 하기 때문이다.

IMF 사태는 바로 정부의 지나친 환율 조작으로 초래되었다. 1984년의 800원대 환율은 무려 13년을 계속 800원대에서 고정되다시피 고평가되었다. 미국과의 인플레이션 차이로 구매력 평가가 13년 동안 무려 30% 이상 차이가 벌어졌는데도 말이다. 원화가 시장가치에 비해 지나치게 고평가되어 있는 걸 간파한 헤지펀드들이 가만있을 리 없었다.

그 해 11월 외환보유고는 242억 달러였으나 무리한 환율방어에 외환을 써 실제 가용분은 93억 달러 정도였다. 이는 당시의 적정 외환보유고(360억 달러)는 물론, 만기가 다가온 단기차입금(100억 달러)을 갚기에도 부족한 액수였다. 당시 외채는 1,197억 달러였다. 인위적인 원화의 고평가 집착이 결국 국가부도를 불러왔다.

IMF 이후에는 정반대 방향의 정부 개입이 시작되었다. 이번에는 수출 지지를 위하여 원화의 저평가에 집착하였다. 이로 말미암아 정부가 외환시장 안정을 위해 운영하고 있는 외국환평형기금의 누적 손실액이 1998년 이후 무려 18조 원에 이르렀다. 이에 따라 국회 일각에서 감사원의 감사청구를 요구하고 나서는 등 논란과 문제가 커졌다. 외평기금은 외환시장에 달러가 넘쳐 원·달러 환율이 급락할 경우 정부가 달러 매입으로 환율을 방어하기 위해 국채를 발행해 조성한 기금이다. 외평기금 누적적자가 급증한 것은 2003년, 2004년 파생상품 거래 등 무리한 시장 개입으로 외평기금의 규모가 비대해지면서 이자손실이 급증한데다, 달러 약세가 지속되어 환차손까지 발생하였기 때문이다.

정부의 시장개입 결과 외환보유액이 약 2천 3백억 달러로 늘어났다. 세계 4위였다. 외평기금 채권을 계속 늘려 사들인 결과다. 외평채 발행금리가 외평기금으로 사들인 미국채 등 달러 표시 자산의 수익률보다 더 높아 역마진이 계속 발생하고 있다. 게다가 한은의 경우 원화로 사들인 달러 보유가 계속 늘어나면서 통화증발 압력이 커지자 이를 상쇄하고자 150조 원이 넘는 통화안정채권을 발행하였다. 그 결과 국가채무는 늘고 이자 뒤치다꺼리로 한국은행 적자도 급증하고 있다. 기본적으로 외환시장에 대한 이러한 인위적인 시장개입은 바람직하지 않다. 시장은 시장원리로 풀어 나가야 한다.

시장가격은 시장 스스로의 기능에 의하여 결정되어야 한다. 시장 참여자들이 비싸다고 생각하면 매도세가 나올 것이고, 싸다고 생각되면 매수세가 몰려 적정한 시장가격이 수요공급의 법칙에 의해 스스로 정해지는 것이다. 이것이 시장의 자기보정적인 기능이다. 시장을 무시한 정부의 인위적인 개입은 언젠가는 한계에 부딪힐 수밖에 없으며 결국 시장의 보복을 받는 법이다.

The Exchange Rate Wars Story

2003년
'G7 두바이 합의'

11

미국 경제는 21세기에 접어들자마자 두 번의 큰 고비를 맞았다. 하나는 2000년 IT 버블의 파열로 나스닥의 붕괴가 우려될 정도로 주가가 폭락했다. 다른 하나는 2001년 9.11 테러로 이 또한 미국 경제의 위축은 물론 세계 경기의 부진이 우려되는 사건이었다. 미국은 금리 인하로 경기부양과 달러의 약세를 유도하여 사태의 해결을 꾀했으나 그리 신통치 않았다.

미국은 다시 대외로 눈을 돌려 경쟁국들의 통화를 절상시킬 필요를 느꼈다. 그래서 2003년 G7 재무장관·중앙은행 총재 두바이 회의에서 공식적으로 달러 약세를 위한 다른 통화들의 강세 유도를 제의했다. 이로써 채택된 "환율 유연성이 필요하다."는 선언적 언급 뒤에는 미국의 무시 못할 압력이 있었다. 2003년 두바이 합의 뒤 주요국 통화는 1985년과는 달리 점진적인 환율 조정 양상을 보였다.

강달러 외치는 미국, 속내는 '약달러정책'

3차례의 환율전쟁

대공황 이후 지금까지 세계적 규모로 격렬하게 벌어진 환율갈등은 모두 세 차례다.

첫 번째 갈등은 프랭클린 루스벨트 대통령의 국내 금본위제 폐지와 더불어 달러 환율을 단기간에 69%나 절하시킨 점과 '은구매법'을 제정해 국내외 은을 사들여 은의 국제 시세를 올림으로써 중국 등 은본위제 나라들을 곤궁에 몰아넣은 일이다.

두 번째 갈등은 1971년 8월의 '닉슨쇼크'였다. 미국의 닉슨 대통령은 달러를 금과 바꿔주는 금태환의 정지를 전격 선언해, 전후 새로운 국제통화 질서로 잡리 잡았던 '브레튼우즈체제'를 무너뜨렸다.

세 번째 갈등의 산물은 1985년 9월의 '플라자 합의'였다. 주요 선진 5개국(G5) 재무장관과 중앙은행 총재들은 뉴욕의 플라자 호텔에 모여 달러화 약세 유도를 결정했다.

세 번의 환율전쟁 직후 달러화는 일본의 엔화와 독일 마르크화 등 주요 통화에 대해 공통적으로 큰 폭의 약세를 보였다. 루스벨트 취임 다음해인 1934년부터 1944년까지 10년간 계속된 제1차 달러약세기에는 금본위제 국가들에는 달러 가치가 69% 떨어졌으며 은본위제 국가들에는 더 큰 충격을 주어 결국 은본위제를 포기하게 만들었다.

그리고 1971년 닉슨쇼크 시점부터 7년 2개월간 지속된 '제2차 달러약세기'(1971년 8월~1978년 10월)에는 달러화의 가치가 엔화와 마르크화에 대해 각각 절반 수준으로 떨어졌다. 플라자 합의부터 9년 7개월간 지속된 '제3차 달러약세기'(1985년 9월~1995년 4월)에도 달러화의 가치는 엔화에 대해 3분의 1 수준으로, 마르크화에 대해서는 절반 수준으로 각각 급락했다.

국제 환율갈등에서 루스벨트의 평가절하, 닉슨쇼크와 플라자 합의를 3개의 큰 폭발이었다고 한다면, '미니 플라자 합의'라고도 부르는 2003년 7월의 'G7 두바이 합의'는 하나의 작은 폭발이라 할 수 있다. 주요 선진 7개국(G7)은 당시 환율의 유연성이 필요하다는 데 합의하고 달러 대비 엔화와 유로화의 강세를 유도했다.

앞서 벌어진 1, 2, 3차 환율전쟁은 달러 가치 약세 외에도 공통점이 있다. 먼저 주도자가 전후 세계경제 패권국인 미국 자신이었다는 점이다. 세 번 모두 미국의 경제위기가 갈등의 주요 배경이었다는 점이다.

첫 번째는 대공황을 탈출하기 위한 인근궁핍화정책이었고, 닉슨쇼크의 경우 베트남 전쟁으로 미국의 재정수지와 경상수지가 악화되면서 금태환 요구에 응하지 못하게 된 급박한 상황에서 촉발됐다. 플라자 합의는 '제2차 오일쇼크'로 인한 세계 경제위기가 직접적인 도화선이었지만, 당시 미국 경제는 막대한 재정적자와 산업경쟁력 약화에 따른 무역수지 적자 곧 '쌍둥이적자'에 허덕이고 있었다.

2003년 두바이 합의

2003년 두바이 합의 이후 시작된 달러약세기의 경우에도 미국이 2001년 'IT(정보기술) 버블 붕괴'와 9.11 테러로 위기에 몰리면서 촉발됐다. 이는 사실 미국 무역적자 확대로 중국과 일본을 겨냥한 것이었다.

2002년 기준으로 미국 무역적자의 47.5%가 아시아 4개국(중국, 일본, 한국, 대만)에 집중됨에 따라 미국은 아시아 통화에 대한 절상 압박을 강화했다. 그 뒤 비록 위안화와 엔화의 절상 폭은 적었으나 중국이 관리변동환율제를 도입하였고 일본이 외환시장 개입을 중단하게 되었다.

선언적 언급에 그쳤음에도 그 뒤 2년간 위안화, 엔화와 유로화, 원화는 달러화 대비 각각 2.3%, 3.5%, 9.2%, 13.1% 절상됐다. 원화의 충성이 돋보였다. 원화의 경우는 위안화/달러, 엔/달러 환율이 크게 하락하지 않는 가운데 원/달러 환율 하락이 급격하게 이루어져 위안화와 엔화 대비 원화강세가 나타났다. 이로 인해 국내 주력상품의 수출경쟁력 하락이 불가피했고, 경제성장률이 둔화되는 양상을 보였다.

2008년 글로벌 금융위기가 최악의 국면을 벗어난 직후인 2009년 3월부터 시작된 달러 약세가 앞으로 더욱 본격화해서 장기간 지속된다면 '제4차 달러약세기'가 되는 셈이다. 미국의 1, 2, 3차 양적완화 정책의 시행으로 달러가 많이 풀리면서 향후 경기가 회복되면 거대한 인플레이션 후폭풍이 우려되기도 한다. 최근 미-중 간 환율갈등을 시발로 일본·브라질·타이 등 세계 각국이 수출경쟁력 유지를 위해 경쟁적으로 자국 통화가치 낮추기에 가세하면서, 환율갈등이 전 세계적으로 확산될지도 모른다는 우려가 높아지고 있다.●

강달러를 외치는 미국, 깊숙한 속내는 '약달러정책'

기본적으로 모든 재화의 가격은 시장에서 결정된다. 달러 역시 마찬가지다. 달러는 외환시장에서의 수급 결과와 금리기조에 따라 가격이 결정되는 것처럼 보인다. 단기적으로 볼 때는 일견 맞는 말이다. 또한 유럽의 재정위기와 일본의 경기침체로 유로화와 엔화가 힘을 못 쓰고 있다. 상대적으로 달러화가 강세를 보이면서 약달러 시대가 막을 내리고 있다고 전망할 수도 있다. 중기적으로는 그럴 수도 있다.

그러나 달러의 역사를 되짚어보면 미국의 저 깊숙한 속내는 시종일관 '약달러정책'이었다. 그간 미국의 환율정책의 역사가 그것을 말해주고 있다. 미국이 달러를 시장에 맡기지 않고 필요하면 우격다짐

● 〈승자 없는 게임, 더러운 환율전쟁〉, 한겨레21, 2010년 10월 15일, 제831호 등

식으로 개입한 사례가 많기 때문이다.

　미국은 전통적으로 채무 국가다. 그들은 호황기에는 빚을 내서 소비하고 수입해 즐긴다. 그리고 빚이 턱밑에 차오르면 달러 가치를 인위적으로 떨어뜨려 누적된 외상값, 즉 국제 채무의 대대적 탕감으로 덕을 본다. 이렇듯 남의 빚으로 살아가는 국가는 약달러를 지향할 수밖에 없다. 그래야 빚 탕감 효과가 있기 때문이다.

교묘한 달러 곡예의 역사

그러나 여기에도 미국의 고민은 있다. 다른 한편으로는 세계 기축통화로서의 위상을 지키기 위하여 동시에 강달러를 지향한다. 여기서 강달러란 돈의 실질가치가 높아서가 아니라 국제 결재통화로서 강한 지배력을 뜻한다. 그러기 위해서는 시장이 달러를 요구하게 만들어야 한다. 방법은 여러 가지다. 특히 위기의 징후가 보이면 세계의

∷ 미국의 국조(國鳥) 독수리

투자자들은 안전자산인 달러로 회귀한다. 유럽 재정위기가 좋은 예이다. 미국 곧 세계 기축통화국의 입장에선 세계 경기 위축과 통화 경색을 막기 위해 우선 달러를 많이 풀어야 한다. 그래야 기축통화의 장악력이 유지된다. 미국이 유럽의 재정위기 해결에 적극적으로 나서지 않는 이유이다. 미국은 기축통화의 권력이 주는 엄청난 시뇨리지(Seigniorage) 효과를 양보할 수 없는 입장이다.

따라서 미국은 국내 재정정책상의 약달러정책과 국제 기축통화로서의 강달러정책을 동시에 유지해야 하는 모순을 안고 있다. 어느 나라가 약한 통화를 외환보유고로 보유코자 하겠는가? 이 모순된 딜레마를 가능한 눈치 채지 못하도록 끌고 나가는 과정이 '교묘한 달러 곡예의 역사'이다.

미국은 틈날 때 마다 강달러를 지지한다고 외친다. 하지만 1913년의 1달러는 글로벌 금융위기 이전인 2007년의 21.6달러와 같다. 연방준비제도가 생긴 이후 96% 평가절하된 것이다. 그럼에도 달러의 장악력은 더 커져 왔다. 지금도 달러 곡예는 현재진행형이며 앞으로도 그럴 것이다.

The Exchange Rate Wars Story

역사의 교훈

2부

최근 100년 동안 달러는 네로 시대의 디나리우스보다도 그 가치의 절하속도가 더 빠르다. 제국이 무너질 때는 항상 그 나라 돈이 먼저 무너졌다. 로마제국은 물론이고, 원나라가 그랬고, 스페인제국이 그랬고, 대영제국이 그랬다. 역사는 화폐량이 너무 적으면 경제가 침체하고, 너무 많으면 인플레이션으로 인해 극단적인 위기까지 초래한다는 것을 수없이 되풀이해 보여주었다.

화폐의 역사를 볼 때 화폐는 가치척도와 교환수단으로서는 그 역할을 비교적 잘 수행해 왔다. 그러나 가치의 저장수단으로서는 때에 따라 실패하였다. 화폐가 가치저장수단으로서 실패하면 적게는 한 소비자의 저축에 영향을 줄 수 있을 뿐 아니라, 크게는 국가의 운명을 좌우할 수도 있다.

역사는 그 같은 운명을 가르친다. 멀리는 로마, 가까이는 1차 세계대전 뒤 바이마르공화국과 2차 세계대전 뒤 중국국민당이 패망한 주요 원인 가운데 하나는 화폐가 가치저장수단으로서 기능을 상실하였기 때문이다. 칠레의 아옌데 정권이 붕괴된 것도 마찬가지 이유였다.

미국은 중국과 일본, 그리고 한국, 대만, 브라질, 인도, 러시아 등지에서 마구 돈을 빌리고 있다. 현재 달러화 표시 국채의 3분의 1은 각국 중앙은행이 외환보유고 형태로 가지고 있다. 그리고 나머지 3분의 2는 민간영역에서 보유하고 있다. 하지만 그들이 언제까지 진실을 깨닫지 못한 채 계속 돈을 빌려주며 끝내 미국의 봉으로 남을 수 있을까? 이미 달러 과다 보유국들은 미국의 속셈에 대해 자각하기 시작했다. 달러화에 대한 의심이 구체화되는 순간, 먼저 팔고 탈출하기 경쟁이 시작될 수 있다. 이런 움직임은 각국 중앙은행을 대상으로 협조를 요청한다고 해결될 일이 아니라는 데 공포감이 잠재되어 있다. 언젠가 누군가로부터 시작될 수 있는 달러화의 매도세가 지금까지 40여 년 동안 지켜왔던 '팍스 달러리움' 시대에 종지부를 찍게 될 것이다.

The
Exchange Rate Wars
Story

화폐몰락이 불러 온
로마제국의 멸망

1

그리스 도시국가 가운데 아테네와 스파르타는 그리스의 패권을 놓고 대립했다. 그들의 전쟁은 20여 년간(기원전 431~407년) 이어졌다. 이를 펠로폰네소스전쟁이라 한다. 이 전쟁에서 아테네가 승리하였다. 하지만 아테네는 전쟁통에 너무 많은 전비를 사용하여 엄청난 재정적자를 보았다. 이에 금화와 은화의 순도를 줄여 발행량을 늘려 대응해 왔으나 이는 거대한 인플레이션을 불러 왔다. 기원전 407년 아테네에서 인류사 최초로 거대한 통화 폭락이 발생했다. 이때부터 아테네가 사양길로 접어들었다.

그 이래로 2천 년 넘는 시간 동안 역사 속에서 늘 비슷한 패턴이 반복되었다. 정부가 통화량을 늘려 화폐가치가 저하되면 대중은 구매력을 상실하였다. 그리고 더 나아가 화폐가 제 구실을 못하게 되면 물물교환 경제로 연명하게 된다. 이로써 도시 경제가 붕괴되고 농촌의 장원 경제로 후퇴하는 것이다. 이러한 대표적인 사례가 로마 제국에서 일어났다. 로마 제국이 망하고 암흑의 중세가 시작된 이유이다.

카이사르를 죽음으로 내몬
화폐주조권 다툼

　로마제국이 힘없이 무너진 근본원인은 경제사적 관점에서 찾을 수 있다. 로마인의 경제관은 오직 농업이었다. 고대 그리스 시절부터 상업은 도덕적으로 문제가 있는 천한 직업으로 여겨졌다. 윤리학에 짓눌려 경제가 싹을 못 피우던 시기였다. 기원전 4세기 그리스의 아리스토텔레스는 시민들은 노예나 상인처럼 살면 안 된다고 가르쳤다. 그런 종류의 삶은 천박하다는 이유였다. 농업의 도덕적 우월성을 강조했다. 그리스의 영향을 받아 로마 상류층들도 상업을 이방인이나 하층민이 하는 하찮은 것으로 경시했다.

노예경제의 붕괴

고대에는 농업과 전쟁을 통해 부국강병책을 도모했다. 나라의 농경지를 넓히는 것이 곧 부국의 길이요 정복지의 물자와 노예를 거두어 들이는 것이 강병책으로 알던 시대였다. 농업의 노동력은 노예였다. 당연히 전쟁이 매우 중요한 국가사업으로 간주되었다.

고대 그리스에서는 '에가스테리온'이라는 수공업 공장이 20~160명의 노예를 이용해 운영되었다. 그리고 로마제국에서는 '라티푼디움'이라는 노예농장제도를 대규모로 운영하면서 곡물, 올리브 및 포도를 재배해 해외에 판매하여 농업자본을 축적하고 있었다.

그런데 로마제국의 빈번한 전쟁으로 그때마다 보병으로 출정한 자영농민층의 피해는 커져갔다. 반면 전쟁에서 이기고 개선하는 장군과 귀족들은 새로운 영지를 늘려가며 더욱 부유해졌다. 결국 로마의 중추적인 핵을 이루었던 자영농민층은 점점 몰락해가고 봉건영주의 세력은 점점 커져 사회의 양극화 현상은 더욱 벌어졌다. 이로써 건전한 사회를 지탱해주는 중산층이 붕괴되기 시작했다. 농본주의의

∷ 로마는 라티푼디움이라는 노예농장제도를 운영했다.

로마제국에서 농업의 기반마저 흔들리기 시작한 것이다.

농촌만이 아니었다. 도시경제는 더 심각했다. 당시 가장 심각한 문제는 노예경제와 인력부족이었다. 로마문명은 도시에 기반을 두고 있었으며 도시는 노예들이 생산하는 농산물에 의존하고 있었다. 그러나 노예인구의 현상유지마저도 불가능했다. 서기 100년 즈음의 트라야누스 시대에 이르러서는 더 이상의 정복전쟁이 없어 노예인력을 공급할 수 없었다. 그 뒤 로마는 극심한 인력난에 허덕였다. 인력부족은 경제문제를 크게 악화시켜 라티푼디움의 생산체제가 쇠퇴했다. 나중에는 아예 노예를 해방시켜 그들에게 토지를 빌려주어 수확의 일부를 지주에게 바치게 하는 소작농제도가 나타났다.

노예제도가 사양길에 접어들면서 농업인구가 줄어든데다 북방 야만인들의 지속적인 침입으로 병력 또한 계속 필요했다. 게다가 2세기와 3세기에는 전염병이 창궐해 인구가 격감했다. 이 시기에 로마 인구는 약 3분의 1가량 줄어든 것으로 추정된다. 그 결과 농업 노동력도 모자라고 외적과 싸울 병력 또한 부족했다. 패배라곤 모르던 로마 군대가 번번이 패배한 이유이다.

로마의 주화들

최초의 로마 돈은 '아에스 루드'(aes rude)라 불리는 조잡한 구리막대였다.

기원전 4세기 말경에 이것은 '아에스 그레이브'(aes grave)라 불리

:: 로마 최초의 돈 아에스 루드

는 무거운 큰 동전으로 바뀌었다. 그러나 이것 역시 다루기가 거북했다. 경화에 담은 초상은 미래와 과거를 동시에 바라본다는 두 얼굴의 야누스였다. 이렇게 로마에서 대형 청동화 및 은화가 주조된 것은 기원전 3세기였다. 화폐단위인 아스(as)가 각인된 아에스 청동화에는 앞면에 야누스신, 뒷면에 뱃머리 그림이 각인되었다.

기원전 269년 로마는 풍부한 은광이 있는 남부 이탈리아에 그리스인들이 건설한 도시국가 타렌툼(Tarentum)을 점령했다. 그리고 그때 이래로 로마는 은으로 경화를 만들었다. 청동화 10아에스에 해당하는 은화 1데나리우스는 그리스의 드라크마를 본 땄다. 한 면에 로마의 신 허큐리스의 초상이 새겨졌다. 다른 면은 로마 시를 창건했다는 쌍둥이 형제 로물로스와 레무스에게 젖먹이는 늑대의 모습을 보여준다.

데나리우스 은화는 로마 외에도 각지에서 다량으로 만들어져 지중해에서 주요한 통화가 되었다. '데나리우스'로부터 돈이라는 뜻의 데나로(이탈리아어)와 디네로(스페인어)가 유래되었다. 나중에 디네로에서 달러가 나왔다.

:: 데나리우스 은화

로마의 화폐는 원래 순도 100%의 금화와 은화였다. 첫 황제였던 아우구스투스는 스페인과 프랑스 지역의 금광에서 캐낸 금과 은으로 화폐 공급량을 폭발적으로 늘려 사회간접자본 확충에 사용했다. 하지만 이후 후손들의 폭정과 실정으로 로마 황실의 재정이 바닥이 나 귀족들의 재산을 몰수하는 등의 조치를 취하기도 했다.

최초의 주식회사와 최초의 투기

인류역사상 최초의 주식회사의 기원은 기원전 2세기경 로마제국으로 거슬러 올라간다. 당시 로마는 국가기능 가운데 조세징수에서 신전건립까지 상당부분을 '퍼블리카니'(Publicani)라는 조직에 아웃소싱하였다. 퍼블리카니는 현재의 주식처럼 '파르테스'(partes: 주식)를 통해 소유권이 다수에게 분산된 주식회사였다.

주식에는 두 가지 종류가 있었다. 당대의 부자들로 구성된 대주주 임원들의 몫(socii)과 일반인들로 구성된 소액주주의 몫(particules)으로 나누어져 있었다. 소액주주들의 주식은 요즘의 장외시장 같은 곳에서 비공식적으로 거래되었다. 임원들이 조직의 업무를 수행했으며 재무제표도 공시했고 주주총회도 정기적으로 열었다. 이것을 주식회사의 기원으로 보고 있다.

당시 주가수준이나 주식시장의 모습을 알 수 있는 자료는 거의 남아있지 않지만 주가 변동이 있었다는 기록은 남아있다. 키케로는 자신의 기록에 '고가 주'라는 단어를 쓰면서 "부실한 퍼블리카니의 주식을 사는 것은 보수적인 사람이면 피하는 도박과 같다."고 했다.

당연히 땅을 중심으로 투기행위도 발생했다. 그런데 이때의 투기꾼들을 '그리크'(Greek)라 불렀다. 이는 로마사람들이 경멸적으로 부르는 말로. 그리크는 그리스 사람들을 일컫는 말이다. 당시 상당수 투기꾼이 그리스인이었기 때문이다. 마치 중세의 유대인들처럼 당시에는 그리스인들이 경멸의 대상이었다. 그들의 상업이 발달했기도 했지만 정보가 빨랐기 때문이다.

당시 로마의 상류층은 그리스를 동경해 교사부터 가정부까지 그리스인으로 둘 정도였다. 따라서 그리스인들은 정보 접근 면에서 유리할 수밖에 없었다. 그들은 강한 공동체 의식으로 정보를 공유하고, 로마 정부의 새로운 개발계획을 사전에 알아내어 땅 투기를 했다. 당시 거의 모든 로마인들은 이윤추구에 혈안이 되었고, 투기의 부작용 때문에 수많은 서민들이 빈곤해지고 정신적으로 큰 고통을 당했다는 기록이 있다.

인플레이션의 해악이 시작되다

알렉산더 사후 그리스 제국은 분열되었다. 시장은 나뉘어졌으며 교역도 줄어들었다. 그럼에도 알렉산더가 발행했던 경화는 그대로 남아 유통되어 결과적으로 인플레이션이 일어나 물가는 뛰고 그리스 드라크마의 구매력은 곤두박질쳤다.

그 뒤 로마인은 그리스인의 이러한 경험에서 아무 것도 교훈을 얻지 못했다. 그들은 '모네타'(moneta)라는 칭호를 붙여 여신 주노의 신전에다 조폐소를 차렸다. 이 모네타라는 이름에서 오늘날 'money'가 유래했다.

상업을 경시했던 로마제국도 전쟁을 통해 그리스인, 페니키아인이 세운 상업거점지역을 점령하면서 자연적으로 국제교역이 활기를 띠게 되었다. 이 과정에서 끊임없이 조달되는 노예를 이용하는 노예 노동생산이 널리 확산되었다.

그러자 이러한 노예생산 제도의 자급자족 가내경제의 발달이 국제교역의 필요성을 반감시켰다. 또 스페인, 갈리아(프랑스), 도나우강 유역 국가들이 로마제국에 편입되면서 곡물조달도 용이해졌다. 가내경제의 발달과 국내 곡물조달은 국제교역을 크게 위축시켰다.

한니발을 격파한 스키피오 아프리카누스는 카르타고에서 60톤의 은을 갖고 돌아왔다. 또 로마 군대가 스페인 지역을 정복한 후 금, 은, 등 귀금속이 로마로 쏟아져 들어왔다. 화폐량은 상품량보다 많아졌고, 가격은 뛰기 시작했다.

천재 개혁가 카이사르의 경제 수술

기원전 1세기의 카이사르는 천재였다. 정치와 전쟁에서의 천재적인 재능뿐 아니라 경제의 본질도 꿰뚫어 보았다. 집정관이 되자 그는 정치개혁과 사법개혁을 단행한 후 경제개혁에 착수했다. 먼저 원로원 의원들이 많이 하는 고리대금업의 이자를 대폭 낮추었다. 나중에 카이사르를 살해한 브루투스의 경우는

∷ 카이사르

연 48%의 고율의 이자를 받기도 했다. 카이사르는 속주 전역에서 6%의 이자율을 권고했으며 이자율 상한선을 12%로 제한했다. 유대에도 동일하게 적용했다. 카이사르는 일정금액 이상의 현금보유도 금했다. 장롱예금을 금지해 돈이 바깥으로 돌도록 한 것이다. 이자율 인하와 장롱예금 금지는 돈의 흐름을 촉진해 경제에 활기를 불어넣었다.

더 나아가 카이사르는 서민의 빚을 4분의 3으로 탕감해 대중의 마음을 사로잡았다. 게다가 탕감된 채권의 회수도 활발해 돈의 흐름이 더 좋아졌다. 카이사르는 조세정책에서도 파격적인 개혁에 착수했다. 세율을 절반으로 낮추었고, 로마는 물론 정복지에 대해서도 관대한 세금정책을 펼쳤다. 그러자 오히려 더 많은 세금이 걷혔다. 세금을 피해 도망다니던 피정복민들의 자진납세가 확산되었기 때문이다. 의사와 교사 등 전문직에는 인종과 민족을 가리지 않고 로마 시민권을 내줬다.

화폐 주조권 문제가 암살로 이어지다

그는 화폐제도에도 손을 댔다. 그 무렵 로마에는 금과 은이 많지 않았다. 전쟁 군비로 바닥난 것이다. 그는 로마 전역 신전에서 금과 은으로 만들어진 봉납물을 공출했고, 그것으로 화폐를 주조했다. 기원전 1세기 카이사르 시대에 그의 모습을 담은 금화가 처음으로 만들어졌다. 화폐의 뒷면에 카이사르의 얼굴과 카이사르 황제라는 문자를 새겨 넣었다. 날마다 보고 만지는 화폐를 선전매체로 활용한 최초의 로마인이었다.

유다 왕국과 아테네 같은 자치권을 인정받은 속주는 그곳 화폐가 계속 통용되었다. 따라서 환전상이 번창했다. 당시 로마에는 오랫동안 은화와 동전밖에 없었다. 이때 금화를 통화로 편입시킨 것은 카이사르였다. 그리고 로마 화폐가 기축통화가 되기 위해서는 금화와 은화의 교환가치가 고정되어야 했다. 당시 그가 정한 금과 은의 교환비율 1: 12는 유럽에서 19세기까지 쓰였다.

그가 가장 역점을 둔 사업은 국립조폐창을 만들어 화폐주조권을

:: 카이사르의 모습을 새긴 화폐 :: 기원전 41년 2차 삼두정치 탄생 기념 화폐 아우레우스 금화에 안토니우스(왼쪽)와 옥타비아누스(오른쪽)가 새겨져 있다.

1 화폐몰락이 불러 온 로마제국의 멸망 · 255

:: 〈카이사르의 암살〉, 빈첸조 카무치니(1798)

원로원으로부터 국가로 귀속시킨 것이다. 예나제나 이것은 기득권의 거센 반발을 무릅쓴 혁명적인 조치였다. 화폐주조 차익을 빼앗기고 고리대금업의 수익이 낮아진 귀족들의 불만은 독재자로부터 공화정을 지킨다는 명분하에 결국 카이사르 암살로 이어졌다. 이유는 카이사르의 친서민 정책이 원로원의 경제적 이권을 많이 빼앗았기 때문이다.

만성적인 재정적자 상태

새 정복지가 로마제국으로 흡수될 때마다 먼 지역을 지키기 위한 군대의 유지비는 크게 늘어났다. 로마 군대는 어디 가든지 먹여야 되고, 재워야 되고, 입혀야 했다. 로마제국은 큰 규모의 상비군을 유지해야 했으므로 만성적인 재정적자 상태였다. 또한 엄청나게 커진 제국을 유지하기 위해 돈을 많이 찍어냈다.

기원전 20년 아우구스투스 황제 때에는 증가하는 기간시설 건설 비용을 충당하기 위해 '아우레우스' 금화가 유통되었다. 이 시대 주화는 금, 은, 동 세 가지로 제작되었는데, 은화인 '데나리우스', 청동주화인 '세스테리티우스'까지 금속의 희귀 정도에 따라 서열을 매겼다. 공통적으로 한쪽에는 당대 황제의 얼굴을, 그 이면에는 로마 건국자인 로물루스와 레무스를 새겨 넣었다.

아우구스투스 황제는 본위화폐로 아우레우스 금화를 채용했다. 이 금화는 25데나리우스 은화와 등가였고 1데나리우스는 16아에스 청동화와 등가였다. 아우구스투스 황제까지는 화폐 디자인이 일정하지 않았으나 그 뒤 황제 초상이 들어가 황제의 인격을 강조하고 화폐를 신성시하여 화폐제도 통일을 실현하려 했다.

이때까지만 해도 로마의 금화와 은화는 어느 시장에서든지 환영받고 세계에서 가장 잘 유통되는 돈이었다. 황제는 프랑스와 스페인 금 광산을 24시간 채굴해 돈을 단기간에 너무 많이 찍어냈다. 이 때문에 상품에 비해 유통 화폐량이 급속히 많아져 결국 인플레이션을 야기했다. 이로 인해 주화 가치가 지속적으로 하락하고, 이는 다시 국방 유지비의 상승으로 이어지는 악순환의 고리를 형성했다. 점증하는 군사비와 외부의 위협으로 인해 치안이 불안해졌다. 이러한 추세는 후대의 황제들에게도 이어졌다.

금융업의 뿌리, 기원전후 성전의 유대인 환전상들

마태복음 21장에 보면 예수가 성전에 들어가 환전꾼들의 상을 뒤엎는 이야기가 나온다. 고대로부터 환전 업무는 유대인들이 주도했다. 당시 유대신전에는 우상숭배와 관련된 물건은 일체 갖고 들어갈 수 없었다. 황제의 초상이 그려져 있는 로마 은전은 로마 황제를 섬기는 우상숭배에 해당되었다. 때문에 유대 은전으로 봉헌을 해야 하는 유대인들은 이를 성전 밖에서 유대 세공인들이 만든 유대 은전과 웃돈을 주고 바꾸었다. 때문에 성전 주변에는 항상 유대인 환전상들이 많았다.

:: 〈성전을 정화하다〉, 엘 그레꼬(1600), 프릭 컬렉션 뉴욕

유대인, 민간 차원에서 처음으로 주화를 찍어내다

바로 이 환전상들이 유대 동전과 은전의 발권을 통하여 통화량을 늘려 나갔다. 유대 경제가 잘 돌아간 이유의 하나였다. 뿐만 아니라 교환

:: 빌라도 시대의 유대 동전

된 로마 은전으로는 이민족을 대상으로 대금업을 하였다. 이것이 나중에 거대한 사금융으로 발전했다. 환전업이 금융업의 뿌리인 셈이다.

원래 화폐발행은 왕과 국가의 독점사업이었다. 그런데 이를 민간 차원에서 처음으로 찍어 낸 사람들이 유대인들이다. 이들은 이를 통해 고대로부터 시뇨리지 효과를 체득했다. 이후 화폐발권의 주체가 국가인지 민간인지의 문제는 지금까지도 계속되고 있다.

로마의 멸망을 재촉한 소비문화

비단 사치로 대규모 은이 유출되다

로마 경제의 몰락을 재촉한 요인 중의 하나가 소비문화다. 그 중에서도 은의 대량 유출을 일으킨 비단 사치가 문제였다. 중국은 비단값을 주로 은으로 받았다. 이때부터 유럽의 은은 중국으로 흘러 들어가 유럽에 은 부족 현상이 나타나기 시작했다. 이것이 은화의 결핍을 가져오고 더 나아가 은 함량의 저하를 가져와 화폐 불신을 초래했다. 결국 비단은 로마 경제가 급속도로 무너지는 단초를 제공한 셈이었다.

유대인의 비단교역

비단 교역은 주로 유대인에 의해 주도되었다. 유대인들이 중국에 대해 처음 알게 된 것은 솔로몬 왕 때부터다. 페니키아 두로의 히람 왕의 지원을 받은 솔로몬의 해상 무역선들은 지중해와 인도양은 물론 당시 세계의 끝이라고 알려진 중국까지 항해해 갔다. 중국 측 자료에도 솔로몬 시대에 유대인들이 중국 곳곳의 항구에 드나들었고 중국과 이스라엘의 왕복에 3년 가까이 걸려 상당히 먼 거리를 항해해 왔다고 전하고 있다. 그러나 본격적인 왕래는 유대 민족이 기원전 597~538년 사이 60년간 바빌론에서 포로 생활할 때였다. 유대인들은 바빌론 상인들과 함께 육로로 중앙아시아를 경유하여 중국에 들어갔다. 유대인들이 육로를 통해 중국에 들어간 것은 이때가 처음이다. 당시 중국에는 서양에서 보기 힘든 문물이 많았다. 그 가운데 가장 인기품목이 비단이었다. 중국은 이미 4천 5백 년 전에 비단을 생산했다.

험지를 통과해야 하는 중국과의 무역에는 위험 요소도 많았지만 성공하면 많은 이익이 보장되었다. 때문에 이재에 뛰어난 유대인들이 중국무역에 본격적으로 참여했다. 그래서 많은 유대인들이 자연적으로 중국은 물론 통행로인 중앙아시아와 인도 일대의 교역도시에 정착하게 된다. 산동성 지역에서 발견된 옛 비석에는 주나라 때 유대인들이 중국에 들어왔다고 전하고 있다. 주나라는 기원전 1046년부터 기원전 256년까지 약 8백 년간 존속했던 나라로 유대인의 바빌론 유수기가 그 사이에 들어있다.

이로써 기원전 6세기부터 비단은 유대인과 바빌론 상인에 의해 서양에 전해졌다. 비단은 그 독특한 아름다움으로 서양인에게 '천당에만 존재하는 물건'으로 찬양받았다. 서방 역사의 기록에 비단이 공식

:: 중국 고대복장은 대부분 비단 옷이었다.

적으로 등장한 것은 기원전 4세기 알렉산더 대왕의 동방원정 때였다.

헬레니즘 시대 이후 서아시아와 로마의 정치적 대립에도 중국 비단은 월지나 흉노에 의해 기원전 3세기부터 서방에 활발히 수출되었다. 특히 기원전 3세기 말 흉노는 매년 수많은 비단을 한나라로부터 공납 받았는데 이 비단 일부는 흉노 사회에서 소화되고 나머지는 실크로드를 따라 서방으로 전해졌다. 고대 그리스인과 로마인은 중국을 'Serica', 중국인을 'Seris'라 불렀다. 모두 비단실을 뜻하는 'Serge'(絲)에서 유래된 것이다.

고대 실크로드, 알렉산더 대왕과 한 무제의 합작품

역사적으로 실크로드의 존재를 가장 먼저 언급한 역사가는 기원전 5

세기 그리스의 헤로도투스다. 그는 명저《역사》에서 스키타이 교역로에 대해 쓰면서 돈강 하구로부터 볼가강과 우랄강을 건너 동북쪽으로 산재한 많은 민족을 묘사한 기록을 남겼다. 이미 그곳들과는 왕래가 빈번했다는 이야기다.

그 뒤 서양에서 실크로드의 완성에 가장 크게 공헌한 사람은 알렉산더 대왕이다. 그는 기원전 334년부터 11년 동안 벌인 동방원정을 통해 실크로드 서쪽 방면의 도로망을 사실상 완성했다. 그리스의 마케도니아를 출발해 오늘날의 터키와 시리아를 거쳐 이스라엘과 페르시아를 석권한 다음 인도와 히말라야를 거쳐 인더스강까지 이어진다. 곳곳에 자신의 이름을 따 '알렉산드리아'라는 계획도시를 건설한 그의 공로로 그리스로부터 히말라야에 이르는 도로망이 대부분 그때 틀을 잡았다.

그 뒤 동양에서는 진나라와 한나라의 지속적인 서역 경영이 실크로드 활성화에 결정적으로 기여했다. 특히 서역로를 직접 여행하고 기록을 남긴 장건과, 중앙아시아 지역을 정복해 중국 쪽 실크로드를 완성한 반초의 공로를 빼놓을 수 없다.

기원전 138년과 기원전 119년, 한 무제는 두 차례 장건을 서역에

:: 고대 실크로드 지도

파견했다. 사절단은 비단과 도자기 등을 갖고 대월지, 대하 등을 방문하여 현지의 모직물 및 향료 등과 바꾸었다. 이로써 비단길이 본격적으로 열렸다. 그 뒤 중국 측 대상들은 실크로드를 따라 중앙아시아나 로마제국의 시리아까지 비단을 운반했고, 돌아오는 길에는 금속, 유리 등 다양한 상품을 싣고 왔다. 그 때까지 로마인과 중국인은 서로 한 번도 본 적이 없었지만 비단을 통해 서로를 인식했다. 한대부터 당대에 이르기까지 이 길은 무역거래가 끊기지 않았으며 실크로드도 이때부터 번영하기 시작했다.

빈번한 교역 및 다양한 수출입 품목

특히 서역의 명마에 심취한 한 무제의 명령으로 좋은 말을 얻기 위해 사절단들이 끊임없이 파견됐다. 기원전 중국의 역사가 사마천은 이렇게 기록했다. "사절단은 길에서 서로 마주칠 정도로 빈번하게 오갔다. 사절단의 규모가 큰 것은 수백 명, 작은 것은 백여 명이었다. …(중략). 사절단이 많을 때는 해마다 수십 회, 적을 때도 5~6회씩 파견됐다."

이렇게 기원전부터 서방 상인들이 계속 장안으로 몰려들어 값 비싼 보석류와 향료, 약품, 동물 등이 명마와 함께 장안성에 넘쳐 났다. 사마천은 《사기열전》의 '대완전' '흉노전' '서남이열전' 등 서쪽의 이민족에 대한 지식과 정보를 상당히 풍부하게 전하고 있다.

● 〈오귀환의 디지털 사기열전 – 역사를 바꾼 길 1〉, 한겨레, 2004년 10월

그 뒤 실크로드 무역품목은 더욱 다양해졌다. 중국으로 가는 카라반들은 말, 금, 은, 보석, 검 등 무기류, 노예, 모직과 면직물, 상아, 호박(琥珀), 유리와 유리공예품들을 가지고 갔다. 중국에서 출발하는 대상들은 주종이 비단이었지만 이외에도 모피, 도자기, 철, 칠, 계피, 대황, 혁대, 청동거울, 청동제품 등을 가지고 나갔다. 중국 측의 비단 등 비싸고 다양한 품목에 비해 로마제국의 수출품은 종류가 한정되어 이때부터 무역역조가 심해져 유럽의 은이 중국으로 대량 흘러들어가기 시작했다. 물자 이외에도 다양한 학문과 지식, 이국적인 예술과 생활양식, 심지어 갖가지 동식물까지도 활발하게 교류됐다. 유사 이래 가장 다양한 문명과 물자가 동서양 간에 뒤섞이기 시작한 것이다.

파르티아제국의 비단 중계무역

기실 로마에 비단이 들어온 것은 오래전이나 많은 사람들이 비단을 목격한 것은 기원전 53년경이다. 로마 군인들은 파르티아와의 '카레(Carrhae) 전투'에서 비단을 목격한다. 살벌한 전투 속에서도 파르티아인이 두르고 있는 비단의 신비로움은 로마 군인들의 눈길을 사로잡기에 충분했다. 이로써 비단이 로마에 본격적으로 수입되기에 이른다.

:: 전성기의 파르타이제국(1세기)

　이때 중간에서 파르티아제국 곧 안식국 상인들이 중계무역을 통해 막대한 이익을 남겼다. 비단은 머나먼 중국에서 강을 건너, 사막을 가로 지르고, 만년설이 덮인 산을 넘어 로마까지 왔다. 하지만 실크로드 중간을 파르티아제국이 막고 있어 중국과 로마는 서로 실체를 알지 못했다.

　실크로드는 로마에서 시안에 이르는 1만 2천 킬로미터를 칭하나 고비사막과 타클라마칸사막을 지나야 하며 하루 30~40킬로미터를 걷는 대상이 3~4년을 걸려 왕복하는 길이다. 게다가 열사의 사막과 텐산산맥 그리고 파미르고원의 만년설을 넘으며 죽은 목숨값, 도적에게 빼앗긴 물건값, 중간중간 통행세, 여기에 파르티아 중간상의 폭리가 누적되어 로마에 도착했을 때 비단 가격은 같은 무게의 금값보다 비쌌다. 그 무렵 파르티아 바빌론의 상인들은 대부분 유대인들이었다. 기원전 6세기 바빌론 유수기 때 그곳에 남은 유대인들의 수가 히브리로 돌아간 유대인들보다도 훨씬 많았다.

로마제국에서 유행한 비단

카이사르는 극장에 나타날 때면 꼭 긴 겉옷의 비단옷을 입었다. 그 뒤 로마 귀족 사이에 비단은 최고급 옷감으로 큰 인기를 끌며 비단옷 입는 풍조가 일어났다. 귀족들은 가볍고 부드러우며 오색 찬연한 실크를 진귀한 물품으로 여겨 다투어 입었다. 비단은 세력과 돈을 가진 부자들에게는 자신과 대중을 구별하는 아주 적합한 상품이었다. 비단 옷이 주름지고 길수록 부의 상징이었다. 그 무렵 파르티아의 유대인 상인들이 어렵게 가져 온 비단은 중국에서도 고가품이지만 그 먼 길을 지나 로마에 들어왔을 때는 가격이 1백 배나 올라 있었다.

비단의 수요는 초원과 사막을 가로지르는 무역로를 만들었다. 이른바 실크로드다. 이 길에는 도적떼가 자주 출몰해 상인들이 무리지어 다니며 무장을 하거나 호위대를 구성했다. 심지어 대상들끼리 약탈하는 경우도 일어났다. 당시 상업은 이처럼 약탈과 교역이 혼재된 상태였다. 안전을 보장해 주는 지역은 대신 통행세를 받았다. 도중에 여러

:: 긴 겉옷 비단옷의 카이사르

나라를 거치기 때문에 나라마다 세금(통행세)을 내야 했다. 당시에도 '국내산업 보호'를 위해 수입품 세율이 수출품 세율보다 높았다. 그러나 귀족들에게 가격은 그리 문제가 되지 않았다.

1세기 초 로마에 전문 비단시장이 개설되다

고대 로마의 비단 열풍은 대단했다. 그때까지 투박한 아마포와 면 그리고 양모만이 옷감의 전부라 생각했던 로마 귀부인들은 입어도 입은 것 같지 않은 황홀한 촉감에 반했다. 로마인들은 안개처럼 흐느적거리는 유연한 질감에 은은한 광채, 깃털처럼 가볍지만 질긴 천을 '세리카'라 불렀다. 바로 비단이었다. 1세기 초 로마의 비쿠스 투스쿠스 지역에 전문 비단시장이 개설되어 성황을 이루었다. 얼마 지나지 않아 로마에서는 남녀 모두 비단옷을 입는 것이 유행처럼 번졌다.

풀어야 할 숙제, '시나'의 진실

속이 다 보일 정도로 아주 얇고 고운 비단

로마인들은 입은 듯 안 입은 듯 너무나 가볍고 얇고 신기해서 비단옷을 유리 옷이라 불렀다. 로마의 철학자 세네카는 "비단옷은 신체를 보호할 수도 없고 부끄러움조차 가리지 못하는 옷이다. 비단옷을 입어 본 여성들은 마치 자신이 벌거벗고 있는 게 아닌가 하는 느낌마저 받는다. 그런데 여성들은 자신의 몸매를 드러내기 위해 막대

∷ 〈술탄 왕비〉, 에두아르 마네(1871)

한 돈을 들여가며 상인들을 부추겨 이 옷감을 먼 미지의 나라에서 가져오게 한다."고 개탄하면서 비단을 무척 경계했다.

급기야 서기 14년에는 그러한 풍조가 퇴폐를 조장한다고 여겨 티베리우스 황제는 비단옷 자체를 금했다. 당시 집정관이었던 플리니우스는 속이 다 비치는 이 새로운 의복에 대해 "여성을 나체로 만드는 것"이라고 불만을 표시하며 비단에 대한 로마 여성들의 갈망 때문에 경제가 고갈될 지경이라고 비난했다.

공식적으로 금지했음에도 비단무역은 더욱 번창했다. 그 뒤 비단 선호풍조는 2세기 아우렐리우스 황제 때 더 심해졌다. 비단 자체가 금이나 화폐처럼 통용되기도 했다.

고대 한국의 명품 비단

그런데 재미있는 것은 이렇게 속이 다 보일 정도로 아주 얇고 고운 비단은 기원전후 한민족 비단의 고유한 특성이었다. 이는 세초(細綃) 또는 박사(薄紗)라 하여 가는 실(세사) 서너 가닥으로 짠 비단이다. 당시 중국 비단은 투박했다. 누에고치 종류도 다를 뿐 아니라 그들은 올이 굵었다. 그래서 중국 한나라에서도 고대 한국 비단을 으뜸으로 여겼다. 이로 미루어 중국 비단과 함께 그보다 얇고 고운 마한, 백제 등 삼국 비단도 로마로 수출된 듯하다.

그 무렵 '넉 세 두 모'라 하여 우리 삼국시대 여인들은 고치에서 풀어내는 가느다란 고치실을 네 가닥 혹은 세 가닥 심지어는 두 가닥을 갖고 꼬아 견사(비단실)를 만들었다. 실이 가늘수록 염색이 곱게 잘 먹은 탓에 삼국시대 비단은 얇고 부드러우면서도 고운 색상으로 유명했다. 때문에 삼국의 자색 비단의 경우 다른 비단에 비해 몇 곱절 가격이 비쌌다. 고조선 번영의 밑받침이 비단과 쇠솥(가마솥) 염색이었듯이 삼국도 마찬가지였다. 그들의 세초는 소문난 명품이었다.

삼국유사의 '연오랑 세오녀' 대목은 신라 초기 세초의 우수성을 드러내는 은유적 역사 기록이다. 해와 달이 빛을 잃어 세오녀가 짠 고운 비단으로 제사를 지내니 다시 해와 달이 빛났다는 것이다.

이들의 비단이 초원길과 바닷길로 로마에 들어간 듯하다. 기원전후 상해 인근 주산군도는 우리 영향력 하에 있었다. 고조선 유민과 마한, 백제인들이 고기잡이와 소금을 생산하는 한편 삼국과 교역하며 그곳에 터를 잡고 있었다. 그들을 통해 우리 비단이 바닷길로 아랍과 유대 상인들과 연결된 듯하다. 그 무렵 아라비아 상인과 유대인들이 인도까지 진출했을 때였다. 게다가 당시 중국은 세초를 만들지 못할 때였다. 중국에서 세 가닥으로 실을 꼬아 만든 세초가 처음 주산군도 인근 소주에서 선보이기 시작한 것은 한참 후의 일이다.

로마인, 신라를 '시나'라 불러

당시 로마인은 중국인을 비단 만드는 사람을 의미하는 '세레스'(Seres)로, 중국은 비단을 만드는 나라 곧 '세리카'(Serica)로 불렀다. 그런데 이렇게 중국에서 로마까지 비단이 들어오는 두 루트가 너무 달라 로마인들은 실크로드 육로로 오는 비단의 생산국은 '세리카', 인도를 거쳐 해로로 오는 비단의 생산국은 '시나'라는 서로 다른 국가로 보았다.

그런데 우리 역사학자들은 친절하게도 그것은 로마인들의 착각이었을 것이라고 부연 설명을 하며 두 나라 모두 중국이라고 했다. 하지만 아니다. 그것은 착각이 아니었다. 로마인들은 중국과 신라를 엄밀히 구분했다. 비단의 질이 달랐기 때문이다. 그들이 말하는 뱃길 저 너머에 있는 '시나'는 '신라'나 상해 앞바다 주산근도의 '신라방'이었을 가능성이 크다. 일본이 신라를 '시나기'라고 발음하는 것과 같이 로마인들이 신라를 '시나'라고 발음한 것이다.

비단 열풍, 유럽 전역으로 퍼지다

비단 열풍은 유럽대륙 전역으로 퍼졌다. 2세기 때 로마 제국의 서쪽 끝 런던에서조차 비단이 성행했으니 당시 비단이 얼마나 인기였는지 짐작할 수 있다. 3세기 초 방탕과 사치로 악명을 떨친 엘라가발루스 황제는 몸을 칭칭 휘감는 100% 순견 토가를 만들어 입어 질시와 부러움을 동시에 받기도 했다. 나중에는 비단 열풍이 일반 시민들에게까지 퍼졌다.

380년쯤 콘스탄티노플에서는 4세기 역사가 마르첼리누스가 "귀족들에게만 허용되던 비단이 이제는 귀천을 가리지 않고 최하층까지 퍼졌다."고 개탄한 바 있다. 410년 로마황제 세례식에는 로마시민 모두가 비단옷을 입고 참석했다. 결국 로마는 막대한 비단 수입으로 국부가 빠져나가 나라 경제가 심각한 위협을 받았고 이것은 로마제국 몰락의 한 요인이 되었다.

유대인, 기원전 3세기부터 중국에 정착

《유대백과사전》의 유대구전에 따르면 기원전 221년부터 206년까지 한나라 때 유대인 정착촌이 중국에 있었다고 한다. 그로부터 5백 년 뒤인 3세기에는 유대인 무역상들을 중심으로 비교적 대규모의 유대인 정착촌들이 중국과 인도에 생겨났다. 그 뒤 6세기에는 산서성에 수개 소의 시나고그(유대회당)가 세워졌다. 유대인들에 의해 동서교역이 활성화되자 역사가 세네카나 플리니우스는 당시 로마귀족들의 지나친 비단 사치를 비난했는데 이 비단이 바로 한나라로부터 들여온 것이다.

중국은 처음에는 비단을 서역의 명마와 바꾸었다. 주변 유목민족들에게 대항하려면 좋은 말이 필수였기 때문이다. 그 뒤 비단과 향료를 서구의 금과 은, 말과 교환했는데 이로써 서구의 국부가 중국으로 이동하였다. 이익의 상당부분은 비단을 짜는 중국인들이 아니라 실크로드 중개상들의 주머니로 들어갔다. 당시 실크로드는 사마르칸트, 헤라트, 이스파한 같은 중개지들을 통과해 지중해 동부 연안까지 이르는 장거리 운송로였다.

기원전 1세기 로마의 수많은 선박이 인도로 출항

로마제국의 무역에서 가장 중요한 것은 중국과 인도무역이었다. 그 중 중국으로부터 수입하는 비단은 육로를 통해 왔으나, 인도와의 무역을 위해서는 많은 선단을 필요로 했다. 예수가 탄생하기 전 적어도 6백 년간은 인도의 물산이 연안을 따라 페르시아 만이나 아라비아 남부의 여러 항으로 운송되어 여기서부터 대상들에 의하여 시리아 시장에 운반되었다. 이로써 로마 시대에는 인도와의 교통이 매우 번창하였다. 중국의 비단, 금(綿) 그리고 인도의 향료와 약재, 약품, 보석, 진주, 상아, 모슬린, 피혁, 티크목재 등에 대한 수요는 당시의 유럽의 상류계급의 사치생활에 맞추어 수요가 급증했다

    황제들은 이 인도무역을 가능한 한 해상무역으로 하기를 원했다. 육로의 경우 중간지의 지배자들에게 바치는 통행세가 높았기 때문에 이를 온전히 로마의 수입으로 돌리기 위함이었다. 이를 위해 로마 황제는 아라비아해의 해적을 제압하고, 홍해와 나일강을 연결시키기 위한 운하를 건설하는 등의 노력을 경주했다. 기원전 1세기 그리스 역사가이며 지리학자였던 스트라보에 의하면 미요스 헬모스라는 한 항만에서만 인도와의 무역을 위해 연간 120척 이상의 선박이 출항했다고 한다.

직항로도 개발하다

이미 기원전 1세기부터 일부 발 빠른 유대 상인들은 해적들로부터 약탈당할 위험이 있는 연안 해상운송을 대신할 새로운 무역로를 찾기 시작했다. 그들은 아라비아인들로부터 인도양 계절풍의 비밀을 알아낸 후, 아테네로부터 홍해를 지나 인도양으로 향하는 직항로를 개척함으로써 로마의 동방 원거리 무역에 획기적인 전기가 마련되었다. 말라카해협을 지나 인도양을 통과한 후 홍해를 거슬러 올라와 알렉산드리아까지 오는 해로였다. 이때 해로로 들여간 비단 중 일부가 주산군도 백제촌의 백제 비단으로 추정된다.

다시 말하면 계절풍을 이용해 아덴으로부터 인도로 직항할 수 있게 되었다. 그 결과 상인들이 이집트를 7월에 출범하면 9월 말경 인도에 도착할 수 있고, 귀항은 11월 말에 인도를 출항하면 다음해 2월에는 이집트의 알렉산드리아 항에 도착할 수 있었다. 이에 더해 상인들은 육로로 가면 피할 수 없었던 중간의 도적들이나 내란의 위험을 면했을 뿐 아니라 해로에서도 아라비아 여러 항구의 기항에 따른 해적이나 토호들의 수탈로부터도 자유스러워졌다.

로마는 세계의 여러 곳과 활발한 교역을 했다. 그래서 로마는 군선보다 상선을 더 중요시했다. 로마에는 두 가지 화물선이 있었다. 하나는 티베르강을 거슬러 올라 로마까지 올 수 있는 소형 화물선이고, 다른 하나는 적재량 350톤 정도의 대형 화물선으로 로마에 들어올 수 없고 외항에 출입했다.

마침내 해로를 통해 많은 양의 비단이 중국에서 인도를 거쳐 로마로 들어오기 시작했다. 주로 여름에 대규모 상선이 홍해에서 출항하여 인도에 도착하여 물품을 구입하여 돌아왔다. 유대 상인들은 길을 잘 안다는 의미에서 '라다니트'(Radanit)라 불렸다. 그 무렵 실크로드와 남들이 잘 모르는 그 주변의 길을 잘 활용했던 것으로 보인다. 유대 무역상들은 육로와 해로로 아라비아, 페르시아, 인도, 중국 등 여러 나라를 거치는 무역에서 각 지역의 언어 곧 그리스어, 스페인어, 아랍어, 페르시아어, 슬라브어 등을 능숙하게 구사했으며, 가는 곳마다 유대 상인을 중심으로 형성된 현지 유대인 디아스포라 상업망과 잘 연계되어 큰 이점을 누렸다.

이 시대 이후 해로에 의한 무역 증가가 거듭되어 서기 160년경에는 멀리 중국까지 선박운항을 연장시켰다. 이들의 활약을 암시하는 역사적 사실들이 있다. 후한서에는 로마의 사신이 중국에 왔다는 기록이 있다. 166년은 로마제국의 사신들이 역사상 처음으로 중국에 발을 디뎠다. 그들은 바닷길로 처음 이집트를 방문했고, 홍해를 건넜으며, 인도를 돌아 말레이반도 쪽으로 전진해서 인도차이나 해안을 따라 마침내 베트남 북부에 닻을 내렸다. 그 다음에는 육로를 이용해 중국까지 왔다.

인도에서는 1~4세기 때 로마 주화가 대량으로 발견되었다. 총 68개 소에서 발견이 되었는데 지역적으로는 57개 소가 서남부에 집중되어 있었다. 시기적으로는 1세기의 화폐가 가장 많은 장소인 29개 소에서 발견되었다. 인도차이나 반도 남단 옥에오에서는 안토니우스 피우스 재위 15년(152년)이 명기된 금화가 발견되었다.

금융위기와 저질 주화

서기 33년 최초의 금융위기 발생

대부업의 역사는 얼마나 되었을까? 기원전 18세기 바빌로니아 사원들이 상인 대상 대출을 했다는 기록이 있다. 당시에는 모든 것이 신의 소유였기 때문에 모든 부(富)는 사원에 집중되어 있었다. 그러다 보니 사원이 곡물창고와 빈민구제소 역할도 했다. 춘곤기에 곡물을 대출해주고 추수 후에 이를 되받았다. 고대 그리스에서도 사원을 중심으로 대출, 예금, 환전업무가 이루어졌다. 우리나라의 불교사찰도 이와 유사한 기능을 수행한 적이 있다. 삼국시대에 시작된 보(寶)가 그것이다. 비축기금을 대출해주고 이자를 받아 그것으로 공익사업에 썼다.

그러던 것이 로마시대에는 종교단체가 아닌 개인들에 의해 대출이 이루어졌다. 대부업에 대한 규제가 거의 없었기 때문에 여윳돈 있는 사람들은 누구나 할 수 있었다. 특히 재산이 많았던 귀족들이 대부업을 했다. 당시 월 10%에 달하는 고리대금업은 귀족들의 특권이 다시피 했다. 소액 채무자들은 채무불이행으로 고통을 당할 뿐 아니라 이 고통을 피하기 위해 어린이를 노예로 파는 일이 다반사였다. 33년에 최초의 금융위기가 나타났다. 속주에서 무자비하게 고리대금업을 하고 있던 원로원 의원이 고발당한 것이다. 불똥이 튈 걸 두려워 한 대금업자들이 수면 아래로 잠수해 버리자 시중에 돈이 돌지 않았다. 이를 발단으로 한 금융불안과 땅값하락으로 로마에 금융위기가 발생했다.

티베리우스 황제는 '공공자금 투입'을 비롯한 여러 가지 대책을 내놓아 일단 위기를 진정시켰다. 그러나 그리 오래가지 않아 39년에 국가재정이 파탄났다. 무리한 팽창정책은 결국 제국 전체를 파멸로 이끌었다.

네로 이후, 저질주화 대량유통으로 화폐경제 무너지다

로마제국의 돈값이 본격적으로 추락하기 시작한 것은 폭군 네로 시절부터다. 국가 재정이 나아지기는커녕 계속 어려워지자 64년 네로는 로마 대화재 후의 재건과 도심 개조를 위한 재원 확보를 겸해 87년 만에 화폐개혁을 실시했다. 이 과정에서 아우레우스 금화의 무게를 약간 줄였다. 그리고 데나리우스 은화의 은 함량을 약간 줄이고 대신 구리를 섞은 주화를 대량 유통시켰다. 구리는 값이 쌌다. 잠시 동안은 구리의 함량이 매우 적어 이에 대해 별로 말이 없었다.

로마재정이 완전히 고갈되자 네로는 금화와 은화의 순도를 이번에는 10%씩 낮춰 버린다. 예를 들면 금 1파운드로 금화 50개 정도를 만들던 것을 55개씩 만든 것이다. 일종의 평가절하인 셈이다. 화폐 공급량은 늘었지만 화폐가치가 떨어지니 당연히 물가가 오를 수밖에 없었다.

은화 데나리우스는 신약성서에서 가장 빈번히 언급되는 화폐단위다. 원래 무게는 4.55그램이었으나 네로 때 3.41그램으로 줄었다. 후에 다시 2.3그램으로 떨어졌다. 직경도 22밀리미터에서 18밀리미터로 줄었다. 특히 데나리우스는 노동자의 하루 임금에 해당하는 가치로 간주되는 표준 은전으로, 다른 화폐의 가치를 가늠할 때 중요한 기준화폐였다.

당시 이러한 은 부족은 중국과의 무역수지 적자에 큰 원인이 있었다. 기원전부터 로마제국은 유대인에 의해 중동과 중국을 잇는 무역이 매우 발달해 있었다. 당시 중국이 은본위제였기 때문에 중국 비단이나 인도 향신료 등을 구입하면서 주로 은을 사용했다. 이런 일이 계속되면서 결국 은이 고갈된 것이다.

네로 이후 통화 관리의 잘못으로 몰락의 길을 걷게 된다. 로마제국이 힘없이 무너진 근본원인은 화폐 몰락이었다. 로마의 곤경이 악화될수록 은화의 구리 함량은 점점 늘어만 갔다. 마침내 은화는 그 가치의 3분의 2를 잃어 버렸다. 3세기 초 자신이 발행한 은화에 '화폐가치의 회복자'라고 스스로

.: 데니리우스 은화

통치자	네로	트라야누스	아우렐리우스	코모두스	카라칼라	~	칼리에누스
즉위기간	AD 54~68	98~117	161~180	180~192	211~217	~	260~268
은함량	100~90%	85%	75%	50%	37.5%	~	4%

:: 주요 외화채권의 별칭과 의미

칭호를 붙인 알렉산더 세베루스 재위 시 데나리우스의 25%는 은이고 나머지 75%는 구리였다.

이런 악순환은 로마 몰락 때까지 지속되어 고티쿠스 황제 시절인 244년 이후엔 은화 데나리우스에 실제로 함유된 은의 양은 처음의 20분의 1이었다. 그 동안 물가는 계속 오르고 사회적 여건은 계속 악화되어 갔다. 로마에 파는 상품대금으로 이방인들은 데나리우스를 받지 않았다. 로마군대가 이국에 주둔할 때 먹이고 재우고 입히는 경비도 데나리우스로 받지 않았다.

수입이 막히자 로마가 시도한 첫 번째 조치는 사치품 수입의 제한과 귀금속 소장의 금지였다. 그러나 이 조치는 실패했다. 260년 갈리에누스 재위 시 환전상들은 가치가 절하된 로마 은화를 받는 것을 거절했다. 사실상 은행이 문을 닫은 것이다. 이로써 경제에 가장 중요한 피가 돌지 않아 화폐의 순환이 정지되고 나라 경제가 마비되었다.

데나리우스는 가치가 너무 떨어져 심지어 정부마저 세금을 순금과 순은으로 요구할 지경이었다. 정부가 이렇게 거둔 순은은 다시 가치 없는 데나리우스를 만드는 데 사용되었다. 나중엔 은의 함유량이 5,000분의 1까지 떨어져 화폐가 아닌 고철덩어리에 불과했다.

네로를 로마제국 몰락의 원흉으로 꼽는 이유는 여러 가지가 있지만 바로 이런 화폐가치 하락에 불을 당겨 로마 경제를 돌이킬 수 없는 늪으로 몰아넣었다는 점이다. 로마제국 후기의 저질주화 곧 '경화 주조의 가치 저하'는 통치자의 공적 부패 행위였다. 로마제국을 몰락으로 이끈 도덕적 타락의 전형이었다. 당연히 화폐가치가 폭락했고 결국 걷잡을 수 없는 인플레이션이 발생해 로마시민들이 화폐를 불신했다.

악화가 양화를 구축하다

로마 사람들은 데나리우스를 믿지 않았다. 그래서 누구든지 재수 좋게 예전의 순금화와 순은화를 갖게 되면 내놓지 않았다. 로마에서 유통되었던 돈은 고철덩어리 데나리우스뿐이었다. 심지어 당시 매춘이 인정된 공창지역에서는 데나리우스를 받지 않고 그들 나름의 동전을 주조해 사용했다. 당시 로마제국에서는 인신매매가 공공연히 이루어졌으며 따라서 집창촌은 수없이 많았다.

양화는 서서히 사라졌다. 이 현상은 그레샴의 유명한 표현인 '악화는 양화를 구축한다.'가 공식화되기 천 수백 년 전에 일어났다. 이윽고 화폐거래 대신 물물거래를 선호하자 화폐가 기능을 잃었다. 겉으로는 로마제국의 최고 태평성대라 불리던 아우구스투스 황제로부터 시작되어 2백여 년 간 지

∷ 공창 농선

1 화폐몰락이 불러 온 로마제국의 멸망 • 281

속된 로마 팍스나 시기에 일어났던 일이다.

인류 최초의 가격통제, 시장기능 상실로 도시경제 몰락

로마제국의 혼란이 최고조에 달했을 무렵 어느 가난한 집의 아들이 제국의 통치권을 쟁취했다. 그가 바로 285년에 왕위에 오른 디오클레티아누스 황제다. 그는 붕괴되어 가고 있는 국가를 혁명적으로 새로 건설하려 했다. 조세를 늘리고 화폐개혁으로 새로운 은화와 청동화를 대량 유통시켰다. 그러나 화폐가치 절하로 물가등귀를 초래했다. 폭발적인 인플레이션이 일어나자 황제는 화폐 조세에서 물납 조세로 전환했다.

이로 인해 제국의 경제체제는 본질적으로 성격이 바뀌었다. 생산이 줄어들고 지역마다 자급자족 폐쇄경제가 형성되기 시작했다. 그는 물가인상을 막기 위해 301년에 최고 가격령을 발표했다. 모든 식품의 최고가격을 정한 것이었다.

역사가들은 이것이 인류 최초의 가격통제정책이라고 한다. 그는 인플레이션을 잡기 위해 모든 상품과 서비스의 최고 가격을 정하고 그 가격 이상으로 거래하는 사람들은 엄벌에 처했다. 물론 시민을 보호하려는 '선한 의지'였다. 하지만 로마는 일대 혼란에 빠졌다.

이는 공급을 감소시켜 식품품귀 현상이 일어났다. 시장 기능이 마비되었다. 5백 년 만에 물물교환 경제가 출현하고 생산이 급격히 줄어들었다. 게다가 화폐가 기능을 잃자 군인들의 녹봉도 곡물, 가축,

소금 등 현물지급으로 대체되었다.

  1971년 미국 닉슨 대통령도 가격통제정책을 시행했었다. 하지만 인플레이션은 잡히지 않았다. 오히려 더 심각해졌다. 결국 가격통제정책은 닉슨이 사임하기 넉 달 전 조용히 폐기되었다.

제국을 사등분하여 통치하다

293년 5월 1일 디오클레티아누스는 이른바 사두정치체제를 시작했다. 그것은 제국을 동서로 양분하여 두 명의 정제(Augustus)가 맡고 각각의 정제는 부제(Caesar)를 하나씩 두어 방위 분담을 나누어 통치하는 방식이다. 제국이 4개로 나뉘어 통치된 것이다.

:: 디오클레티아누스

  제국동방은 디오클레티아누스가 정제로 부제 갈레리우스를 임명하고 제국서방은 막시미아누스가 통치하면서 콘스탄티우스 클로루스를 부제로 정했다. 이렇게 함으로써 그는 제국방위의 부담을 분산하고 보다 효과적으로 제국을 통치할 수 있게 되었다. 이것이 후에 로마제국이 동서로 나누이게 된 이유의 하나다.

  사두정치체제 아래에서도 각각의 황제의 위치가 모두 동등한 것은 아니었다. 방위의 분담이 가장 큰 디오클레이티누스는 자신을 '세니오르'라 부르면서 다른 황제들과 구별했고 제국 전체에 대한 중요한 사항은 혼자 결정했다.

재원이 없어 로마 군인들을 철수시키다

306년 콘스탄티우스 왕은 디오클레티아누스 황제의 뜻을 계승해 화폐개혁을 단행했다. 그는 새 금화 솔리두스(solidus)를 주조하여 사실상 유통에서 사라진 아우레우스를 대체하였다. 그러나 솔리두스는 아우레우스보다 더 빠르게 로마로부터 빠져 나갔다. 악화가 양화를 구축한 것이다. 이와 함께 로마제국의 불행한 운명은 시작되었다.

이국땅에 주둔한 로마군대를 지원할 수 없게 되자 로마는 별 수 없이 그들을 불러들일 수밖에 없었다. 방대한 로마제국은 줄어들기 시작했다. 그리고 바바리안들이 로마인들이 남기고 간 위대한 건축기념물들을 짓밟았다. 귀국한 군인들은 나라가 멸망의 문턱에 있다는 것을 알았다. 금과 은의 소지자들은 그것을 사용하는 것을 원치 않았고, 데나리우스는 가치가 없었다. 사실상 화폐공급은 거의 0으로 줄어들어 로마 경제는 서서히 물물교환제도로 표류하고 있었다.

노예제도의 쇠락

로마의 경제는 노예제도의 기반위에 성립한 노예농업 경제였다. 이들이 생산을 담당해준 덕분에 이른바 시민들이 직접 민주주의에 필요한 정치 활동에 참여할 수 있었다. 고대 로마 유적 중 가장 흔하게 접할 수 있는 것이 아름다운 목욕탕 시설이다. 로마인들이 이 사치스런 문화를 즐기기 위해 반드시 필요로 했던 것이 노예들이었다. 그들이 라티푼디움이라는 대농장에서 포도주, 올리브유 등과 같은 상품과 필요한 곡물을 생산했다. 이렇게 노예들이 생산을 전담했다. 이들은 전쟁을 통해 얼마든지 획득할 수 있어 생산성 향상을 위한 특별한 노력을 기울일 필요가 없었다. 로마가 제국을 유지할 수 있었던 것은 상당 부분 노예제도 때문이었다.

로마가 팽창할 대로 팽창한 2세기 후반 이후에는 정복을 통한 노예 획득이 어려워졌다. 서쪽으로는 대서양, 북쪽으로는 스칸디나비아 반도에 이르렀으며, 남쪽으로는 아프리카 사막지대와 영토를 접한 로마가 이제 진출할 곳이라고는 동쪽밖에 없었다. 그런데 그곳에는 강력한 페르시아제국이 있었다. 이로 인해 로마는 심각한 노동력 부족 상황에 처하였으나 별 대안이 없었다.

팽창정책이 중단된 이후에는 노예가 점점 줄어들었다. 당연히 노예 가격이 비싸져 라티푼디움이 유지되기 어려웠다. 이렇게 되자 농업생산량이 급격히 줄었다. 식량이 부족해지자 도시에서 사람들이 빠져 나갔다. 가난해진 농민들은 대지주에게 고용되어 소작제가 도입되었다. 갈수록 경제는 피폐해 취약해졌다.

제국은 국가 재원을 마련키 위해 후기로 가면 갈수록 농민들에 대한 세금은 점점 더 무거워졌다. 이에 따라 많은 자영농이 몰락하고 농민의 소작농화 현상은 확대되었다. 영주의 면세 영지는 더욱 늘어나고 자작농에게는 가혹한 세금이 부과되면서 식량부족 현상이 일어났다. 악순환의 고리에 빠져들면서 경제가 최악의 상태로 치닫기 시작했다.

화폐경제 대신 물물교환경제 확산

게다가 국제교역이 위축되면서 유통 상품이 줄어들자 인플레이션이 심화되었다. 그러자 화폐경제 대신 물물교환경제가 점차 확산되었다. 해적들이 다시 등장했고 상업이 쇠퇴했다. 상업이 몰락하자 거래가 중단되고 시장은 사라졌다. 농민의 파탄은 더 악화되었다. 봉급생활자는 식량을 재배할 땅도 없고 거래에 필요한 상품을 만들 원료도 없어 굶게 되었다.

제국을 지키는 군대에게 봉급을 지불할 수 없게 되자 제국은 멸망했다. 마지막에는 바바리안들이 로마 시를 침략하여 약탈했다. 로마의 멸망은 전적으로 돈 때문이었다. 화폐는 인간사회의 협력자인 동시에 적이었다.

경제가 순환되지 않아 자급자족 원시경제로 되돌아가

정치적으로도 매우 혼란스러웠을 뿐 아니라 해적의 출현으로 그나마 존재했던 무역활동도 침체되었다. 무역도 쇠퇴하고 도시 인구가 감소하면서 대규모 영지는 자급자족체제를 강화했다. 결국 경제가 순환되지 않았다. 경제는 후퇴하여 자급자족 시대의 모습으로 되돌아갔다. 그 결과 도시는 황폐화되었다. 이후 사람들은 시골로 내려가 영주의 장원으로 들어가 경작지를 빌려 농노가 되었다. 이렇게 하여 천여 년에 걸친 암흑의 중세가 시작되었다.

로마의 경제적 몰락이 이렇게 자세히 알려진 것은 17세기에 서기 439년에 제정된 테오도시우스 법전이 발견되었기 때문이다. 1665년에 세밀한 주석과 논평을 달아 출판됨으로써 당시 사회상을 깊이 있게 알게 되었다. 이 책을 통해 로마제국 말기의 경제적 취약성, 과중한 과세 부담, 중간계층의 몰락, 산업의 파탄, 경작지의 황폐 등의 요인들이 자세히 밝혀졌다. 훗날 막스 베버는 로마제국의 멸망은 상거래 감소와 물물교환 경제의 확대 결과였다고 진단했다. 물물교환 경제를 이루고 있는 경제적 하부구조에 화폐경제로 이루어진 정치적 상부구조가 더 이상 적응 못하고 붕괴됐다고 본 것이다. 곧 시장경제의 파탄이 정치적 붕괴로 연결되었다.

로마제국이 강성할 수 있었던 이유는 수많은 나라와 다양한 인종들을 정복한 뒤 로마제국에 편입시켜 포용력 있는 동화정책을 추구하였기 때문이다. 결과론적인 이야기이지만, 유대인들을 추방시키지 않고 좀 더 관용을 베풀어 체제 안으로 흡수하여 활용했다면 로마제국이 경제적인 문제로 그리 쉽게 무너졌을까? 역사의 의문점이다.

로마제국 몰락의 교훈

로마의 몰락은 현대인에게도 몇 가지 교훈을 준다.

첫째 부의 원천이 오로지 농업과 노동에 있다며 상업을 경시해 시장경제를 무시한 점이다. 결국 상업이 쇠퇴하고 시장경제가 무너져 로마제국이 쓰러진 것이다.

둘째, 인플레이션의 무서움이다. 대량 주조로 인한 인플레이션이 화폐의 신뢰도를 떨어뜨리고 실물 선호도를 높임으로써 통화경제가 몰락했다. 경제에 피가 제대로 돌지 못한 것이다. 인플레이션은 거대한 제국도 순식간에 몰락시킬 수 있다는 것을 역사는 보여주고 있다. 우리가 방만한 통화정책이 가져다주는 인플레이션의 무서움을 알아야 할 이유이다.

셋째, 어떤 국가도 경제가 제대로 돌아가지 않으면 정치도 성립할 수 없다는 점을 역사가 확실히 보여 주었다. 로마제국 몰락 이후에 제국이 다른 나라로 대체되지 않고 한 동안 무정부 상태의 암흑세계에서 지낸 중세의 역사가 이를 말해주고 있다.

| The Exchange Rate Wars Story **PLUS** |

마한과 백제,
로마에 비단을 수출하다

그 무렵 고구려는 비단 조공무역을 했다. 우즈베키스탄 사마르칸트 궁전 벽화에서 고구려 사신이 보인다. 고구려는 실크로드 이외에도 중국을 거치지 않고 북방 유목민족과 서역을 잇는 또 하나의 길을 가지고 있었다. 이른바 초원의 길이다. 초원의 길은 고구려와 서역을 잇는 고대의 고속도로였다. 고구려는 이 길을 통해 세계와 교류했다.

사마르칸트의 궁전벽화에는 당시 초원길을 왕래하던 고구려인들이 보인다. 또한 바닷길을 통해서는 마한 등 삼국 비단이 수출된 것으로 추정된다. 고조선, 마한과 백제 유민이 기원전후에 상해 앞바다에 있는 주산군도를 점령하여 고기잡이와 소금을 생산하는 한편 인당수 해류를 이용해 마한, 백제와 교역을 하며 살았다. 그 무렵 우리 설화에 나오는 심청이가 교역 상인들에게 팔려 시집 간 곳도 주산군도였다.

당시 주산군도 일대는 중국의 세력이 미치지 못하는 무주공산 지역이었다. 조선의 유민들이 그들 촌을 형성한 이후에는 바닷길 실크로드를 활용하여 마한과

:: 사마르칸트 아프라시압 궁전벽화. 깃털모자의 고구려인이 보인다.

백제의 비단 수출이 크게 늘어난 듯하다. 초기 해상 실크로드의 비단 수출은 마한, 백제인과 유대인의 합작품이었을 것으로 추정된다.

당시 중국 선박은 강을 주로 운행하는 도선으로 연안 항해 이상의 원양항해를 할 수 없었다. 주산군도를 점령하고 있던 백제촌 상인들이 우리 고유의 평저선인 해양선을 타고 먼거리 운행은 물론 인도까지 왕래했을 것으로 추정된다. 뿐만 아니라 유대 상선과 아랍 상선들도 명주, 항주 등의 중국 항구에 들어오기도 했다. 훗날 이 길을 통해 겸익이 백제선을 타고 인도로 건너가 불교 계율을 연구한 후, 인도의 승려와 함께 돌아 온 일도 있었다.

그 무렵 중국은 동이족들이 사는 중국 대륙 동북쪽에 비단산업이 발달해 있었다. 당시 육상 실크로드로는 중국 북부의 비단이 수출되었다. 하지만 해로로는 주산군도에 상업기지를 둔 백제촌의 백제 비단이 주로 수출되었을 것이다. 그 무렵 중국에 대운하가 건설되기 전이라 대륙 북부와 남부의 물자 교환이 어려울 때였다. 유대인들은 해로를 통해 비단을 수입하는 게 통행세를 뜨기지 않아 이윤이 더 남았다. 때문에 백제 비단에 대한 수요가 높았을 것이다. 게다가 육로로 들여오는 중국 비단보다 백제 비단이 품질이 좋고 색상이 더 고왔다.

게다가 유대 상인들의 눈을 번득이게 한 건 백제 비단의 다양한 색상이었다. 그 중에서 자색 비단과 적색 비단은 중국에서는 구하기 어려운 명품 비단이었다. 일반 비단에 비해 로마에 가면 훨씬 더 비싸게 팔 수 있었다. 당시 로마에서 비단 1킬로그램의 가격은 금 1킬로그램과 같았다. 그러나 자색비단은 그 세 배 가격에 팔렸다. 백제 상인들은 백제에서 생산되는 비단만 갖고는 수요를 충당할 수 없게 되자 신라 비단을 수입해 유대인에게 팔았던 것 같다. 유대인들은 그 대가로 물소 뿔, 검, 노예 그리고 유리제품을 주었다. 그리고 모자라는 금액은 금과 은으로 지불하였다.

:: 백제 지배층의 비단의복

유대 상선, 왜와 신라도 입항한 듯

로마시대의 대표적인 수출품목 중 하나는 베네치아 유대인들이 주로 만들었던 유리 공예제품 '로만 글라스'이다. 이 로만 글라스는 대서양 연안에서부터 동쪽의 한반도와 일본의 홋카이도에서도 발견된다. 우리나라에서는 경주의 황남대총 등의 신라고분과 가야고분인 합천 옥전 M1호분에서 로만 글라스가 발견되었다. 로마의 유리공예품은 유독 신라 고분에서만 발굴된다. 우리나라 경주의 4세기부터 6세기까지의 신라고분에서 다량의 로마시대 유리공예품이 출토되었다. 당시 신

∷ 황남대총 출토 로만 글라스

라는 고구려와 백제에 막혀 육로는 물론 해로로도 중국과 직접 교역을 못할 때였다. 이로 미루어 그 무렵 중국을 왕래하던 유대 상선이 일본과 신라에 입항한 것으로 보인다.

이러한 유리제품들이 육로로 그 먼 길을 낙타와 말 등을 옮겨가며 수송되어 왔다는 이야기는 좀 무리가 있다. 해로로 배에 선적되어 운송되었다는 것이 합리적인 추론이다.

유대인들은 기원전 6세기 바빌로니아 유수 이후 중국과의 교역을 주도했다. 당시 중국은 서양에 비해 여러 면에서 훨씬 발전해 있었다. 이러한 동서교역은 유대인들에게 노다지를 안겨주는 황금무대였다. 비록 노예무역이 감소하는 10세기를 전후하여 유대인의 중국 방문이 줄어들기는 했지만 전 세계의 상인, 공예가, 천문학자, 수학자들이 모여 들던 '몽골의 평화기'(1250~1350년)에는 다시금 많은 유대 상인들이 중국에서 활동했다. 15세기 말의 신대륙 발견 이전까지만 해도 동양이 서양보다 경제적인 면에서 앞서 있었다.

The Exchange Rate Wars Story

재정적자, 스페인제국을 파탄 내다

2

세계 각국은 경기부양을 위해 재정확대정책을 너무 당연한 듯 사용하여 왔다. 하지만 이러한 재정적자가 쌓이면 정부부채가 감당치 못할 정도로 늘어나 국가 부도의 위험에 노출된다. 작금의 유럽 재정위기가 그 단적인 예이다. 더 심하면 국가의 존망 자체를 위협하는 경우가 있다. 세계 최초의 해가 지지 않는 제국을 이루었던 스페인제국이 망한 이유의 하나이다.

제국도 무너뜨리는 과도한 국가부채

해가 지지 않는 최초의 제국, 경찰국가를 자임하다

스페인이 유럽 최대의 제국이 된 후에도 팽창정책은 계속되었다. 합스부르크가의 카를로스 5세와 그의 아들 펠리페 2세가 이끄는 스페인제국은 무적함대를 이끌고 해상권을 장악했다. 무적함대는 멀리 필리핀, 마카오까지도 정복했다. 필리핀은 '필립(펠리페)의 땅'이란 뜻이다. 이로써 4개 대륙에 걸쳐 '해가 지지 않는' 스페인제국이 출현했다.

카를로스 5세는 막대한 선거 자금을 들여 1522년 신성로마제국 황제에 당선되었고 스페인 군주와 황제 직을 겸하게 된다. 이후 2백여 년에 걸쳐 합스부르크 왕조는 지중해와 대서양에서 패권을 장악하는 한편, 이베리아 반도와 나폴리, 시칠리아 및 북아프리카 일부 등 스페인 고유 영토는 물론 네덜란드와 독일, 오스트리아 등 유럽

대륙과 남북 아메리카에 이르는 광대한 영토를 통치하는 제국을 이루었다.

세계사에서 '해가 지지 않는 최초의 제국'을 흔히 영국인 것으로 알고 있으나 실상은 스페인이 그 주인공이다. 스페인 카를로스 왕은 유럽의 경찰국가임을 자임하며 유럽 전역의 정치, 종교문제에 개입했다. 프랑스 왕을 잡아 혼내주고 로마를 침략해 길을 들였다.

1580년 펠리페 2세는 포르투갈을 합병해 60년 후 다시 독립할 때까지 속국을 만들었다. 이로써 포르투갈의 아시아와 아프리카 식민지, 브라질 등까지 모두 스페인이 차지하게 된다. 영국 최전성기인 빅토리아 시대 때보다 훨씬 더 큰 면적을 스페인이 차지한 것이다. 이후 카를로스 5세는 땅이 너무 넓어 혼자 관리하기에는 벅찰 것이라고 판단하여 아들 펠리페에게 스페인제국을, 동생 페르난도에게 오스트리아를 물려주었다.

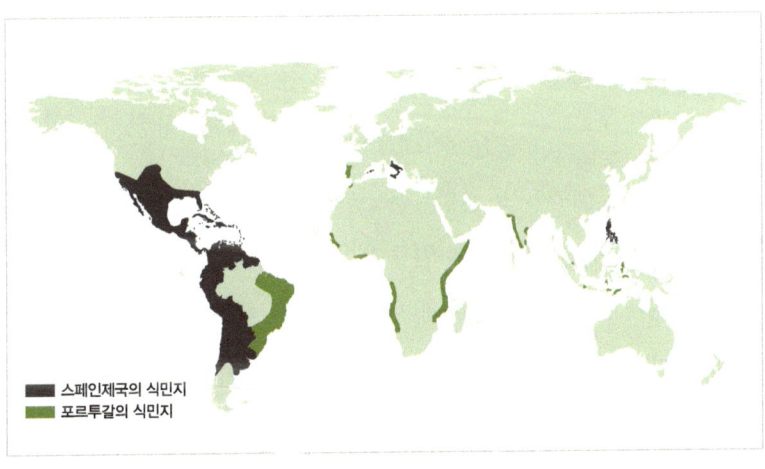

:: 스페인제국과 포르투갈의 식민지

플랜테이션 경영과 은 광산 개발

스페인인들은 중남미 식민지에 플랜테이션 농장들을 경영했다. 그리고 원주민 노동력을 강제로 이용해 목축을 하거나 사탕수수, 담배 등을 경작했다. 뿐만 아니라 식민지는 모직물 수출시장이 되어 16세기 중엽에는 스페인에 모직물산업이 번창했다. 그 뒤 코르테스는 멕시코를 지배하다 1540년 초콜릿 등을 가지고 스페인으로 돌아왔는데, 이로써 유럽에 초콜릿이 전해졌다.

16세기 중반 스페인은 식민지에서 대규모 은 광산들을 개발했다. 여기에도 대량의 노동력이 필요해 많은 원주민 남자들이 징발되어 노예와 같은 강제노동에 시달렸다. 그 결과 16~17세기 스페인 세비야 항으로는 엄청난 양의 금, 은이 쏟아져 들어왔다. 이런 착취가 스페인을 유럽 최대의 부국으로 만들었다.

아메리카 원주민 90%가 전염병으로 죽어

콜럼버스가 신대륙을 발견한 1492년 아메리카 인구는 1억 명을 조금 넘었는데, 이는 당시 유럽 인구와 비슷한 숫자였다. 그 가운데 4분의 3이 16세기 단 한 세기만에 사라졌다. 그 뒤 17세기 중반까지 무려 90%가 줄어들었다. 이들은 유럽인이 가져온 전염병으로 죽었다. 살아남은 사람들은 강제노동 그리고 억압과 굶주림에 시달려야 했다. 이는 세계사에서 가장 참혹한 인구 감소 사례였다. 그래서 어떤 이들은 이를 인류 최대의 홀로코스트라 부르기도 한다.

유럽인이 아메리카로 들어간 것이 원주민에게는 참혹한 재앙이었다. 또 1천 3백만 명이라는 엄청난 수의 아프리카 노예들이 붙잡혀 신대륙 농장과 광산에서 일생동안 노동력을 수탈당했다. 그 결과 서양이 오늘날과 같은 번영과 부를 누리게 된 것이다. 서양인들이 오늘날 누리는 부와 호사의 상당 부분은 아메리카와 아프리카 원주민들의 희생 위에 서 있는 것이다.

팽창정책으로 인한 대규모 재정적자

16~17세기 스페인 제국의 외형적 팽창과는 달리 내실은 곪아가고 있었다. 식민지에서는 금은 채취를 위해 현지 인디오들을 노예로 삼아 강제노역을 시켰다. 그렇게 식민지 개척자들이 채굴한 양의 5분의 1을 본국 왕에게 바치도록 했다. 이를 오일조(伍一租)라 한다.

스페인 정복자들은 중남미에서 약탈하거나 채취한 황금의 5분의 1만 왕에게 바치고 나머지는 자신이 가질 수 있었기에 수많은 사람들이 신대륙으로 몰려갔다. 그리고 원주민 남성들 대부분이 죽은 결과 스페인 남성과 원주민 여성 간에 새로운 혼혈 메스티소가 태어나 오늘날 라틴 아메리카의 최대 인구층을 이루었다.

1503년부터 1660년 사이에 이들은 3백 톤 이상의 금과 페루에서

● 〈강철구의 '세계사 다시 읽기'-인류 최대의 홀로코스트〉, 강철구, 프레시안

생산되는 2만 5천 톤 이상의 은을 본국의 세비야 항구로 보냈다. 스페인은 16세기 중에 전 세계 금과 은 총생산량의 83%를 차지하는 세계 최고의 부국이었다. 문제는 이렇게 식민지로부터 금은보화가 들어와도 과도한 팽창주의와 방만한 재정으로 적자규모가 엄청나게 불어났다.

∷ 세비야 항구의 황금탑. 신대륙에서 오는 금은보화를 쌓아 놓았던 탑이다.

유대인들이 떠난 뒤 상업 중심지였던 아라곤이 금융서비스 제공을 제대로 못하자 스페인과 교역량이 많았던 제노바 금융가들이 자본을 제공하기 시작했다. 카를로스 5세 치세부터는 식민지 광산에서 채굴되는 금, 은을 담보로 제노바 금융가에게서 미리 돈을 빌려 프랑스와의 전쟁 자금으로 쓰기도 하고, 네덜란드 반란을 진압하는 전비로도 사용되었다.

막스 베버의 추정에 따르면 당시 스페인은 국가 수입의 70%를 전쟁 비용으로 썼다고 한다. 전쟁 비용 이외에도 제국이 워낙 크다 보니 국가 재정에 필요한 돈이 엄청났다. 때문에 수입보다 지출이 많아 대규모 재정적자가 계속 되었다. 카를로스 5세의 재위시인 1516~1556년의 40년 동안 부채만 4천만 두카트를 남겼다. 같은 기간 신대륙에서 들어온 금은보화 3천 5백만 두카트보다도 많은 금액이었다. 두카트는 당시 기축통화격인 베네치아 금화다. 이렇게 되자 스페인은 식민지 은이 거쳐 가는 단순한 경유지로 전락해 국내 산업은 침체했다.

경상수입의 65%가 공채 이자 상환에 쓰여

유대인 추방 직후부터 손실이 나기 시작한 국고를 지탱하기 위해서는 외국으로부터 돈을 빌려와야 했다. 주로 제노바, 독일, 플랑드르의 금융가로부터 신대륙에서 가져 온 금과 은을 담보로 맡기고 돈을 빌렸다. 시간이 흐를수록 국가부채가 눈덩이처럼 불어났다. 1543년 경우 경상수입의 65%가 이미 발행된 정부 공채의 이자 상환에 지출되는 실정이었다.

1550년경 스페인은 외형상으로는 부국이었으나 경제적으로는 심각한 상황에 봉착했다. 유대인이 빠져 버린 후유증으로 산업은 급속히 침몰하고 있었고 전쟁으로 돈은 무한정 빨려 들어갔다. 더구나 영국 해적선들은 스페인 배들을 공격하여 스페인이 절실히 필요로 하는 금은보화들이 스페인에 도착하기도 전에 약탈당했다.

1557년 국가부도, 군사력보다 경제력이 먼저 깨져

스페인은 당시 독일 지방에서 일어난 종교개혁의 여파로 북부 독일 군주들과 전쟁을 하게 되었다. 이것이 발전해 오스만 제국과 프랑스 등 사방의 적들과 싸우는 처지가 되었다. 카를로스 5세는 지나치게 광범위한 영토가 사방에 적들로 둘러싸이자, 한 곳에 모인 영토가 아니라 흩어진 영토를 가지고서는 하나의 왕조가 유지되기 어렵다는 결론에 도달했다. 그는 1555년 신성로마제국의 황제 자리를 동생 페르디난트 1세에게 양도하고 이듬해에는 스페인 왕의 자리를 아들에게 물려줬다.

1556년에 카를로스 5세에 이어 왕위에 오른 펠리페 2세는 오스트리아를 제외한 모든 영토를 물려받았다. 그러나 막대한 빚도 함께였다. 그가 등극해 보니 1561년까지의 국고수입이 모두 저당 잡혀 있었다. 결국 등극 다음해인 1557년 최초의 파산을 선언(디폴트)해야 했다. 현대적 의미의 첫 국가 파산이었다. 이는 1588년 스페인 무적함대가 영국에 패하기 31년 전의 일이었다. 제국의 군사력보다 경제력이 먼저 깨진 것이다.

한때 네덜란드, 오스트리아, 독일, 이탈리아 지역까지 합병하고 4대륙에 걸쳐 식민지를 운영했던 스페인제국이 사실상 파산한 것이다. 세계 최강의 군사력과 경제력을 뽐내던 스페인제국은 종교 이데올로기에 갇혀 유대인을 추방함으로써 경제 기반이 무너졌다. 그로부터 얼마 지나지 않아 이렇게 허무하게 제국은 막을 내리기 시작하였다.

그럼에도 제국주의적 팽창정책은 멈출 줄 몰랐다. 그 역시 과도한 정치적 야망으로 계속해서 전쟁을 치르는 바람에 사태를 더욱 악화시켰다. 사실 전비 차입방식이 문제였다. 한번 데인 금융업자들은 스페인 장기채를 거들떠보지도 않았다. 결국 차입은 대부분 '아시엔토'라는 단기채 방식이었다. 단기로 빌리니 만기가 빨리 돌아올 수밖에 없었다. 전쟁 중 만기가 되어도 갚을 수 없는 상황에 직면하자 계속 더 큰 돈을 빌리는 단기채 계약을 체결할 수밖에 없었다. 이 과정에서 많은 국유지와 광산이 상인들의 수중으로 넘어갔다. 결국 펠리페

2세는 견디다 못해 1560년에 다시 파산선고를 했다.

스페인은 이를 만회하기 위해 부유한 네덜란드에 징세를 강화했으나 오히려 독립전쟁을 초래했다. 1568년부터 장장 80년간의 네덜란드와 독립전쟁을 벌일 때에는 더 많은 적자가 났다. 스페인 독주에 도전하는 영국이 네덜란드를 도왔다.

레판토 해전에서 승리한 직후이자 네덜란드 독립전쟁이 한창이던 1572년에는 군사비 지출이 재정 수입의 2배 이상 많았다. 게다가 네덜란드인들이 그간 스페인의 주요 수입원이었던 이베리아 반도의 주요 소금 생산지를 봉쇄하자 펠리세 2세 통치하의 스페인은 또 다시 파산지경에 이르렀다. 이렇게 되자 왕에게 돈을 대주던 채권자들도 위험을 감지하고 이자를 천정부지로 올리기 시작했다. 1573년에는 이자가 40%로 뛰었다. 결국 1575년에 다시 파산선고가 있었다.

1576년에 이르러 병사들에게 지불해야할 급료가 국가 수입액의 2.3배에 달했다. 이번에도 더 이상 막대한 부채를 해결할 길이 없었다. 이 때 채무자들에 대한 지불중단을 선언하면서 등장한 것이 스페인 공채인 '후로'(juro)다. 채무를 장기융자로 전환한 것이다. 채무불이행 선언은 거의 20년을 주기로 5번이나 더 계속되었다. 메디치가보다도 돈이 많았다던 독일의 금융가문인 푸거가와 제노바 은행가들이 여기서 거덜이 나 파산했다.

1581년 여전히 개신교 지역으로 남아있던 네덜란드 북부는 펠리페 2세의 통치권을 부인했다. 이에 펠리페 2세는 1588년에 네덜란드 북부 외 반란세력을 지원하고 있던 잉글랜드 왕국을 정벌하기 위해 무적함대를 파병했으나 대패했다. 이때부터 스페인은 쇠퇴하였다.

귀족 작위나 영주권이 매매되었으며, 식민지로부터 엄청난 양의 귀금속을 들여왔음에도 군사비 증대로 인한 국고의 파탄은 막지 못했다. 결국 1596년에 또다시 파산을 선언했다.

게다가 3년에 걸쳐 페스트까지 유행했다. 스페인의 전성기를 가져온 펠리페 2세가 1598년 암으로 서거할 무렵에, 이미 스페인의 시대는 끝나고 있었다. 거의 모든 세입원이 저당 잡힌 상태라 신대륙에서 얻을 것으로 예상되는 세입을 담보로 돈을 빌려 국가재정을 꾸렸다.

부채가 세입의 10배, 제국이 몰락하다

이후 1640년에는 포르투갈이 독립전쟁을 일으켜 결국 1668년에 분리해 나갔다. 그 사이 1648년에 네덜란드가 80년 전쟁 끝에 독립했다. 1659년에는 프랑스 남서부와 북부 일부를 프랑스에 내주었다. 그러는 동안 국가 채무는 더 늘어갔다. 1560년에 380만 두카트였던 국가 채무는 1667년에는 9백만 두카트로 늘어났다. 당연히 돈을 빌리는 이자율도 높아져 정부 수입 중 70%가 이자로 빠져 나갔다. 당시 차입금은 정부 소득 10년 치였다. 그리고 1678년에는 동부를 프랑스에 내주었다. 또 스페인 왕위계승전쟁 직후인 1714년에는 시칠리와 나폴리 그리고 사르디냐와 네덜란드 남부지방을 오스트리아에게 할양했다. 그 뒤 스페인은 강대국의 대열에서 영원히 사라졌다.

The Exchange Rate Wars Story

위험한 달러

3부

로마제국은 은전을 갖고 장난치다 초인플레이션 때문에 망했다. 스페인 제국은 국력을 과신하며 방만한 재정을 운영하다 빚에 깔려 망했다. 미국의 역사를 되짚어 보면 미국은 이 두 문제를 모두 갖고 있다. '역사를 망각한 민족에게는 미래가 없다.'는 유대인의 격언을 되새겨야 할 때이다.

The Exchange Rate Wars Story

쌍둥이적자로
달러 약세는 계속된다

1

달러 약세의 주범은 쌍둥이적자다. 미국은 1980년대부터 쌍둥이적자에 시달려 왔다. 미국의 고질병인 거대한 무역적자와 재정적자가 바로 쌍둥이 적자이다. 닉슨 쇼크나 플라자 합의는 모두 재정적자가 누적되어 정부부채가 목에 차올라왔을 때 일어난 현상이다.

지금은 미국이 금융위기 수습 때문에 정신이 없지만 이 위기를 벗어나면 또 한 번 평가절하에 대한 강한 유혹을 받을 것이다. 상대방 통화를 흔들어 올려 그들이 판 국공채의 실질가치를 떨어뜨려 빚을 탕감 받고 싶기 때문이다. 사실 그들의 부채가 워낙 많다.

서브프라임 사태로 발생한 금융위기가 역설적으로 미국에게는 유리하게 작동하고 있다. 통화량 증대로 연결되어 달러화 실질가치는 떨어뜨리면서 대외적으로는 강한 달러를 유도하고 있다. 그 많은 달러가 풀렸음에도 유럽의 재정위기와 개도국의 외환위기로 안전자산 선호현상이 생기면서 달러가 강세를 보였다. 하지만 이러한 외부요인이 언제까지나 지속될 수는 없는 일이다.

문제는 쌍둥이적자의 원인 치유가 쉽지 않다는 점이다. 한마디로 원인 치유가 되지 않는 한 달러화 약세는 계속될 것이다. 기축통화상의 강한 달러를 위한 무언가 인위적인 흔들기를 빼놓고 말이다.

무역적자

무역적자나 재정적자가 GDP 3%를 넘으면 위험

미국의 무역은 1947년만 해도 세계 무역의 33%를 차지할 정도로 압도적인 경쟁력을 갖고 있었다. 그러나 일본과 독일 등의 대두로 수출 경쟁력에서 밀리면서 1977년부터 무역적자가 본격적으로 시작되었다. 미국인들은 자국 상품보다도 외국상품을 더 좋아했다. 1980년대와 1990년대에 무역적자는 더 커졌다. 그러더니 이제는 아예 소비가 미덕이 되었다. 2000년대 들어서는 무역적자 폭이 대폭 늘어났다. 2005년의 경우 GDP의 6%를 넘어섰다.

유럽 기준으로 보면, 원래 연

:: 미국의 무역수지 추이 (자료 : 미국 통계국)

간 무역적자나 재정적자가 GDP의 3%를 넘어서면 위험신호이다. 이것의 누적치가 GDP의 60%를 웃돌면 문제가 심각하다고 보는 것이다. EU 경제통합 당시 각국에 적용되었던 '경제수렴' 기준이다.

당시 EU 통합과 유로화라는 단일통화가 발족하려면 참가 예정 국가들이 마스트리히트조약에서 정한 '경제통화동맹'(EMU) 가입조건을 갖추어야 했다. 그 조건이 GDP 대비 재정적자 3%, 누적적자 60% 이내, 인플레이션율(물가상승률)이 최저 3개국 평균보다 1.5%를 초과하지 않을 것, 이자율이 최저 3개국 평균보다 2% 이내일 것 등이었다. 특히 재정적자의 경우, 이를 위반하면 원래는 벌금을 물게 되어 있다. 실효성이 없어서 탈이지만 말이다.

미국의 무역적자는 본질적으로는 재정적자보다 문제가 더 심각하다. 글로벌 금융위기 이전의 미국의 무역적자 폭의 확대는 정말로 우려할 만한 수준이었다. 2005년의 경우 7,167억 달러로 GDP의 6%였다. 유럽이 위험하다고 보는 기준치인 3%의 2배를 웃돌았다. 이듬해 7,635억 달러였으며 2007년 역시 7천억 달러를 넘겼다. 2001년 3,651억 달러였던 적자규모가 몇 년 사이에 거의 두 배로 늘어난 것이다.

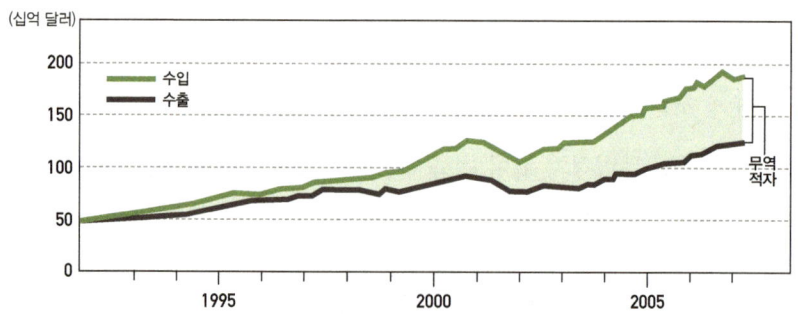

:: 2000년대 들어 대폭 늘어난 미국의 무역적자

다행히 글로벌 금융위기로 적자 폭은 크게 줄어들었다. 2008년의 6,959억 달러에 이어 2009년 무역적자 규모는 3,807억 달러로 전년에 비해 45%나 줄었다. 달러화 약세에 따른 수출증가와 경기침체로 인한 수입 감소에 힘입어 크게 줄어든 것이다. 그러나 이후 미국의 무역적자는 2010년 5천억 달러, 2011년 5천 6백억 달러, 2012년 5천 4백억 달러로 다시 늘어났다.

그러다 셰일가스 개발이 미국의 새로운 희망으로 떠오르고 있다. 이로 인해 에너지 수입액이 대폭 줄어들면서 2013년에는 무역적자가 전년대비 11.3%나 줄어 4,763억 달러로 GDP의 3% 수준으로 감소했다.

경상수지적자는 외국 빚으로 충당해야

모든 나라의 경제 불안의 근원이 경상수지적자이다. 한 마디로 버는 것보다 쓰는 게 많으면 경상수지적자가 나는 것이다. 경상수지는 무역수지 이외에 외국에 투자한 대가로 받는 배당, 이자 등의 소득수지와 자본거래의 성격을 지니지 않은 경상이전거래수지로 구성된다. 한마디로 경상수지는 자본거래를 제외한 그 나라의 모든 대외거래를 합한 것이다. 미국의 무역적자는 경상수지적자의 90%를 차지하고 있다.

무역수지와 연관된 미국의 경상수지적자는 1990년대 이후 지속적으로 증가하여 2005년에 8,090억 달러로 사상 최고치를 갱신했다.

이는 GDP의 약 6.4% 수준이었다. 이것 역시 3%가 넘어서면 위험하다는 수치인데 그 2배를 넘어섰다.

이후 미국은 경상수지적자를 줄이는 데 총력을 기울였다. 2008년 경상수지적자가 6,733억 달러로 2007년에 비해 7.9% 감소했는데 이는 GDP의 4.7%였다. 이후 세계 금융위기 여파로 미국 경제가 위축되면서 본의 아니게 경상수지 적자는 많이 줄었다.

2009년 3,766억 달러, 2010년 4,709억 달러, 2011년 4,659억 달러를 기록했다. 경상수지적자는 자본수지로 메우는 수밖에 없다. 외국의 빚으로 충당해야 한다는 이야기다.

경상수지적자, GDP 8% 넘으면
세계 저축으로도 감당 못해

삼성경제연구소는 경상수지가 적자에서 흑자로 반전되는 경험을 한 25개의 국가들을 연구했다. 그 결과, 대부분의 국가들이 경상수지적자가 GDP의 5% 수준에 이른 시점에서 통화의 절하와 경기침체를 경험했다고 지적했다.

2005년 미국의 경우, 경상수지적자가 GDP의 6.4%를 넘어섰다. 그럼에도 기축통화 발권국가로서의 시뇨리지 이익에 힘입어 경상수지 적자 상태를 지속시켜 갈 수 있었다. 그러나 여기에도 한계는 있다.

누리엘 루비니 뉴욕대 교수에 따르면, 미국의 경상수지적자가 GDP의 8%보다 많아질 경우, 이는 전 세계의 초과저축을 모두 흡수해야 보전할 수 있는 수준이라 한다. 2004년 미국의 경상수지적자는 GDP 대비 5.7%이었음에도 2004년 1~9월 기준 미국의 경상수지적자가 세계 경상수지적자에서 차지하는 비중이 83.6%였다. 1994년만 해도 미국이 세계 경상수지적자에서 차지하는 비중이 49%였는데 10년 사이에 이렇게 늘어난 것이다.

그런데 문제는 이러한 경상수지적자가 GDP의 8%에 이르면 전 세계 경상수지흑자를 다 흡수해야 한다는 것이다. 물론 미국이 전 세계 저축을 100% 흡수하는 일은 물리적으로 불가능하다. 따라서 미국의 경상수지적자가 GDP의 8%에 이르면 달러가 폭락할 가능성이 크다.

다행히 미국의 2009년 경상수지적자가 금융위기 여파로 8년 만에 최저치를 기록했다. 4천 2백억 달러로 집계되어 전년에 비해 40.5%나 줄어든 것이다. 이는 GDP 대비 2.9%로 11년 만에 가장 낮은 수치이다. 이후 2012년 4,320억 달러에 이어 2013년에는 3,793억 달러로 크게 줄어들었다. 미국은 앞으로도 허리띠를 졸라매고 경상수지적자를 꾸준히 줄여 나가야 한다.

미국을 살려내고 있는 셰일가스 열풍

천만다행인 것은 미국에서 대량의 셰일가스가 개발되어 에너지 수입을 줄이면서 최근 무역적자가 대폭 줄어들었다는 점이다.

셰일가스(shale gas)는 오랜 세월 모래와 진흙이 쌓여 단단하게 굳은 수평의 퇴적암(셰일)층에 존재하는 천연가스를 말한다. 모래와 바위 틈 사이에 겹겹이 쌓여 있는 이 천연가스를 대량의 물을 살포하여 발굴하는 기술을 미국의 한 벤처회사가 개발했다.

문제는 앞으로다. 산업경쟁력 개선의 현저한 조짐이 있냐는 것인데 미국은 이를 개선시킬 수 있는 방법을 셰일가스와 이를 이용한 제조업 경쟁력의 회복에서 찾고 있다. 미국 컨설팅회사 맥킨지는 셰일가스에 힘입어 미국 국내총생산(GDP)이 2020년까지 연평균 2~4% 늘어날 것이라고 전망했다.

변화가 가장 먼저 감지되는 곳은 일자리다. 금융위기 직후 8~10%를 기록한 실업률은 2014년 들어 6%대로 떨어졌다. 컨설팅 회사들은 앞다퉈 고용 보고서를 다시 쓰고 있다. 맥킨지는 셰일가스 혁명으로 2020년까지 새 일자리가 170만 개 생길 것으로 전망했다. 보스턴 컨설팅그룹은 한술 더 떠 2020년까지 5백만 개의 일자리가 창출될 것이라고 예측했다. 과연 셰일가스가 미국 경제를 살려낼지 지켜보아야할 대목이다.

● 〈셰일가스 혁명〉, 손희동 기자, 조선비즈, 2014년 8월 17일

재정적자

무섭게 불어나는 미국의 재정적자

미국은 1980년대 레이거노믹스 이래로 세금으로 걷어들이는 돈보다 쓰는 게 많은 나라이다. 2008년 미국 재정적자 규모는 사상 최고치인 4,590억 달러를 기록했다. 이는 2007 회계연도의 재정적자 1,615억 달러의 3배로, GDP의 3.2%였다. 금융위기가 들이닥쳤기 때문이다.

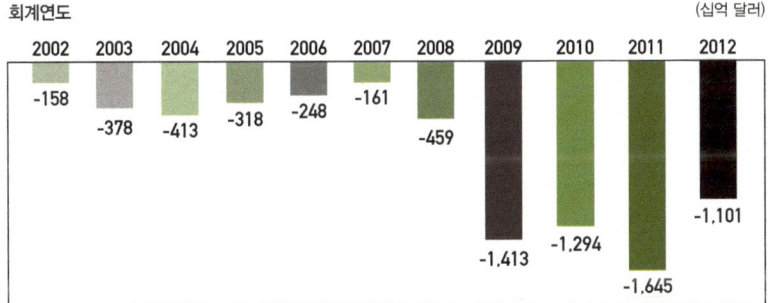

:: 미국 재정적자 추이 (자료 : 미 의회예산국(CBO))

이후 금융경색을 풀기 위해 2009년은 상상을 초월하는 대규모 재정적자 예산이 편성됐다. 2009 회계연도 재정적자가 1조 4,130억 달러에 이르렀는데 이는 GDP 14조 달러의 11.2% 수준이었다.

　이로써 재정적자 누계가 2009년 말 기준 이미 GDP 대비 84.2% 수준인 11조 8,759억 달러를 넘어섰다. 2010 회계연도에도 1조 2,935억 달러 적자를 기록했으며, 부채 누계는 13조 5,288억 달러로 GDP의 93.2% 수준이었다.

미국의 국가부채, 이미 GDP 규모를 넘어서

이듬해 2011년도 미국 재정적자 규모는 1조 3천억 달러였다. 때문에 총 국가부채는 이미 미국의 GDP를 넘어서 102% 수준이었다. 미국의 모든 국민이 한 푼도 쓰지 않고 1년 이상 모아도 빚을 못 갚는다는 이야기다. 특히 2009~2011년 3년 동안의 재정적자가 4조 달러로 총국

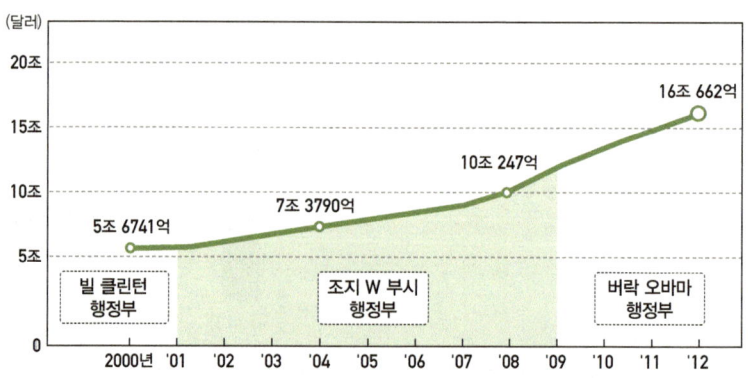

∷ 미국 국가 부채 증가 현황 (자료 : 미 재무부)

가부채의 약 4분의 1을 차지할 만큼 재정수지가 급속히 악화되었다.

2012 회계연도 재정적자는 최악이었다. 자그마치 1조 6천억 달러에 달해 총 국가부채는 16조 달러를 넘어서 GDP의 104.3%에 달했다. 매일 최소 30억 달러(3조 원)가 넘는 정부 빚이 새로 쌓이고 있다. 2009년부터 재정적자가 매년 1조 달러를 넘는 현상이 4년 연속 계속되고 있기 때문이다.

유럽의 재정 위기가 미국을 각성시키다

그럼에도 한 가지 다행인 것은 유럽의 재정위기가 미국인들을 각성케 했다는 점이다. 재정적자가 걷잡을 수 없이 증가하자 미국 의회는 세입은 늘리고 세출을 줄이는 방안을 찾기 시작했다. 우선 세출부터 줄였다. 2011년 8월 연방의회는 2013년 1월부터 향후 10년 동안 매년 총 1천 1백억 달러를 자동 삭감하는 '예산관리법'에 합의했다. 이후 세입은 늘리고 세출은 줄여 2013년 회계연도에는 6천 8백억 달러 재정적자를 기록해 오바마 정부 출범 이후 처음으로 1조 달러를 하회했다.

하지만 더 큰 문제는 앞으로다. 의회예산국은 이런 추세로 가면 2011~2020년 10년 동안의 재정적자만 총 9조 2천 7백억 달러에 이를 수 있다고 전망했다.

IMF는 주요 20개국(G20) 가운데 10개국의 GDP 대비 부채누적비율이 2014년 118%로 급등할 수 있다고 경고했다. 이것도 누적치가

GDP의 60%가 넘으면 문제가 심각하다고 보는 것이었다.

재정적자 확대 우려로 그리스, 스페인 등은 물론 미국, 영국, 일본의 국가신용등급도 강등되었다. 앞으로 선진국에서 대두되는 가장 큰 문제는 과중한 국가부채를 어떻게 풀어 나가느냐에 달려 있다.

세수의 3분의 1을 이자 뒤치다꺼리로 써야

2011~2020년 10년 동안 미국 정부가 감당해야 하는 국채 이자만 4조 8천억 달러에 이를 것으로 보인다. 의회예산국은 이 10년 동안 미국 부채는 9조 달러가 더 늘어날 것으로 추산했는데 이의 절반 이상인 4조 8천억 달러는 기존 국채에 대한 이자 지급분이다.

정부재정을 감시하는 민간단체 콘코드연합에 따르면, 2015년 한 해에만 5,330억 달러의 이자를 지급해야 한다. 이는 연방정부 세수의 3분의 1에 달하는 규모이다.

미국의 딜레마, 정부부채와 금리 인상

앞으로 부채가 눈덩이처럼 불어나면 이 때문에 미 정부가 적자 보전을 위해 국채를 대거 발행하는 악순환에 빠진다. 이렇게 되면 채권가격이 폭락하고 미국 국채수익률은 오를 수밖에 없다. 이자 부담이 더 커진다는 이야기다. 정말 헤어 나오기 힘든 악순환의 고리에 빠지는 것이다.

미국의 재정적자가 눈덩이처럼 불어나는 것은 전례 없이 막대한 규모의 공적자금과 경기부양자금 투입 때문이다. 이런 추세로 미국의 나라 빚이 급증하면 달러화 가치가 급락하고 국채상환능력이 급격히 위축되면서 국가파산 가능성도 배제할 수 없다.

많은 전문가들은 미 정부가 경기회복을 위해 쏟아 붓는 막대한 자금을 감안하면, 미 국채가 안전자산이라는 통념은 더 이상 유효하지 않다고 한다. 스탠더드앤푸어스(S&P)가 2011년 8월 미국 최고신용등급을 'AAA'에서 'AA+'로 하향 조정한 이유이다.

이로 인해 국채 발행 시 이자 부담이 더 늘어나게 생겼다. 이는 더 이상의 돌려막기는 안 된다는 경고였다. 다른 신용평가회사 무디스는 아직 미국이 최고신용등급을 유지하고 있으나, 장래 전망에 대해서는 '부정적'이라고 평가했다.

2014년 9월 현재 미국이 제로금리를 유지할 수 있어 미국 정부부채의 이자 부담이 가볍다. 하지만 경기가 살아나도 문제다. 인플레이션이 시작되면 금리를 올려야 하는데 그러면 국채 발행 시 이자를 더 올려야 한다. 이것이 앞으로 미국이 부딪쳐야 할 심각한 딜레마이다.

미국뿐 아니라 일본, 유럽 등의 정부부채도 이제는 감당하기 힘들 정도의 위험 수준에 와 있다. 빚이 줄기는커녕 점점 더 덩치를 키울 가능성이 크다. 국가신용위험이 이후 세계 경제를 위협할 최대 요인 가운데 하나로 꼽히는 것도 이처럼 천문학적인 부채 때문이다.

매년 1천 1백억 달러를 자동 삭감하는 '예산관리법'

미국 국가부채는 앞으로도 상당 기간 늘어날 전망이다. 미국이 2008년 금융위기 이후 재정 확대로 경기부양을 하면서 악순환은 더 심화되었다. 정부부채 한도가 있지만, 미국 의회는 정부적자가 늘 때마다 그에 맞춰 부채 한도를 고무줄처럼 늘려주었다.

앞서 말한 것처럼 2011년 8월 연방의회는 정부의 부채 총액 한도를 16조 4천억 달러로 늘리면서 중장기적으로 재정적자를 줄이기로 했다. 곧 공화·민주 양당은 2013년 1월부터 향후 10년 동안 국방비와 비(非)국방비를 각각 550억 달러 곧 매년 총 1천 1백억 달러를 자동 삭감하는 '예산관리법'에 합의한 것이다. 이에 따라 경기부양을 목표로 부시 행정부 때 도입했던 감세조치 같은 세제 혜택들이 2012년 말 자동 종료되었다.

세출은 줄이고 세입은 늘려, 부자 증세 단행

2012년 연말 '재정절벽'이라 불리는 이상한 이름이 전 세계를 달구었다. 이는 말 그대로 미국 정부예산의 자동 삭감(시퀘스트)과 감세조치가 동시에 실현되면 재정지출이 급격히 줄어 순간 경제성장률이 절벽처럼 뚝 떨어진다는 의미이다. 그래서 경제가 다시 침체를 맞을 것이라는 경고였다.

이후 미국의 재정절벽을 둘러싼 공화당과 민주당의 갈등이 새해를 불과 서너 시간 앞두고 상원에서 막판 타결을 봤다. 최선의 해법은 아니지만 연간 5천억 달러 규모의 세금 인상과 함께 1천 1백억 달러의 재정지출이 삭감되는 경제적 충격은 일단 모면했다.

2013년부터 종료 예정이었던 감세정책의 일부를 유지했다. 그리고 합의안의 핵심은 버락 오바마 대통령이 대선 기간 중 공약한 부자증세를 단행했다. 45만 달러 이상 고소득자에 한해 세율을 35%에서 39.6%로 올렸다. 이들 계층의 자본이득세와 배당소득세 세율도 현행 15%에서 20%로 상향 조정하기로 했다. 미국 소득 상위 1%에 해당하는 계층이다.

그리고 5백만 달러 이상의 상속세율도 35%에서 45%로 올리기로 했다. 실로 20년 만의 세율 인상이었다. 또 대부분의 근로소득자들이 내는 급여세(사회보장연금 관련 세금)가 4.2%에서 6.2%로 인상되어 가구당 연평균 1천 달러의 세 부담이 늘어났다.

이번 합의는 감세를 정강으로 채택하고 있는 공화당이 1993년 이후 처음으로 증세에 동의했다는 점에서 큰 의미를 갖는다. 미국의 20년 만의 변화는 프랑스 등에서 불고 있는 부유층 증세와 함께 각국의 조세정책에도 영향을 미칠 것으로 보인다.

IMF, 미국 재정적자 · 정부부채 감소 전망

다행인 것은 IMF 등 세계 주요 기관들이 앞으로 미국 재정적자가 줄어들고 정부부채 증가세도 꺾일 것으로 전망했다는 것이다. 이는 미국 재정적자가 지난 2010년 이후 대폭 감소하고 있기 때문이다.

IMF는 〈세계경제전망 보고서〉에서 2013년 국내총생산(GDP)의 106%인 미국 정부 부채가 2014년 107.3%로 정점을 찍은 이후 앞으로 근소하나마 점차 줄어들 것으로 내다봤다.

미국 의회예산국(CBO)은 2013 회계연도 (2012.10~2013.9) 재정적자가 6천 420억 달러 수준으로 크게 감소할 것으로 보았다. 미국 경제가 차츰 회복되면서 세수는 늘고 금융위기 때 폭증한 실업수당 등 각종 일시적 사회보장 지출이 줄어든 데 따른 것이다.

실제 미 의회예산국은 경기개선과 세수확대 등을 이유로 2014회계연도 재정적자 전망치를 5,140억 달러로 하향 조정하였다. 블룸버그가 집계한 세계 49개 주요 금융기관들의 향후 미국 재정적자 전망치도 2013년 GDP의 4.0%, 2014년 3.6%, 2015년 3.5%로 꾸준히 낮아질 것으로 예상됐다.

2012년 기준, 미국의 GDP 대비 정부 총부채 규모는 102.7%로 세계 주요 7개국(G7) 중 일본(238.0%), 이탈리아(127.0%)에 이은 세계 3위다.●

연방정부 부채보다 더 심각한 주정부 부채

하지만 연방정부 부채보다 더 심각한 것이 주정부 부채다. 전국 50개

● 〈IMF "미국 재정적자·정부부채 감소 전망"〉, 박진형 기자, 연합뉴스, 2013년 10월 14일

주정부 부채 총액은 5조 달러가 넘어 주민 1인당 부채 부담액이 1만 6천 달러에 달했다.

연방정부 국채 발행액은 17조 달러에 근접해 주정부 전체 부채액을 훨씬 초과하지만, 화폐발행권을 지니고 있고 중국, 일본 등이 미국 국채를 구입하지 않을 수 없는 구조이기 때문에 커다란 문제라고 보기는 힘들다. 그러나 주정부는 자체적인 화폐 발행권이 없으며, 발행 부채를 신흥국이 투자할 요인도 거의 없어 자체적인 재원으로 부채를 상환해야 한다.

주정부 부채의 원흉은 공무원 연금과 의료보험료 부담으로 주정부 전체 부채의 80% 정도인 3조 9천억 달러에 달한다. 이밖에도 주정부가 메디케이드와 교육 재정 투입 등을 위해 공채 발행을 남발하면서 문제를 더욱 키워가고 있다.

'메디케이드'(Medicaid)란 연방정부와 주정부가 공동으로 재정을 보조하고, 운영은 주에서 맡는 국민의료보조 제도로 65세 미만의 저소득층과 장애인을 위한 것이다. 참고로 연방정부에서 운영하는 '메디케어'는 65세 이상의 노인들과 65세 미만이더라도 특정한 장애나 질병을 가지고 있는 사람들을 대상으로 한 의료 프로그램이다. 따라서 메디케이드와는 다른 재정과 운영 시스템을 가지고 있다.

앞으로 파산하는 주정부가 나올 수 있다는 우려가 있다. 특히 인구가 많은 대형 주들이 위험하다. 캘리포니아 주의 경우 7,780억 달러, 뉴욕 주 3,880억 달러, 텍사스 주 3,410억 달러, 일리노이 주와 오하이오 주가 3,210억 달러 등이다. 하와이 주는 주민 1인당 부채 부담액이 4만 달러에 달하며 일리노이 주정부가 부담하는 한 해 부채의 이자만 해도 14억 5천만 달러에 달한다.

주정부 부채의 70% 이상은 지난 1990년대 20년 만기 공채 형식으로 발행했기 때문에, 최근 공채 상환기일이 도래해 주정부를 압박하고 있다. 주정부는 부채 상환을 위해 또 다른 공채를 발행하는 악순환을 되풀이하고 있다. 웨스트버지니아 주의 경우 만기부채 상환을 위한 또 다른 공채 발행률이 90% 이상이다.●

개인부채 너무 많아

미국은 정부부채뿐만 아니라 개인부채도 너무 많다. 실제 대다수 미국인은 빚으로 산다. 주택의 모기지론을 비롯하여 자동차 할부구매 등 사회 시스템이 그렇게 되어 있다. 그래야 세금도 적게 낸다. 곧 빚 권하는 사회인 것이다. 미국인들은 저축은 하지 않으면서, 모기지대출로 집을 사고 신용카드로 상품을 마구 사들였다. 금융위기 이전 미국의 민간소비는 부채 레버리지를 확대하여 자산을 늘리는 등 실질 GDP를 크게 웃도는 소비형태를 보여 왔다. 한마디로 소비가 미덕인 국가였다.

1970년대 후반 이래 부채는 증가일로를 걸어왔다. 부채가 급증했던 시기는 1997~2005년이다. 이 시기에 금융업계의 부채는 국내총생산의 66%에서 100% 이상으로 폭증해 국내총생산을 넘어서고야 말

● 〈국가부채보다 더 심각한 주정부 빚〉, 미주경제, 2014년 2월 11일

왔다. 같은 기간 가계부채도 치솟아 국내총생산 대비 67%에서 92%로 상승했는데, 그 대부분은 주택담보대출과 신용카드 빚이었다.

가계부채가 2008년도에는 100%를 돌파했다. 가계 부채에 자영업자와 비영리단체의 부채 등을 포함한 개인부채는 훨씬 더 커진다. 1980년대 초반 미국인의 개인부채는 GDP 대비 123%였는데, 2008년 말 개인부채는 290%에 달했다.

민간소비가 개인소득이나 투자이익 증대로 인한 소비였다면 하등 문제가 없다. 하지만 미국에서 제시하는 GDP 성장률은 가처분소득 증가보다는 은행 차입 증가와 밀접한 관계가 있다. 곧 빚내서 소비했다는 뜻이다. 이것이 달러화 몰락의 단초가 될 수 있다.

미국은 정부부채뿐 아니라 개인채무도 점차 통제불능 수준으로 치닫고 있다. 이는 국민들의 구매력을 현저하게 악화시키고 있다. 금융위기가 터지기 전 10여 년 동안 많은 사람들은 능력 이상의 과잉대출을 받아서 주택을 사기도 하고 주식이나 펀드에 투자하기도 했다. 이로 인해 막대한 규모의 거품이 형성되었고, 이 거품은 오랜 기간 갚아야 할 업보가 되었다. 아무튼 긴 시간 동안 고통을 감내해야 하는 결과를 남겼다. 일반 국민들과 정부의 채무가 많아지면 많아질수록 달러화는 약화된다.

미국 부채의 역사

미국이 처음부터 적자가 많은 나라는 아니었다. 1800년 미국의 3대 대통령 토머스 제퍼슨이 첫 임기를 시작했을 때 미국의 국가채무는 8천 3백만 달러 정도였다. 그나마도 대부분 전쟁비용으로 인한 빚이었다. 제퍼슨은 임기 동안 프랑스로부터 1천 5백만 달러에 루이지애나 주를 구입하였음에도 국가채무는 오히려 3천 7백만 달러로 줄어들었다.

갑자기 부채가 늘어나기 시작한 것은 4대 대통령 제임스 메디슨 때부터였다. 역시 전쟁비용이 가장 큰 부담이었다. 1812년에 공식적인 국가채무는 1억 2천 7백만 달러였다. 그 뒤 전쟁이 끝나고 제임스 먼로와 존 퀸시 등을 거치면서 빚을 서서히 줄이기 시작해서, 역사상 처음이자 마지막으로 부채가 없었던 해도 있었다. 바로 7대 대통령 앤드루 잭슨 때다.

이후 빚은 늘어나기는 했지만 그리 많지 않았다. 전쟁으로 남서부와 캘리포니아 일대를 차지하게 되었음에도 국가채무는 1850년대 프랭클린 대통령 당시에 겨우 2천 8백만 달러였다.

그러다가 1861년 남북전쟁이 시작되면서 국가채무는 눈덩이처럼 불어났다. 남북전쟁이 있었던 해에 28억 달러까지 치솟았고, 1867년에는 1백억 달러까지 늘어났다. 이는 전쟁 중에 일시적으로 과세가 중단되었기 때문이다. 전쟁이 끝나고 나서 19세기 말엽 국가채무는 다시 12억 달러 수준으로 내려갔다. 당시 펜실베이니아 철도주식회사의 총 자본금이 8억 5천만 달러 정도였으니, 국가채무 12억 달러는 그리 큰 금액은 아니었다.

재미있는 사실은, 미국은 건국 초기에 영토 확장을 위한 전쟁을 여러 차례 치르고 그때마다 국가채무가 늘어나는 현상을 보였지만, 이내 그 빚은 감소했다는 것이다. 게다가 당시에 이런 채무 감소는 소득세를 부과하지 않고 이루었다는 점에서 더욱 독특하다. 1869년과 1895년에 연방대법원은 소득세가 미국의 헌법에 위배된다는 판결을 내린 바 있었다. 그런 이유로 소득에 대한 과세가 없는 상황에서도 정부의 재정은 전쟁 시기를 제외하고는 흑자를 유지하였다.

1차 세계대전이 막바지에 이르렀을 때 미국의 국가채무는 260억 달러로 불었다. 그 뒤 빚이 점차 줄어들기는 했지만 대공황 이후 루스벨트 대통령의 테네시강 유역 개발로 뉴딜정책이 시작되어 정부 지출을 늘린 대가는 혹독했다. 루스벨트 이후 국가채무는 720억 달러로 크게 증가했다. 2차 세계대전이 끝날 무렵 국가채무는 2천 6백억 달러로, 네 자릿수가 되었다. 그럼에도 미국은 서유럽 재건을 위한 마샬 플랜에 130억 달러를 지원했다.

그런데 이후부터가 문제였다. 지금까지는 전쟁 때 빚이 늘어나고 끝나면 줄어들었다. 그런데 2차 세계대전 뒤로는 소련과 미국의 냉전시대가 이어지면서, 군비는 밑 빠진 독처럼 국가재정을 먹어치웠다. 미국의 적자는 2차 세계대전 이후 줄곧 이름만 바뀌며 진행되어 왔던 전쟁이 가장 큰 원인이었다. 한국전쟁과 베트남전쟁에 엄청난 군비가 투입되었다. 1980년대에 이르러 국가채무는 9천 3백억 달러로 증가했다.

대규모 재정적자가 관행처럼 굳어지다

대규모 재정적자의 원조는 레이거노믹스로 대변되는 레이건 대통령 때 시작되었다. 레이건은 집권하자마자 부자들의 세율을 50%나 삭감했다. 레이건은 대량의 조세삭감과 더불어 공공부문의 탈규제, 노동운동에 대한 탄압, 복지혜택의 축소를 단행했다. 그리고 1986년에는 또 한 번의 감세정책으로 부자들의 세금을 추가로 28% 감면하였다.

냉전이 종식되었음에도 아프가니스탄의 탈레반 정부 지원 등으로 재정지출을 더욱 늘리면서 2조 7천억 달러까지 늘어났다. 이로써 세수는 줄어들고 세출은 늘어났다. 이러한 대규모 재정적자는 곧 국가채무의 증가를 의미했다. 레이건 집권 초기 9,302억 달러였던 국가채무가 1989년에는 3조 달러 선에 근접했다.

그 뒤 빌 클린턴의 재임기간 중에 국가부채는 거의 5.7조 달러에 육박했다. 레이건이 감세와 재정적자의 원조였다면, 부시 부자는 이를 집대성하고 완성했다. 부시의 감세정책은 결국 레이거노믹스의 답습으로 해석된다. 하지만 부자를 위한 감세와 눈덩이처럼 재정적자를 불려 나가는 그의 능력은 원조 레이건은 상대가 안 될 정도로 가히 파괴적이었다.

2001년 조지 W. 부시가 대통령이 되었을 때 국방예산은 3,050억 달러, 국가부채는 5.7조 달러였는데 이후 8년 동안 국방예산은 2배가 되었고 연평균 재정적자는 6천억 달러를 넘어섰다. 2008년 8월 서브프라임 사태가 불거지면서 금융위기가 터졌다. 2009년 1월 부시가 백악관을 떠날 즈음 국가부채는 10.6조 달러에 달했다.

The Exchange Rate Wars Story

하루 이자만 15억 달러

2

미국의 국가부채는 2014년 9월 기준 17조 8천억 달러이다. 정부재정을 감시하는 민간단체 콘코드연합에 따르면, 미국 정부는 2015년 한 해에만 5,330억 달러의 이자를 지급해야 한다니 이는 하루 이자만 15억 달러인 셈이다.

이것 말고도 주정부 등 지방자치단체가 발행한 지방채도 많이 있다. 《화폐전쟁》을 쓴 쑹훙빙은 이미 미국의 연방국채, 주정부채, 외채, 개인채무 등을 합치면 부채총액이 44조 달러에 이른다고 주장했다. 한 사람당 15만 달러의 빚을 지고 있고, 4인 가족 한 가구당 60만 달러의 채무를 부담하는 셈이다. 장기국채 고정금리 3%로 계산하면 1년 이자만 1조 3천 2백억 달러다. 미국 연방정부의 한 해 총수입의 5분의 3과 맞먹는다. 이렇게 가다가는 미국은 이자에 치어 파산할 것이다.

위험한 달러

금융위기 이전, 2006년 4월 이미 9조 달러까지 채권발행 확대 승인안이 미국 상·하원을 모두 통과했다. 의회도 더 이상의 채무는 반대했지만 국가 부도를 우려한 고육지책이었다. 초강대국 미국이 국가 부도를 우려해야 하는 지경에 이른 것이다. 하지만 이것은 시작에 불과했다. 그 뒤 세계 금융위기가 터졌기 때문이다.

원래 감세정책을 펴면 그만큼 예산을 줄여야 하는 게 정도다. 그런데 부시 정권은 이라크 전비 등으로 오히려 재정지출을 확대했다. 당연히 그 차액은 빚으로 충당했다. 그런데 이자를 갚을 돈이 없어 부도 직전에 이르자 이자를 갚기 위해 또 다시 채권을 발행한 것이다. 그 뒤에도 채권발행 확대 승인안은 의회의 단골메뉴가 되었다.

금융위기로 미국 정부의 2008년도 재정적자는 신용위기로 인한 월가 지원을 제외하더라도 4천 6백억 달러로 사상 최대 규모였다. 2008년 말 미국의 전체 부채는 이미 10조 달러에 육박했다. 이게 1년에 3% 이자라면 3천억 달러가 이자로 지불되어야만 한다. 하루 이자로 따지면 10억 달러가 된다. 경제학자 헨리 패킷조차 "하루 이자만 10억 달러 이상을 갚아야 하는 미국 경제는 종말을 고할 날이 머지않았다."고 말했다.

그 뒤 오바마가 2009년 1월 집권하여 글로벌 금융위기를 헤쳐 나가기 위한 재정 확대정책을 그대로 물려받으면서 국가부채는 눈덩이처럼 불어났다. 2009년 말에 정부부채는 11조 8,759억 달러였다. 낮은 금리에도 불구하고 그 해 미 정부가 지불한 이자는 3,830억 달러에 달했다. 하루 이자로만 10억 달러 이상씩 낸 것이다.

2010년 말 국가부채는 13조 5,288억 달러로 1년 사이에 1조 3천억 달러 가까이 늘어났다. 미 국채 발행이 증가한다는 것은 후세들이 갚아야 할 빚이 늘어난다는 의미다. 미국인 1인당 4만 2천 달러, 납세자 1명당 12만 달러의 부채를 지고 있는 셈이다.●

2011년 미국 연간예산은 3조 8천억 달러였다. 그리고 2012년 10

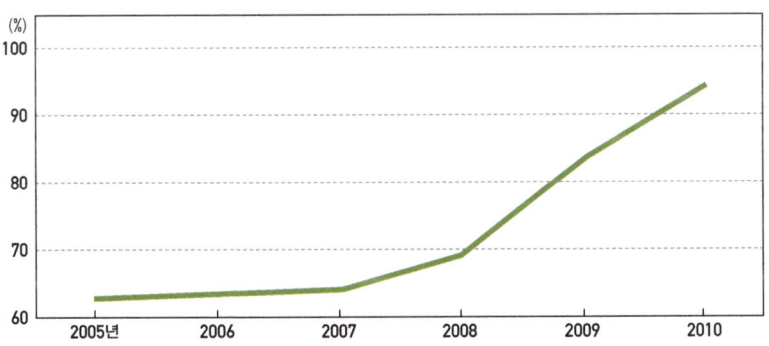

∷ 미국 GDP 대비 연방정부 부채 비중 (자료 : 미 재무부)

● 〈미 정부 빚 13조 달러에 하루 이자 10억 달러〉, 한국경제신문, 이익원 기자, 2010년 7월 8일

월 기준 국가부채는 16조 달러로 일 년 예산의 4배가 넘었다. 매년 조 단위의 정부부채가 누적되어 갔다. 이로써 한 해 이자지불만 5천억 달러 이상으로 늘어났다.

기본적으로 세계 금리는 하향안정세

선진국들의 경제성장률 추세가 하락함에 따라 장기금리는 같이 하락하고 있다. 장기금리가 GDP 성장률 수준을 넘어설 수는 없기 때문이다. 기본적으로 미 국채 10년물 금리는 하향 추세에 있다. 더구나 미국은 이번 금융위기를 이용해 채권금리를 극적으로 낮추었다. 양적완화정책을 통해 일본식 제로금리로 가면서 이자비용을 낮춘 것이다. 실제로 3개월 단기물 채권의 경우에는 2008년 10월에서 12월에 마이너스 금리가 발생하여 한 푼 들이지 않고도 채권 운용이 가능했다. 입찰 때마다 안전자산을 선호하는 돈들이 전체 단기채권 공급 물량의 3~4배씩 몰리니 초저금리로 곤두박질치는 것이다.

이렇게 미국은 제로금리로 금리를 최대한 낮추면서 유동성을 최대한 늘리고 있다. 그러기 위해서는 이 금융위기가 미국에게는 더없이 필요한 존재다. 아마도 금융위기 없이 유동성만 늘렸다면 채권 가격이 급격히 떨어져 금리가 대폭 상승하였을 것이고, 그 높은 이자를 감당할 수 없었을 것이다.

실제 2009년 중순에 접어들면서 미국 정부의 지속적인 재정 확대 정책으로 채권발행액이 기하급수적으로 늘어나면서 채권 가격이 떨어져 금리는 다시 올랐다. 여기에는 영국 금융시장의 불안과 영국 정부의 과도한 채권 발행도 한 몫 했다. 오히려 구축효과를 걱정해야 할 판이었다. 구축효과란 정부의 재정적자 또는 확대 재정정책으로 이자율이 상승하여 민간소비와 투자활동을 위축시키는 효과다.

이자 부담액으로 금리 올리기도 쉽지 않아

하지만 그 이후에는 다시 안정을 되찾아 장기금리가 1%대로 내려갔다. 이러한 낮은 금리 덕분에 국채 이자 부담이 적었다. 그러나 2014년 들어 미국중앙은행(Fed)이 양적완화를 축소할 것이란 관측이 확산되면서 미국의 10년물 국채금리가 다시 뛰고 있다. 2014년 8월 현재 연 2.9% 안팎에서 거래되는 미 10년물 국채 금리가 2014년 말 3%, 2015년 중반에는 3.5%까지 오를 것이라고 보고 있다. 지난 50년 간 미 10년물 국채금리 평균이 약 6.5%였다는 점을 고려하면 타당성 있는 예상이다. 더구나 2015년 하반기 연준이 기준금리를 올리면 장

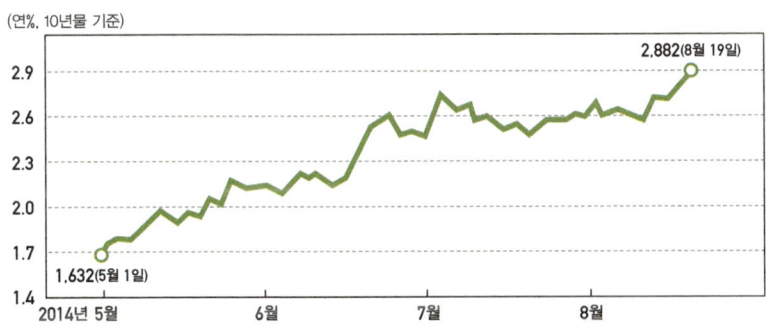

:: 급등하는 미국 국채금리 (자료 : 톰슨로이터)

기국채금리가 더 높아질 것이라는 전망이다. 여기에 만기채권의 원금상환까지 더하면 그 비중은 2배 이상 올라간다. 하지만 이럴 경우 미국 정부는 이자 증가액을 감당하기가 쉽지 않다.

미국의 실업률이 극적으로 줄어들고 인플레이션이 상승하면 미국은 한두 번 경고 차원에서 금리를 경미하게 올릴 수는 있다. 하지만 그 이상은 무리다. 미국은 이제 더 이상 금리를 경기 조절용으로 쉽게 쓸 수 있는 입장이 아니다. 가뜩이나 부채에 허덕이는 재정 형편이 그 많은 이자부담을 지탱할 수준이 아니기 때문이다. 미국이 금리를 쉽게 올릴 수 없는 이유이다.

문제의 순채무 증가

미국의 총채무에서 총채권을 뺀 순채무를 살펴보자. 경상수지적자를 메우기 위해 외국자본을 끌어들인 결과 순외채가 계속 증가해, 2004년에는 GDP의 22%인 2조 5천억 달러를 기록했다. 그 뒤 이 수치는 가파르게 증가했다.

2006년 경상수지적자만 GDP의 약 6.7% 정도였다. 미국의 쌍둥이 적자인 경상수지적자와 재정적자를 합하면 2009년도에 GDP의 10%를 넘어섰다. 지금처럼 쌍둥이적자가 악화일로로 치닫는다면 머지않아 순채무가 GDP보다도 많아질 것이다. 이미 2008년 말 41%를 지나 2009년 말 56%, 2011년 말 74%로 추정되고 있다. 순채무가 매달 1% 내외로 증가하고 있는 것이다. 총부채비율이 60%를 넘으면 위험하다는 것이다. 2011년 8월 S&P 신용평가사가 미국의 신용등급을 AAA에서 AA+로 하향 조정한 이유이다.

EU가 재정안전성 규정을 통해 GDP 대비 총부채비율 상한선을 60%로 정한 데는 이유가 있다. 그 경우 언젠가는 국채 가격이 하락하면서 이자율이 높아지면 국가부도 위험에 심각하게 노출된다는 것이다. 하물며 총부채도 아닌 순부채가 이렇게 늘어나는 것은 있을 수 없는 일이다.

미국, 세계 재화의 3분의 1을 혼자서 쓰다

미국은 전형적인 소비국가다. 지금껏 미국 시장은 지구촌의 강력한 소비처가 되어 왔다. 나라의 경제 상황을 파악하는 가장 좋은 방법은 우리가 소비한 것, 투자한 것, 정부가 쓴 돈, 수출하고 수입한 차이를 모두 함께 측정하는 것이다. 이것을 국내총생산(GDP)이라 부른다. 이를 등식으로 표현을 하면 다음과 같다.

> 국내총생산(GDP) = 소비+투자+정부구매+순수출(수출−수입)

신용위기 이전 미국 GDP에서 소비가 차지하는 비중은 무려 72%였다. 이는 일본의 55%나 중국의 38%에 비해 월등히 높은 수치다. 세계 재화의 21%가 미국 본토에서 소비된다. 그 외 연관된 소비까지 합치면 미국과 관련된 소비는 32%에 육박한다. 세계 재화의 3분의 1

을 미국 혼자 소비하는 것이다.

  문제는 빚으로 구성된 소비구조에 있다. 자고로 개인이나 국가나 버는 것보다 쓰는 게 많으면 길게 버틸 수 없는 법이다. 가정의 한 달 수입이 7백만 원인데 지출은 9백만 원이라면 어떻게 되겠는가. 결국엔 망하는 법이다. 대국이라고 다를 리 없다. 미국뿐 아니라 전 세계가 달러를 불안한 눈초리로 바라보는 이유다.

위험한 달러

그런데 문제는 달러화 약세를 통해서라도 쌍둥이적자가 치유되어야 하는데 그게 말처럼 쉽지 않다는 데 있다. 과거 미국-유럽 간 무역만 살펴봐도 이 같은 사실을 확인할 수 있다. 2001년 7월 이후 유로화는 달러화 대비 무려 44% 강세를 나타냈고, 이에 따라 미국의 수출경쟁력은 크게 개선되었다. 그러면 미국 수출이 늘어 무역적자가 줄어들어야 하는 게 정상이다. 하지만 양국 간 무역 흐름에는 오히려 반대 양상이 전개되었다. 2001년 7월까지 1년 동안 530억 달러였던 미국의 유로존 무역적자는 2005년 930억 달러로 75% 급증했다.

  게다가 미국 경제에서 상품수출이 차지하는 비중이 너무 낮다. 미국은 경상수지적자를 자본수지로 메우며 견뎌내고 있다. 미국은 미국 공채를 사주는 외국자본 등 미국으로 유입되는 외국인 자본이 없으면 거덜 나는 나라다. 결국 남의 빚으로 살아가는 국가인 것이다.

  미국은 분수에 넘치는 과소비와 명분 없는 전쟁을 계속하면서, 이를 다른 나라로부터 빌린 달러로 충당하는 비정상적인 경제구조를 놀라울 정도로 오랫동안 잘 유지해 왔다. 미국이 아닌 다른 나라였으면 어림도 없는 일이다. 이는 세계 최고의 수출품인 '달러'를 찍어내서 얻는 이익, 즉 미국의 시뇨리지 효과가 해외의 잉여달러를 빨아들여 적자에 허덕이는 미국 경제에 달러를 다시 환류해 준 덕분이다. 특히 많은 아시아 국가들이 달러로 미 국공채를 사 미국 경제의 산소 호흡기 역할을 떠맡아왔다.

묵시적 동조

쉽게 말하면 미국은 남의 돈까지 빌려서 신나게 소비하고, 중국, 일본 등 아시아 국가들은 수출하여 아껴서 모은 돈으로 가장 안전한 투

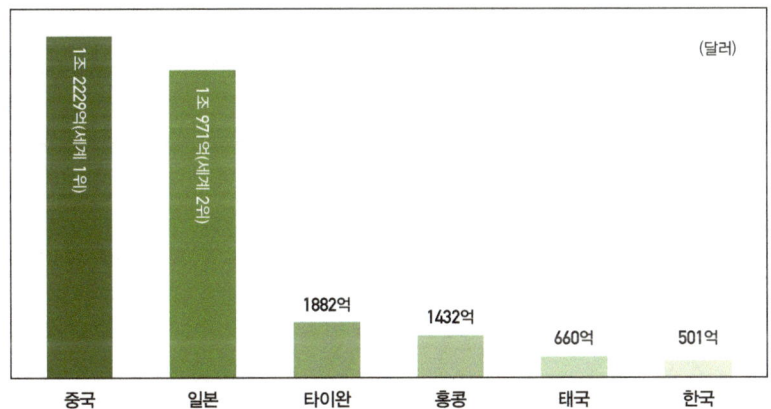

:: 아시아 주요국의 미 국채 보유량 (자료 : 미 재무부)

● 〈파탄 난 미국경제가 여전히 굴러가는 이유는〉, 노주희 기자, 프레시안, 2006년 1월 7일

자대상이라 여기는 미국 국공채를 매입하고 있다. 미국은 그 덕분에 경상수지 적자를 자본수지흑자로 보존한다.

자본수지흑자란 남의 돈을 빌려 산다는 뜻이다. 이런 시스템이 지난 수십 년 동안 이어져 왔다. 이를 '묵시적 동조'라고 한다. 누가 시킨 것도 아니고 강요한 것도 아닌데, 어차피 사야 되는 줄 아는 구조의 틀 속에서 다람쥐 쳇바퀴 돌 듯 이어져 왔다. 채권국들이 번번이 미국 환율정책의 희생제물이 되어 왔다는 것을 이들도 알고 있으면서 말이다.

● 샤프슈터

The

Exchange Rate Wars

Story

그루들이 바라보는
달러의 미래

3

> "사람들은 금융 가치가 한없이 창출될 것이라고 당연하게 받아들이지만, 금융 가치가 하루아침에 사라질 수 있다는 사실은 절대로 불가능하다고 생각한다."
>
> ―로버트 프렉터의 《디플레 뛰어넘기》 중에서

구루들의 달러의 미래에 대한 이야기를 들어보자. 구루란 산스크리트어로 '정신적 스승'을 뜻하며 한 분야의 뛰어난 선생님이나 전문가를 일컫는 말이다.

그루들,
달러 약세에 베팅하다

조지 소로스의 예견

지난 1992년 영국 파운드화를 공격하여 일주일 만에 15억 달러를 번 조지 소로스의 말을 들어보자.

"미국의 소비주의는 아시아의 중상주의와 결합해 세계 경제를 움직이고 있다. 금융위기가 있을 때나 세계 경제가 어려움에 처하였을 때 미국의 금융기관은 새로운 형태의 통화 자극을 주었다. 그리고 대출조건을 완화해서 자금의 유동성을 제공했다. 이 결과로 미국의 무역적자는 아시아 금융기관이 미국 채권을 사들여 메웠다. 하지만 이런 상황은 오래가지 못할 것이다. 무역 불균형 때문이 아니다. 미국 소비자들이 더 이상 돈을 빌릴 수가 없기 때문이다. 신용대출은 이제 한계에 차 있다. 자동차는 5년 무이자 할부로 언제든지 살 수 있었다. 주택은 이자만 지불하면 담보대출로 살 수 있었다. 대출기관은 아무 것도 묻지 않고 시장 금리 이하인 이른바 미끼 금리(teaser rate)로 대출해 주었다. 그러나 이제 미국의 소비를 부추겼던 대출을 유도할 만한 조치가 더 이상 남아 있지 않은 것 같다. 2007년부터 미국 경제는 성장이 둔화되었다. 미국 경제의 성장 둔화는 달러 약세를 통해 전 세계에 영향을 미칠 것이다. 그러나 정부, 일반인 어느 쪽도 이러한 변화에 제대로 준비하고 있지 않다."

소로스가 그의 책에서 진단한 이 말은 신용위기가 촉발되기 전의 견해이다. 그 뒤 발생한 서브프라임 사태로 인한 소비위축과 달러 약세를 무섭도록 놀랍게 예견하고 있었다. 이후 그는 금융위기가 터지자 이렇게 진단했다. "주택 버블 위에 지난 25년간 유동성 버블이 얹혀져 슈퍼 버블을 만들었다. 이제 더 이상 거품을 지탱할 수 없는 지점에 도달했고, 미국 주택대출시장은 완전히 붕괴하고 있다."

그 동안 미국에 여러 차례의 금융위기가 있을 때마다 정부가 개입해 시스템 붕괴를 막아 투자자와 일반 대중에게 자신감을 부추기는 역할을 하였다는 것이다. 그러나 정부가 항상 책임져줄 것이라는 믿음은 잘못된 것이라고 지적한다. 그 때문에 과거의 위기가 신용팽창을 가속화했고, 잘못된 시장이었음에도 자신감을 강화시켜 버블을 줄이는 데 실패했다는 것이다.

게다가 미국은 경기침체와 세계적인 달러화 기피 추세 증대라는

---

* 《오류의 시대》, 조지 소로스, 네모북스, 2006년 10월

두 가지 문제에 직면해 있어 미국 경제는 더욱 둔화될 것이라고 그는 예측한다. 기축통화로서 유리한 점을 누렸던 미국 경제의 한 시대가 종결되고, 이로 인해 형성되었던 장기간의 안정성이 무너지게 된다는 것이다. 펀드를 운용할 때는 미래를 예측하지 않기로 유명한 그가 달러 가치에 대해서만은 약세에 강하게 베팅하고 있다.

세기의 구루들, 달러 약세 경고

보수적인 투자로 유명한 워런 버핏조차 외환에 투자하기로 결정하였다. 그리고 급격한 미국의 달러 약세가 진행되면서 과도하게 달러를 보유한 국가는 곤경에 처할 수 있음을 경고하고 있다. 신중한 워런 버핏도 달러 약세에 대비하고 투자자산을 보호하기 위하여 이스라엘 생산업체 매수를 시작으로 미국 밖 외국회사에 투자를 시작했다. 그는 포스코를 비롯한 한국기업 주식도 매수했다.

존 템플턴 경이 세상을 뜬 2008년 7월, 글로벌 증시는 패닉 직전이었다. 템플턴의 부고를 접한 세계 투자자들은 순간 그의 보석 같은 금언을 떠올렸다. '군중심리를 경계하라', '인기주를 피하라', '분산투자를 하라'.

템플턴은 젊은 시절, 주식시장이 달아오르자 오히려 캐리비안의 바하마 섬마을로 훌쩍 떠나버렸다. 군중심리와 함께 할 필요가 없다는 것이었다. 투자의 귀재 워런 버핏이 미국 중부 촌구석 네브래스카 오마하에 사는 것도 사실은 같은 이유다.

:: 월가의 신화이자 가치투자의 대가로 존경 받았던 존 템플턴

템플턴은 주가가 폭락할 때에도 다음과 같은 이야기를 남겼다. '패닉에 빠지지 말라', '비관론이 극도에 달할 때 매수를 시작하라', '실수를 저지른 자신을 용서하라. 그리고 실수에서 배움을 얻어라'.

결국 군중의 탐욕과 군중의 공포로부터 멀어지라는 것이 핵심이다. 템플턴은 투자 전에 창조주에게 매일 기도를 하라고 권했다. "참된 영혼이 깃든 원칙을 선택했다면 당신 사업은 번창할 것이지만, 그렇지 않다면 오래가지 못할 것입니다."

월가의 신화이자 가치투자의 대가였던 존 템플턴 경은 이미 1993년에 이렇게 경고했다. "이제 서서히 미국의 주식, 채권, 미국의 달러와 주거용 부동산에서 손을 떼라", "달러화는 다른 화폐에 대해 40% 이상 하락할 것이다. 물론 그렇게 되면 중국과 일본 같은 전통적인 달러 보유국들도 달러화를 매도하게 될 것이다. 당연히 금리는 치솟을 것이며 장기 스태그플레이션이 진행될 것이다."

'닥터 둠' 마크 파버의 재앙 경고

마크 파버는 1987년 블랙먼데이를 일주일 앞두고 고객들에게 주식을 현금화하라고 권유하여 명성을 얻었다. 1990년 일본 거품경제의 붕괴와 1997년 아시아 금융위기 등도 정확히 예측했다. 그리고 2008

년 세계 주가 30~40% 대폭락 등을 정확히 예견하여 월가로부터 '최후의 심판관' 즉 '닥터 둠'이라는 별명을 얻었다.

그는 2009년 "5~10년 뒤 미국 등 세계 경제는 하이퍼인플레이션 위기에 직면하면서 미국 달러화는 휴지조각이 될 것"이라며 일관되게 경고해 왔다. 파버

:: 마크 파버. 세계 주가 대폭락 등을 정확하게 예견했다.

는 G20 정상회담에 대해서도 "G20은 미래 붕괴를 방지할 만한 해법을 찾지 못할 것"이라며 "새로운 조치를 도입해야 하는 사람들은 이번 위기를 내다보지 못한 바로 그 사람들이기 때문"이라고 힐난했다. 그는 구체적으로 "과도한 레버리지와 통제되지 않는 대출증가세, 부풀어 오르는 재정적자, 제로 금리 등은 G20 회담에서 언급되지 않았다."며 "개인적인 생각으로는 G20 회담은 완전한 시간 낭비"라고 독설을 퍼부었다.

그는 미 연준에 대해서도 "지난 2002년부터 시작해서 그린스펀과 버냉키는 모든 것에 거품을 만들어 왔다."며 "이로 인해 인플레이션 압력이 높아지고 있다."고 지적했다. 그는 특히 "연준이 인플레이션의 지표로 삼는 근원물가상승률(변동성이 큰 식품과 에너지 가격을 제외한 수치)은 적절치 못하다."며 "미국 달러화가 약세를 보이고 있는 것은 인플레이션 압력이 있기 때문"이라고 설명했다.

그는 미국의 '제로 금리' 고수 정책에 대해서도 "금리가 사실상 제로 수준일 때는 저축을 단념시키고 투기를 조장한다."며 미국이 투기를 조장해 위기를 벗어나려 하는 것을 꼬집었다. 그는 특히 미국 경제

가 이미 사형선고를 받았음을 강조한 뒤, "사람들은 세상에 대해 다시 생각해야 한다고 본다", "그들은 미국에 자산을 조금만 남겨두고, 50%를 이머징 경제에 투자해야 한다."며 분산투자를 조언했다.

파버는 또 미국 경제가 국가부채 급증으로 위기를 맞을 수 있다고 경고하였다. 그는 "10년 뒤면 국가부채에 대한 이자는 정부 세입의 35~50%에 이르게 될 것"이라며 "개인적인 견해로는 개선의 여지가 없다."고 말했다. 이어 "미국이 기업이었다면(신용등급) CCC를 받았을 것이며, 아무도 이 기업이 발행하는 채권을 사지 않았을 것"이라고 주장했다. 파버는 "현재 미국은 완전히 재앙적 수준에 와 있다."며 "우리는 모두 운명이 다하였다."고 덧붙였다.

스티글리츠 교수가 내다보는 금융위기 이후의 변화

노벨 경제학상 수상자인 조지프 스티글리츠 컬럼비아대 교수는, 현 경기침체가 대공황 이후 최악의 위기상황임을 거듭 강조하는 가운데, 새로운 글로벌화의 물결 속에서 미국의 상대적인 퇴조를 막기는 힘들 것이라고 전망했다.

그는 '시중에 돈을 푸는 방식'의 미국 중앙은행(Fed) 통화정책을 정면 비판하고 나섰다. 중앙은행이 시중에 돈을 푸는 것보다는 정부가 직접 은행의 부채를 사들인 뒤 주식으로 전환해 이를 통해 모기지 증권 등 악성 자산을 없애야 미국 경제의 구조적인 문제가 해결될 수 있다는 주장이다.

스티글리츠 교수는 "역사적으로 일본도 1990년대 버블 붕괴 이후 전통적인 통화정책을 사용했지만 아무 효과가 없었다."며 "1997년 동아시아 통화위기 당시 은행의 자본 확충 정책을 활용한 한국과 말레이시아만 빠르게 위기에서 벗어날 수 있었다."고 설명했다.

∷ 노벨 경제학상 수상자인 조지프 스티글리츠 컬럼비아대 교수

그가 가장 확신하는 것은 신자유주의의 완전한 몰락이다. '보이지 않는 손'과 자유시장제도에 대한 맹신, 그리고 무조건적인 성장 위주의 경제정책이 수명을 다하였으며, 시장과 국가 간 균형의 중요성이 부각되면서 인위적인 정부의 개입이 정당화되어 분배 위주의 경제정책이 보편화될 것이라는 주장이다. 따라서 '워싱턴 합의'(Washington Consensus)로 상징되는 신자유주의의 확산에 기반을 두어 온 미국의 패권은 자연스럽게 쇠퇴할 수밖에 없다는 논리다.

하지만 그의 미국 패권 쇠퇴 배경이 이처럼 간단하지만은 않다. 그는 신자유주의에 근거한 시장제도가 경제학 이론에 뿌리를 두고 있다기보다는, 기본적으로 정치적 이해관계에 의해 정당화되어 왔을 뿐이라고 주장한다. 자유시장에 지나치게 의존하는 경제체제는 기회의 평등이라는 허울 아래 궁극적으로 소수 상위집단의 이득만을 극대화시키는 효과를 가져 올 수밖에 없다는 것이다. 이번 금융위기는 이러한 근본적인 문제점이 초래할 수 있는 수많은 현상들 가운데 하나가 갑작스럽게 가시화된 것일 뿐이라고 하였다. 따라서 무조건적인 위기극복 의지가 당장의 일시적인 경기회복을 이끌어낼 수 있을지는 몰라도, 근본적인 문제점은 여전히 잠재되어 있으므로 뿌리째 제거해 내지 않는 한 언제든지 다른 형태로 재발할 수 있다는 것이다.

문제점을 뿌리째 제거해 내는 방법으로 그는 신개념적 글로벌화를 들었다. 국경을 초월하여 부의 불균형 해소를 실현해야 한다는 것이다. 한 국가 안에서의 빈부격차 해소에 그치는 것이 아니라, 전 세계적 차원에서 부국과 빈국의 차이를 줄이는 것이다. 이는 국제기구의 다국적 구성 및 영향력 향상 등을 통해 지금까지 미국에 집중되어 왔던 힘과 책임, 그리고 부담을 전 세계에 골고루 지우는 것을 의미한다.

세계 경기의 회복시점 예측에 전 세계인들의 이목이 집중되어 있는 최근, 경기침체의 극복 여부 자체는 현재 글로벌 차원에서 최우선적 과제가 아니라는 그의 주장은 주목할 만하다. 단기적이고 피상적인 해결책보다는 장기적이고 근본적인 문제점 해결이 시급하다는 것이다. 이를 위해 미국이 그 동안 누려왔던 최강국으로서의 특권은 재분배되는 과정을 겪어야만 하며, 국제적 공조를 통한 범국가적인 부의 재편이라는 새로운 개념의 글로벌화 과정이 필수적이라는 지적이다.●

석학들이 내다보는 금융위기 이후의 변화

런던 정경대 교수를 지낸 정치철학자 존 그레이는 금융위기 이후 "국제사회에서 힘의 균형이 돌이킬 수 없이 움직이고 있는 역사적이

● 〈해외 석학들이 바라보는 미래의 모습〉, LG경제연구원, 2009년 3월 23일

고 지정학적인 격변을 맞고 있다."고 지적했다. 그는 "국제 사회 지도국으로서 미국의 시대는 끝났다."고 단언하며 "미국의 자유시장 논리는 자멸하였고, 전반적인 시장통제권을 보유한 나라들이 정당성을 갖게 되었다. 과거 소련의 붕괴와 맞먹는 엄청난 변화 속에서 정부와 경제의 전체 모델이 붕괴했다."고 진단했다.

프랜시스 후쿠야마 존스홉킨스대 교수는 세계 경기가 곧 회복되고 다극화 시대가 본격적으로 도래하지만, 미국 나름대로의 경쟁력은 유지되는 가운데 다른 국가들도 부상하는 형국이 될 것으로 내다보았다. 그는 세계 금융위기를 신자유주의의 몰락보다는 단순한 시장의 실패로 이해했다. 거품 조장과 도덕적 해이라는 자유시장제도의 취약점이 극단적으로 드러난 건 사실이지만, 규제 강화와 정부 차원의 보완으로 충분히 극복 가능한 현상이라는 것이다. 조지프 스티글리츠 교수의 견해와 대조된다. 따라서 경제위기의 심각성 및 회복의 메커니즘을 논하기보다, 위기가 극복된 이후의 세계질서에 나타날 지각변동에 초점을 맞추는 일이 더욱 중요하다고 보았다. 그가 강조하는 것은 다극화시대의 도래이다.

폴 케네디 예일대 교수도 미국의 퇴조는 불가피하다는 입장을 보였다. 그는 대표적인 '자칭 미국 비관론자' 가운데 한 명으로, 미국으로부터 빠져나가는 자본의 흐름을 인위적으로 막기는 이미 늦었다는 점을 근거로 들고 있다.

누리엘 루비니 뉴욕대 교수는 전 세계가 유(U)자형 경기침체의 가능성을 넘어 L자형 장기불황 국면으로 접어들었다고 했다. 하지만 자본주의의 존폐 자체가 위협받지는 않을 것이며, 신자유주의의 몰락도 완전히 현실화되기는 힘들다는 입장을 피력하는 것으로 미루어 볼 때, 프랜시스 후쿠야마 교수와 견해를 같이하는 부분이 있다. 다만 위기의 깊이와 구조의 복잡성이 워낙 심각하기 때문에, 규제 강화와 정부 차원의 보완으로는 조기수습이 불가능하다는 것이다. 불가피한 장기불황의 가능성 속에서 미국 패권의 향방과 국제적 차원의 공조를 논하는 것 자체가 한동안은 무의미할 수 있음을 시사해 준다.

국제금융의 세계적 권위자이자 UC버클리대 경제학 교수인 배리 아이켄그린은《달러 제국의 몰락》에서 달러의 흥망성쇠를 생생하게 기술하고 있다. 그는 2008년 미국 발 금융위기에도 국제금융시장에서 미국의 사정은 오히려 더 나아졌다고 주장했다.

"미국의 해외투자는 달러 약세로 그 가치가 늘어났다. 다시 말해서 해외투자에 따른 이자와 배당금을 환전하면 더 많은 달러를 받을 수 있었다. 달러 절하로 미국이 얻은 이익은 거의 4천 5백억 달러에 이르렀다. 다시 말해 해외부채의 가치는 아무 변동이 없는 가운데 해외투자의 달러 가치가 그만큼 상승한 것이다. 이 이익은 6천 6백억 달러의 경상수지 적자에 따른 부채 증가분을 크게 상쇄시켰다. 덕분에 미국은 총생산보다 6%나 더 소비하면서도 해외부채를 거의 늘리지 않을 수 있었다. 또한 금융위기의 와중인 2008년에도 미국 정부는 외국으로부터 저금리로 거액을 빌릴 수 있었다. 외국인들이 달러가 가장 안전한 통화라고 생각했기 때문이다."

아이켄그린은 국제통화의 자리가 하나뿐이라는 믿음이야말로 근본적인 오류라고 말한다. 그는 향후 중국 인근국가들은 위안으로, 유럽 인근국가들은 유로로, 미국 인근국가들은 달러로 거래하는 시대,

즉 복수 국제통화의 시대가 도래할 것이라고 전망했다.

아이켄그린은 달러 폭락의 가장 현실성 있는 시나리오는 미국의 재정정책에서 기인한다고 말한다. 이 시나리오는 미국의 재정적 자가 통제 불가능한 상황에 빠지는 것을 가정한다. 투자자들이 미국의 상황이 구제불능

:: 배리 아이켄그린 UC버클리대 교수

이라고 판단한다면 한꺼번에 출구로 몰려갈 것이다. 해외투자자들이 국채를 투매하면서 채권가격이 폭락하고 금리가 폭등할 것이다. 이러한 일들이 한꺼번에 일어나면 미국은 유럽이 2010년에 겪었던 것보다 더 심각한 위기에 시달릴 것이다.●

하지만 기축통화로서 달러 위상에는 큰 변화가 없을 것이라고 주장하는 학자나 전문가들도 많다. 컬럼비아대 제프리 삭스와 존스홉킨스대 피터 보틀리에는 낙관론을 피력한다. 여전히 미국의 기축통화력과 중국의 부상으로 인한 양 대국의 협력 속에 미국의 입지가 유지된다고 보는 것이다. 물론 이면에는 강한 미국을 주장하고 싶어 하는 심리가 깔려 있다.

리처드 쿠퍼 하버드대 교수는 "달러가 기축통화가 된 것은 영어가 국제 공용어로 쓰이는 것과 마찬가지"라고 말했다. 국제적인 합의나 법에 따른 것이 아니라 미국 경제가 세계 경제에서 차지하는 비중이 높아지면서 나타난 자연스러운 결과라는 것이다. 쿠퍼 교수는 "유

● 〈달러 몰락 이후 국제통화시스템의 미래〉, 박원석 기자, 헤드라인뉴스, 2013년 11월 26일

럽과 일본은 인구 고령화로 세계 경제에서 차지하는 비중이 하락할 것"이라며 "경제적인 위상 자체가 약해지는 국가의 통화가 국제통화가 될 수는 없다."고 밝혔다. 중국에 대해서는 "위안화가 국제통화가 되려면 중국의 금융시장이 좀 더 개방돼야 하고 정부채권이 유통시장에서 활발하게 거래될 수 있어야 한다."며 한계를 지적했다.

피터 모건 ADBI 선임컨설턴트도 '달러 대세론'에 힘을 보탰다. 그는 "미국의 국제수지 적자 등 달러 가치가 하락할 위험은 있다."면서도 "이제까지 달러의 실질실효환율이 장기적으로 하락한 적은 없었음을 기억해야 한다."고 강조했다. 그는 "중국, 인도 등 신흥 국가의 통화가 경제 성장과 함께 부상하겠지만 이 과정은 느린 속도로 진행될 것"이라고 내다봤다.

이렇듯 의견이 갈리지만 미국 중심의 경제체제에 변화가 불가피하다는 것이 대세이다. 달러 약세는 대세로 굳어질 수밖에 없다는 것이다. 이미 미국 투자가들이 해외 투자처를 찾아 나올 수밖에 없는 환경이 되고 있다. 다만 달러 약세가 경착륙이 아닌 연착륙되어야 세계 경제가 무너지지 않는다. 우리의 정책에도 시사하는 바가 크다.

외환시장은 미인투표장

화폐의 강약을 결정하는 것은 우선 한 국가의 경제력이며, 다음으로

● 〈달러의 미래, 국제석학들 논쟁〉, 유승호, 기자, 한국경제신문, 2009년 5월 31일

는 국가재정의 경영 상태다. 미국은 세계 경제에서 차지하는 비중이 날로 줄어들고 있다. 이것은 피할 수 없는 추세다. 게다가 미국의 팽창정책이 계속되는 한 쌍둥이적자가 크게 줄어들 것 같지도 않다. 결국 달러화는 약세 운명을 변화시킬 원동력이 희박하다.

왜 미국의 자산을 마냥 가져서는 안 되는지 1992년 영국 파운드화의 폭락에서 생각해 보자. 가격이라는 것은 매수세와 매도세의 균형점에서 이루어진다. 그 균형점은 패닉에 의해 언제든지 깨어질 수 있다. 그것도 공급이나 수요가 극단적으로 부족한 경우에는 더욱 큰 패닉이 올 수 있다. 일단 누군가가 달러를 매도하기 시작하면 무슨 일이 생길까?

지금까지 40년 동안 여러 나라들은 달러를 사 모으기에 바빴다. 하지만 몇몇 나라에서 그들이 수십 년 동안 멍청한 짓을 해왔다는 것을 알게 되어 누군가가 먼저 달러화를 매도한다는 소문이 나게 되면 걷잡을 수 없는 일이 생긴다. 투매는 투매를 낳게 되고, 결국 잉글랜드은행이 온갖 노력을 기울였어도 파운드화가 급락했던 것처럼, 달러화는 국제시장에서 무너져 내릴 수 있다.

자산가격의 움직임은 케인스가 말한 '미인 투표'의 특징이 강하다. 미인 투표에서 이기기 위해서는 자신이 미인이라고 생각한 사람보다 다른 사람이 미인이라고 생각할 것 같은 사람에게 투표하여야 한다. 좀 더 깊이 생각해, 모두가 다른 사람의 투표 행동을 예상하여야 한다. 게임이론이기도 하다. 지금 외환시장이 바로 그런 형국이다.

지금까지는 미국이 하도 겁을 줘 달러 이외의 기축통화를 상상할 수 없었다. 그런데 한두 사람씩 이탈자가 늘고 있다. 어느 시점에선

가 가속도가 붙어 이것이 50%를 넘어설 대세로 예견되면 그 뒤는 폭락이 폭락을 불러 공황이 발생할 수 있다.

The
Exchange Rate Wars
Story

달러에 대한 도전, 힘으로 응징하다

4

미국의 달러가 여러 곳에서 도전을 받고 있다. 글로벌 금융 권력의 이동 현상과 함께 나타나는 균열들이 심상치 않다.

미국은 물리적인 힘으로 달러에 대한 도전에 가혹하리만큼 강한 응징을 가하고 있다. 심지어 금과 같은 상품의 도전에도 예민하게 반응하고 있다. 하지만 이러한 힘의 응징에는 한계가 있다. 동시다발적인 도전과 균열 앞에 언젠가는 한계를 드러낼 것이다. 시간은 미국에게 점점 불리하게 작용하고 있다.

유로화의 대두

2008년 금융위기로 글로벌 금융권력에 대한 급격한 변화는 없었다. 그러나 무언가 이대로는 안 되겠다는 공감대는 형성되었다. 그러한 우려는 이제 음으로 양으로 서서히 나타나고 있다.

전 세계 은행 간 국제결제망인 국제은행간통신협회(SWIFT)는 2014년 1월 기준 통화별 국제 결제 비중이 1위는 달러화로 38.75%, 다음은 유로화(33.51%), 파운드화(9.38%) 순이었다고 발표했다.

미국의 적극적인 차단 작전과 유럽 재정위기에도 불구하고 유로화의 결제 비중이 점차 커져가고 있다. 그 과정을 살펴보자.

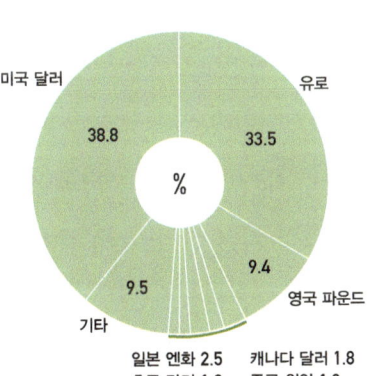

:: 통화별 국제 결제 비중 (자료 : 국제은행간 통신협회(SWIFT))

산유국 이라크의 반란

가장 먼저, 중동 산유국들이 석유 거래대금을 달러에서 유로화로 바꾸려는 움직임을 가시화하였다. 사실 이런 시도를 처음 한 사람은 사담 후세인이었다. 당시 이라크 대통령이었던 후세인은 결코 넘지 말아야 할 마지막 선을 넘어버렸다. 세계 상업거래 가운데에서 석유가 차지하는 비중은 상당히 크다. 중동 지역의 산유국들은 그간 석유를 팔면서 달러를 받아왔다. 그런데 이라크가 2000년 11월 1일부터 석유대금으로 유로화를 받겠다고 한 것이다.

《마약, 석유, 전쟁》의 저자인 버클리대의 스콧 교수에 의하면, 석유수출국기구 가운데 이라크는 석유대금을 달러에서 유로로 바꾼 첫 번째 나라였다. 이는 중요한 변화였다. 그러한 결정이 다른 나라들에까지 확대될 경우, 미국에게는 심각한 위협이 될 것이기 때문이었다. 결국 미국의 이라크 침공으로 이는 없던 일이 되었다.

"석유 수출국들이 요즘 하루에 벌어들이는 돈은 모두 70억 달러, 1년으로 치면 2조 5천억 달러에 이른다."《오일머니의 대이동》을 쓴 모건스탠리의 외환투자전략가 스티븐 젠의 말이다. 이런 엄청난 금액의 상당 부분이 유로화로 거래가 된다면 달러는 하루아침에 폭락을 면치 못할 것이다. 더 놀라운 것은 석유 수출국들이 보유하고 있는 원유매장량의 가치다. 다 합하면 현재 기준으로 약 140조 달러에 이를 것으로 추정된다. 50조 달러 규모인 세계 주식시장의 무려 세 배에 해당한다. 연간 세계 GDP 규모도 60조 달러 정도다.

게다가 후세인은 여기에 더해 치명적인 실수를 저지른다. 미국의 이라크 침공 직전에 후세인은 이라크 남부의 유전개발권을 중국에게 양도한 것이다. 이것 또한 미국에게는 상당한 자극이 될 수밖에 없었다. 미국은 이제 더 이상 머뭇거릴 여유가 없었다. 2003년 3월 20일 미국의 이라크 침공이 시작되었다. 숨겨진 비밀 무기를 찾는다는 명분으로. 결국 후세인의 실수는 그의 목숨으로 갚을 수밖에 없었다.

달러 거부 반미국가 = 악의 축

이밖에도 스콧 교수는 세계의 기축통화로서 달러가 가지고 있는 위상을 위협할 만한 사례를 이라크 외에도 여럿 거론했다. 이란의 포렉스 펀드 자산의 절반이 달러에서 유로로 바뀌었으며, 2002년에는 중국이 외화 준비금을 유로로 바꾸었다, 러시아중앙은행도 480억 달러에 달하는 외화준비금 가운데 20%를 유로로 바꾸었다. 또한 캐나다은행, 중국인민은행, 대만중앙은행도 유로 통화로 무게 중심을 옮겨가고 있다. 또한 북한도 2002년 12월 1일부터 공식적으로는 북한 내 달러 사용을 전면 금지하고 대외 결제 수단도 유로화로 바꾸었다. 이로써 '달러 거부 반미국가 = 악의 축'이라는 등식이 성립되었다.

스콧 교수가 예를 든 것처럼 세계 각국이 달러에서 유로로 바꾸는 사태가 계속 진행된다면, 미국이 누려왔던 달러의 시뇨리지 효과로 얻는 이익은 큰 타격을 입을 수밖에 없다. 미국이 이라크 전쟁을 일으킨 것은 바로 이런 자본의 흐름을 차단하기 위해서였다. 이라크 전쟁 이후 이슬람 국가에서 빠르게 확산되고 있는 '달러보이콧 운동'

을 주목해야 할 이유도 여기에 있다.

원유결제통화에 대한 논란 가중

2007년도에는 주요 국가들의 통화 간 역학구도가 급변하면서 국제 외환시장에서 각국의 통화가치가 요동쳤다. 이 가운데에서도 가장 민감한 반응을 보인 국가들은 OPEC 회원국들이었다. 달러화는 그동안 세계 최대 무역상품인 원유의 유일한 결제화폐였다. 달러화의 가치 하락으로 OPEC 회원국들이 원유 수출로 벌어들이는 실제 이득이 줄어들었다. 특히 사우디아라비아와 아랍에미리트연합(UAE) 등 OPEC 주요 산유국은 자국 화폐와 달러를 '페그제'로 묶어 놓았기 때문에 더욱 손해를 보았다. 페그제란 달러화에 대해 자국 화폐의 교환 비율을 고정시킨 제도다.

이 때문에 2007년 11월 사우디아라비아 리야드에서 7년 만에 열린 OPEC 정상회담에서 달러를 원유결제통화로 계속 유지할 것이냐를 놓고 회원국들이 격론을 벌였다. 원유결제통화를 달러 대신 다른 통화로 바꾸자는 이란과 베네수엘라 등의 요구에 밀려 OPEC이 결국 결제 화폐 변경 문제를 공식 연구하기로 결정했다.

산유국들의 달러화 기피 현상은 이미 부분적으로 가시화되고 있다. 세계 4위 산유국 이란은 "원유결제통화를 달러화로 하지 않겠다."고 선언했다. 아랍에미리트연합은 "외환보유액 가운데 유로화 비중을 5%에서 10%로 높이겠다."고 밝혔다. 쿠웨이트는 2007년 5

월 인플레이션을 견디지 못하고 달러 페그제를 통화바스켓 제도로 변경했다. 홍콩 등 달러 페그제를 채택하고 있는 국가들도 환율제도를 바꾸는 방안을 심각하게 검토하고 있다. 참고로 홍콩은 1983년 달러 페그제를 실시한 후 환율은 미화 1달러 당 7.75~7.85 홍콩달러로 사실상 고정돼 있다.

2009년 10월 영국 일간지 〈인디펜던트〉는 아랍 국가들과 중국·일본 등 주요 석유 수출입국들이 석유거래에서 미국 달러에서 탈피하기 위해 비밀리에 움직이고 있다고 보도했다. 이 신문은 앞으로 2019년 중국의 위상이 크게 높아질 것이라는 점을 주목하고 있다. 통화바스켓을 도입하기로 한 중국의 GDP는 10조 달러가 될 전망이다. 이는 연평균 7% 성장을 가정하였을 때 나오는 수치다.

반면에 미국의 세계 GDP 점유율은 20% 아래로 떨어질 거라고 보고 있다. 7년 뒤에도 여전히 랭킹 1위는 미국이겠지만, 미국의 독주시대는 막을 내릴 것이라는 의미다. 아랍 국가들은 미국의 쇠퇴와 중국의 부상이 아랍의 지정학적 관계에 큰 변화를 몰고 올 것으로 기대하고 있다고 신문은 전했다.

미국이 이란의 석유수출을 봉쇄했던 참 이유

2012년 3월 미국과 유럽이 이란의 핵개발을 거론하면서 이란의 석유수출을 16개월간 봉쇄했다. 하지만 미국의 본질적 저의는 이란이 석유수출의 달러시스템에서 이탈하여 석유수출대금을 달러가 아닌 다른 통화로 대체했기 때문이다.

이란은 이라크와 달리 러시아, 중국, 인도, 터키 등 주변 우방국들이 지원해주고 있어 쉽게 미국과 유럽의 압력에 굴복하지 않았다. 중국과 터키는 이란산 원유와 천연가스 수입값을 금으로 결제했다.

이란은 인도나 중국으로부터 식량을 수입하면서 이 금을 결제도구로 활용했다. 미국이 이를 눈치 챈 것은 1년여 뒤인 2013년 7월이었다. 미국은 즉각 이란으로의 금 거래를 금지시켰다. 금 결제가 막히자 이란은 인도에 수출하는 원유값의 45%를 인도 화폐인 루피로 지불받기로 했다.

이란 역시 달러에 의한 원유거래의 완전한 중지를 선포하며 금이나 엔, 위안, 루블, 루피로 거래하면서 동시에 자기 화폐인 리알을 무역거래에 사용하기 위해 노력했다.

달러에 대한 배척기운이 고조되면서 원유결제에서 달러를 배제하기 위한 움직임이 강화되었다. 이란 이외에도 러시아와 베네수엘라가 원유거래에서 달러 결제를 거부했다. 더구나 러시아는 루블을 지역화폐로 키우기 위해 루블의 유통을 촉진시키고 있다.

카다피, 북아프리카 지역 공동화폐 제안

후세인이 용의 비늘을 건든 격이 되어 그의 운명이 결정되었듯 42년간 리비아를 철권 통치해 온 카다피도 후세인과 비슷한 전철을 밟았다.

카다피는 1970년대부터 아프리카연합 창설을 꿈꾸어왔다. 그는 EU체제와 비슷한 아프리카연합을 결성하려면 통화시스템부터 구축해야겠다고 생각했다. 리비아 화폐 디나르는 막대한 양의 금으로 뒷받침된 세계에서 유일한 금태환 화폐였다. 카다피는 디나르를 북아프리카 지역의 공동화폐로 쓰자고 제안했고, 2003년 디나르 금화가 정식으로 발행되었다.

카다피는 원유와 자원을 수출할 때 달러와 유로화에서 벗어나 디나르 금화를 공식화폐로 쓸 생각이었다. 리비아는 양질의 원유와 천연가스가 매장된 나라여서 리비아의 공동 화폐안에 동조하는 나라가 늘어나면 아프리카에서 달러의 지위가 흔들리게 된다.

그뿐만이 아니었다. 그는 '아프리카통화기금 구상'이라는 것을 제안했다. 이는 아프리카 투자은행, 아프리카 중앙은행과 더불어 아프리카연방 계획 구상의 세 축을 이루는 하나였다. 이 아프리카 통합계획의 주도자가 카다피였다.

만약 리비아 통화에 기반한 아프리카연합을 창설하려는 카다피의 계획이 성공한다면 미국으로서는 골칫거리일 수밖에 없었다. 결국 카다피는 장기집권과 철권통치에 반대하는 반정부 시위가 2011년 2월에 시작된 후 시민군을 지원한 미국과 서방세력에 의해 그해 10월 궤멸당했다.

프랑스의 반발

미국은 프랑스 최대은행인 BNP파리바에 자그마치 89억 7천만 달러라는 역대 사상 최대의 벌금을 물렸다. 경제 제재를 받고 있는 이란, 수단, 쿠바 등과 금융거래를 한 혐의이다. 종전 최고 벌금 기록이었던 2012년 HSBC의 19억 2천만 달러보다 세 배 이상 많다. 2014년 6월 BNP파리바는 불법 금융거래 혐의에 대해 유죄를 인정하고 미 법무부와 뉴욕 주 검찰, 금융감독청 등 관련 당국과 벌금을 물기로 합의했다.

이번 합의로 BNP파리바는 뉴욕 주 은행 영업권 취소 조치는 면했지만 뉴욕지사를 통한 원유 및 가스 관련 달러화 청산 업무는 2015년 1월 1일부터 1년간 정지된다.

프랑스 정부는 미국이 문제 삼은 BNP파리바 금융거래가 유럽연합(EU) 규정을 위반한 게 아니라고 주장했지만 미국은 이를 받아들이지 않았다. 그만큼 미국은 달러에 대한 도전이나 규제에 동참하지 않을 경우에는 우방국일지라도 절대 용서치 않겠다는 결의를 줄곧 보여 왔다.

BNP파리바 문제에 대해 프랑스 고위 인사들이 거침없는 '탈 달러'의 발언을 내놓았다. 프랑스 국립은행 총재는 "이것이 달러로부터 다변화를 조장하게 할 것"이라고 말한 이후 프랑스 재무장관 미셸 사팽은 "이제 유로의 사용을 강화할 적기이다. 우리는 항공기를 달러로 팔고 있다. 그것이 필요한 것인가? 나는 그렇게 생각하지 않는다."고 했으며 프랑스 거대 정유회사 토탈의 CEO는 "달러로 지불할 이유가 없다."고 달러에 대한 명백한 도전적 발언을 내놓았다.

니콜라 사르코지 프랑스 전 대통령은 달러 중심 국제통화시스템이 2008년 글로벌 금융·경제 위기로 그 효율성을 잃었다고 보고 국제통화시스템인 브레튼우즈체제를 대신하는 신브레튼우즈체제가 필요하다고 주장한 바 있다.

고유가의 진실 – 원유 가격과 금 가격

1973년 초 금 1온스의 가격은 38달러였다. 2010년 초 금 1온스의 값은 1천 달러가 훌쩍 넘는다. 금값이 올랐다기보다는 달러 가치가 많이 떨어진 것이다.

이번에는 원유 가격을 보자. 1974년 초 11.6달러였던 원유 가격이 2012년 1백 달러 선을 오르내리고 있다. 실질가치로 본 원유가는 지난 38년 동안 등락은 있었지만 결과적으로 그리 오르지 않았다는 이야기다.

최근 금값이 많이 올랐다고 하지만 역사적으로 길게 보면 금값 또한 그리 오르지 않았다. 제레미 시겔 미국 와튼스쿨 교수가 1802년부터 1997년까지 약 2백 년에 걸쳐 각 자산들의 투자수익률을 산출해 본 결과 미국 주식이 747만 배(배당금을 재투자한다고 가정)가 되어 있을 동안 금은 약 12배 오르는 데 그쳤다.

각국 외환보유고에서 달러 비중 감소 추세

2002년 이후로 각국 중앙은행이 보유한 달러 자산 비중이 크게 줄고 있다. 2001년 각국의 중앙은행은 외화통화 표시 자산 중 72%를 달러로 보유했었다. 그 비중이 2008년에는 64%, 2012년에는 62%로, 2013년에는 61.4%로 낮아졌다.

각국의 중앙은행이 자산 보유 다변화 차원에서 외환보유액 가운데 통화 비중을 2000년 78%에서 2012년 56%로 줄였다. 이 가운데 달러 비중을 더 축소하고 있는 것이다.●

문제는 앞으로도 이러한 달러 비중 축소는 계속될 것이라는 점이다. 피터 죌러 국제결제은행(BIS) 은행 담당 최고 책임자는 "세계 각국 중앙은행이 보유하는 외환 중에서 달러화가 차지하는 비중이 향

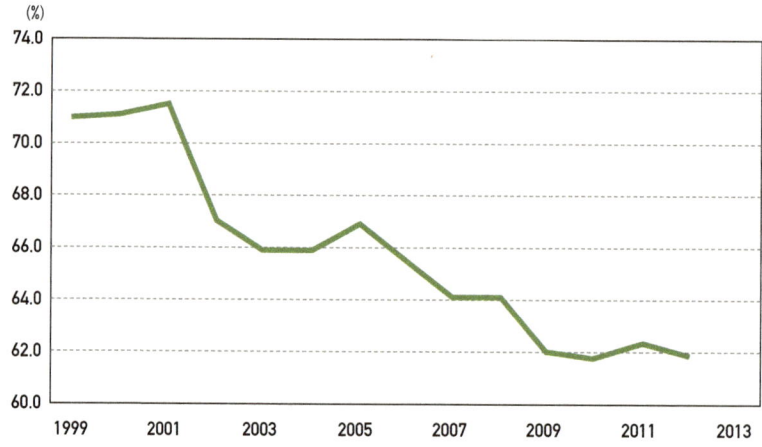

∷ 각국 중앙은행의 외화통화 표시 자산 중 미 달러 비중 감소율 (자료 : IMF)

● 〈달러가치 장기적으로 하락추세〉, 김영익 서강대 겸임교수

:: 글로벌 외환 보유 통화 비율. 2013년 12월 기준. (자료 : 국제통화기금)

후 몇 년 사이에 10~15% 줄어들 것"이라고 말했다. 이에 따라 세계 각국의 외환 보유 통화로서 달러화 비중은 50~60%로 내려갈 가능성이 있다는 게 BIS의 판단이다. 쥘러는 "달러화를 제외하면 세계 각국이 위안화의 보유 지분을 확대하고 있어 위안화의 비중이 갈수록 커질 수밖에 없다."고 설명했다.

중국 외환보유고, 미국 달러표시 자산 비중 급감

특히 중국이 2011년 이후 달러 자산을 거의 늘리지 않고 있다. 1990년대 중반 이후 미국 경제는 고성장과 저물가를 동시에 달성했는데, 이를 경제 전문가들은 '골디락스' 곧 '신경제'라 불렀다. 1990년대 중반 이후 미국 가계가 신경제에 힘입어 소비를 늘리는 동안 중국 생산자들이 값싸게 물건을 생산해서 그들에게 공급했다. 그리고 중국은 수출에서 번 돈으로 미국 국채를 매입해서 금리를 더 낮춰주었다. 신경제에 대한 소비자들의 낙관과 금리 하락이 소비를 부추겼다. 또

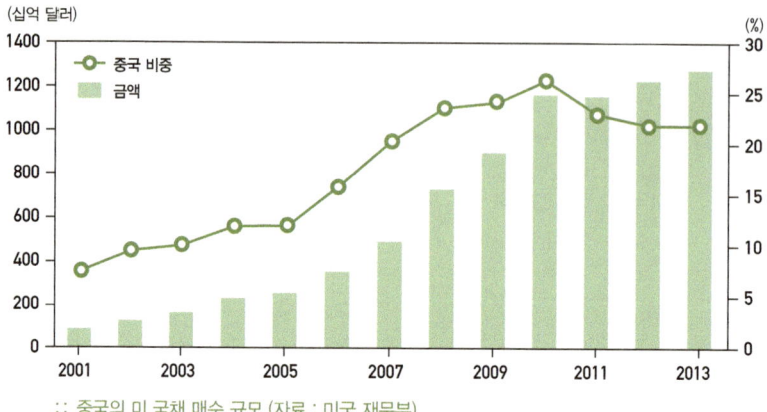

:: 중국의 미 국채 매수 규모 (자료 : 미국 재무부)

한 저금리는 주택 수요를 늘려 주택가격 상승을 초래해 가계의 부를 높여 소비를 증가시켰다. 그래서 미국 소비가 더 늘어나자 중국은 수출을 더 많이 했고 국채 매입도 더 늘렸다.

2001년 중국이 보유한 미 국채는 786억 달러에 지나지 않았으나, 2008년에는 7,274억 달러로 9배 정도 늘었다. 이로써 외국인의 미 국채 보유 중 24%를 차지해 일본을 앞지르고 최대 미국 국채 보유국이 되었다.

그러나 2011년 이후로는 중국이 미 국채를 소폭 사들이는 데 그치고 있다. 외국인의 미 국채 보유 중 중국이 차지하는 비중도 2010년 26%를 정점으로 2013년에는 22%까지 낮아졌다. 2013년 말 현재 중국은 미 국채 1조 2,689억 달러어치를 보유하고 있다. 외국인이 보유하고 있는 미국 국채(5조 7,949억 달러)의 22%에 해당한다.●

● 〈달러가치 장기적으로 하락추세〉, 김영익 서강대 겸임교수

2011년 중국이 미국과의 무역에서 2,720억 달러 무역흑자를 기록했다. 이러한 중국의 대미 무역흑자는 장기간 지속되어 왔으며, 2012년 현재 중국은 1.7조 달러에 해당하는 다양한 미국 유가증권을 축적하고 있다. 하지만 중국 입장에서 달러자산을 계속 축적하는 것은 장기적으로 보면 불리할 수 있다.

2012년 5월 미국 재무부 자료를 보면 중국이 미국 달러 자산에 투자를 줄이고 대신 재정위기로 혼란을 겪고 있는 유로 표시 자산 매입을 증가시키고 있는 것으로 나타났다. 경제전문가들은 만약 중국이 미국 유가증권 매입을 줄이기 시작하면 미국 이자율이 상승하면서 미국 경제가 타격을 받게 될 것이라고 오래전부터 경고해 왔다. 그러나 중국이 외환보유고를 크게 다변화했지만 걱정했던 사태는 나타나지 않았다.

중국의 외환보유고에서 달러 자산이 차지하는 비중이 2010년 7월 65%에서 2012년 초 54%로 하락했다. 미국 재무부와 중국 정부가 공표한 자료들을 기초로 분석해보면, 2011년 중국은 연간 외환보유고 증가분의 15%만 미국 유가증권을 매입했으며, 이는 2010년 45%, 그리고 과거 5년 평균 63%보다 크게 낮은 수치이다. 우리나라가 외환보유고의 90% 이상을 달러표시 자산으로 보유하고 있는 것과는 큰 차이이다.

중국은 2006년 2월 일본을 제치고 세계 최대 외환보유국이 되었으며, 2006년 10월 처음으로 1조 달러를 넘어섰다. 그 후 2009년 6월에 2조 달러, 그 후 2년 이내인 2011년 3월에 3조 달러를 초과하는 모습을 보였다. 2014년 6월에는 4조 달러에 육박했다. 그런데 중요한 것은 이러한 세계 최대의 외환보유고 국가가 달러화의 비중을 줄이고 있다는 사실이다.

세계 최대 채권펀드, 미 국채 전량 매각

미국 국채 보유를 줄이는 곳은 각국 중앙은행뿐만이 아니다. 세계 최대의 채권펀드인 토털리턴펀드가 그동안 보유해온 미국 국채를 2011년 2월 모두 처분했다. 토털리턴펀드의 미국 국채 보유비중이 전체 펀드보유액 2천 369억 3천만 달러의 12%였으나 이를 모두 팔아 치웠다. 이 펀드를 운용하는 빌 그로스는 세계 최대 채권업체 핌코의 설립자이자 공동 투자책임자로 '채권왕'이라는 별명을 갖고 있다.

빌 그로스는 최근 미국 국채가 연방준비제도(연준)의 양적완화 조치 때문에 인위적으로 고평가돼 있다고 지적해왔다. 연준이 경기를 살리기 위해 미국 국채를 대거 구입하면서 시장 균형에 맞지 않게 수요가 늘었다는 것이다. 그는 양적완화 조치가 마무리되면 미 국채 수요가 갑자기 줄어들 것이라면서 투자자들은 이를 이미 인식해 대비에 나서고 있다고 지적했다.

미국 정부, 금의 도전을 용서치 않다

1973년과 1979년의 두 차례 오일 쇼크를 거치면서 달러 가치가 떨어지자 금값이 온스당 834달러까지 올랐다. 이는 지금 물가로 환산하면 온스당 2천 달러를 넘는 수준이다.

주식은 배당을 지급하고 채권은 이자를 준다. 하지만 금은 아름다움 외에는 주는 가치가 없다. 금은 전통적으로 재미 없는 안전자산이었다. 2백 년 동안 12배 오른 금이 2011년까지 10년 만에 다시 4배 이상 급등한 것은 달러화 약세에 따른 현상이다. 그러자 금은 포트폴리오 분산 차원에서 투자대상으로 여겨졌다. 실제로 전 세계 주요 중앙은행들과 국부펀드들이 달러화 자산 대신 금으로 옮겨가면서 금값 변동성을 부추겼다. 붕괴 위험성이 높아지고 있는 미국 경제 때문에 달러 자산을 계속 보유했다가는 엄청난 손실을 감수해야 할지도 모르기 때문이다.

글로벌 금융위기 이후 달러를 불신한 투자자들이 안전자산인 금을 선호하기 시작했다. 2011년 9월 5일 금 가격은 사상 최고치인 온스당 1,920달러까지 치솟았다. 7개월 만에 무려 6백 달러가 상승한 것이다.

미국으로서는 금값 상승이 달가울 리 없었다. 왜냐하면 이자 한 푼 안 붙는 안전자산으로 돈이 몰린다는 뜻은 그만큼 달러에 대한 불신을 의미하기 때문이다. 게다가 각국이 외환보유고에서 달러 비중을 줄이고 금 보유를 늘리는 것을 견제할 필요가 있었다.

미국 정부와 연준의 독수, 폭락하는 금값

미국 정부와 연준은 독수를 준비했다. 우선 연준은 2011년 9월 21일 4천억 달러 규모의 오퍼레이션 트위스트를 실시했다. 오퍼레이션 트위스트는 장기국채를 사들이고 단기국채를 매도함으로써 장기금리

∷ 금 가격 추이 (자료 : 아이투자, 뉴욕상품거래소)

를 끌어내리고 단기금리는 올리는 공개시장 조작방식이다. 사람들은 연준이 왜 오퍼레이션 트위스트를 시행하는지 잘 몰랐다.

타깃은 금이었다. 단기금리가 상승하니 이자 한 푼 벌어들이지 못하는 금 투자자에게는 치명적이었다. 금값이 수직 낙하했다. 단 이틀 만에 1천 9백 달러대에서 1천 6백 달러대로 떨어졌다. 사람들이 안전 자산이라 믿고 있는 금값도 이렇게 급락할 수 있다는 것을 보여준 것이다.

곧 바로 뒤 이어 9월 23일 미국 정부는 폭탄 규정을 내놓았다. 금과 은의 선물거래 증거금을 각각 21%와 16% 인상했다. 증거금이 인상되면 거래비용 부담이 늘어 상품 가격은 하락하는 법이다. 그러자 금값은 일주일 사이에 거의 10%가 폭락했다.

금에 투자한 헤지펀드들에게는 날벼락이었다. 보통 헤지펀드들은 20배 정도의 레버리지(부채)를 사용해 금에 투자하는데 이때 너무 큰 타격을 받았다. 조지 소로스와 폴 존슨이 그해 큰 손해를 본 이유였다.

4월 12일 황금 대학살

그럼에도 금에 대한 수요는 줄지 않았다. 오히려 2012년 12월부터 뉴욕상품거래소에서는 실물 금에 대한 인도 요청이 늘어났다. 그 뒤 4개월 사이에 무려 보유분의 27%가 줄어들었다. 너무 빨리 줄어드는 금 재고분에 대한 우려가 증폭되었다. 미국 정부는 또 다시 이에 대한 대책이 필요했다.

2013년 4월12일. 금요일이었다. 뉴욕상품거래소(COMEX)가 개장하자마자 갑자기 금 1백 톤짜리 매도 주문이 날아들었다. 갑작스럽게 쏟아진 어마어마한 매도물량이 시장을 덮쳤다. 금 가격은 대폭 하락했다. 두 시간가량 지나 시장이 안정을 찾을 무렵 3백 톤의 매도물량이 다시 쏟아졌다. 이는 2012년 세계 금 생산량의 11%에 이르는 규모였다. 온스당 1,521달러였던 금 가격은 이날 오후 5시께 1,476달러까지 떨어졌다.

중국의 국제금융학자 쑹홍빙은 그의 저서 《탐욕 경제》에서 이날 사건을 두고 '4·12 황금 대학살'이라 부르며 미국 정부와 월스트리트가 금시장에 탄압을 가한 결과라고 설명한다.

놀란 투자자들이 미국 국채로 몰려들면서 달러의 가치는 계속 오르는 반면 금값은 하락하고 있다. 이런 연유로 한때 온스당 1천 9백 달러를 넘어섰던 금값이 최근 들어 많이 떨어졌다. 2014년 9월 현재 금값은 1,265달러 수준이다. 미국 정부가 금 비중을 늘리는 각국 중앙은행에 멋지게 카운터펀치를 먹인 셈이다.

하지만 미국도 안심하기에는 이르다. 왜냐하면 금값이 싸지면 일반인들의 수요가 살아난다. 뿐만 아니라 1968년에 미국이 금시장을 평정하려 영국과 손잡고 금 9천 3백 톤을 시장에 풀었을 때 그 많은 금을 시장이 소화해 버린 역사적 사실이 있다. 미국에서 또 대량의 금이 쏟아져 나온다면 시장이 벼르고 있을 수도 있다. 시장규제가 완화되면 금값은 더 오를 여지가 충분하다.

● 《탐욕경제 - 화폐전쟁 5》, 쑹홍빙, 알에이치코리아, 2014년 7월

The Exchange Rate Wars Story

글로벌 금융 권력의 이동

5

2008년 미국에서 촉발된 글로벌 금융위기는 달러의 위상을 근본적으로 흔들고 있다. 글로벌 금융 권력의 이동과 함께 새로운 주도권 쟁탈을 위한 예고편들이 적잖이 등장하고 있다.

가까운 시간 안에 달러가 심하게 흔들리는 일은 없을 것으로 보이지만 작은 균열들이 모이면 큰 구멍이 생기는 법이다. 세계 곳곳에서 벌어지는 균열들의 트렌드와 그 현장을 살펴보자.

외환보유고 증대의 한계

달러와 금, 갈수록 보유할 가치가 줄어들어

우리나라는 물론 중국을 비롯한 대부분의 외환보유고 과다 소지 국가들은 외환보유고 증대의 한계를 느끼고 있다. 외환보유고란 쌓으면 쌓을수록 외환위기에 대비해 안전하겠지만 이것을 유지하고 관리하는 데 적지 않은 기회비용이 들기 때문이다.

그리고 이제는 거래통화의 다변화, 각국 간 통화스왑 등으로 유사시에 대비하는 다른 수단들이 강구되어 있어 곳간에 달러나 금을 잔뜩 쌓아둘 필요성이 점차 줄고 있기도 하다. 이러한 현상은 미국 국채 수요의 감소를 가져와 미국으로서는 심각한 문제에 봉착한 셈이다.

순위	국 가	외환보유액(억 달러)
1	중 국	39,481
2	일 본	12,839
3	스위스	5,447
4	러시아	4,672
5	대 만	4,217
6	브라질	3,688
7	한 국	3,609
8	홍 콩	3,202

:: 주요 국가별 외환보유고. 2014년 4월 말 현재. (자료 : IMF, 각국 중앙은행 홈페이지)

세계 중앙은행들의 외환보유액 규모가 2013년 11조 달러를 넘어섰다. 통화 구성이 빠르게 다변화되면서 선진국에서는 달러화 비중이 줄어들고, 신흥국은 늘어나는 추세를 보였다.

IMF에 따르면 2013년 말 각국 중앙은행 외환보유고 총액은 11조 6,736억 달러로 사상 최대치를 기록했다. 2008년 말까지만 해도 7조 3,460억 달러에 불과했으나 글로벌 금융위기 이후 증가 속도가 가파르다. 전체 외환보유액 중 신흥국들이 차지하는 비중이 67.3%로, 선진국들의 양적완화 정책 등에 대응하기 위해 외환보유고를 지속적으로 확보해온 영향이다.

특히 아시아 지역에 돈이 몰려 있다. 실제 제이피모건의 추산에 따르면 2014년 6월 30일 현재 아시아 외환보유고 총액은 7조 4천 8백억 달러로 이는 전 세계 외환보유고 총액 11조 9천억 달러의 63%를 차지하는 액수다.

2013년 말 통화구성 내역을 보고한 중앙은행들의 외환보유액 중 미국 달러화가 61.2%로 가장 많았다. 다음으로 유로(24.5%), 파운드

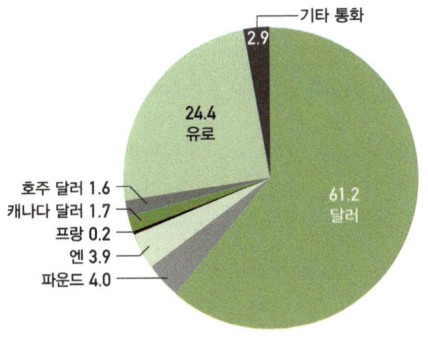

:: 2013년 말 세계 중앙은행 외환보유액 구성. 국제통화기금(IMF)에 통화구성 내역을 보고한 중앙은행들의 외환보유액 6조 2,208억 달러(53.3%) 기준 (자료 : IMF)

(4.0%), 엔(3.9%) 등의 순이었다. 글로벌 금융위기 이후 선진국은 달러화 비중을 줄이고 유로와 기타통화의 비중을 늘렸다.

중국, 더 이상 외환보유고 늘리지 않겠다

한국증시에서 2014년 들어 가장 큰손은 중국투자가다. 2014년 7월까지 9조 원을 순매수한 외국투자가들을 보면 아시아가 6.1조 원, 중동이 3조 원 미국이 1.5조 원이다. 반면 금융위기로 허덕이는 유럽은 6.1조 원을 순매도 했다. 중동과 아시아의 국부펀드들이 금융위기 후 유증으로 허덕이는 유럽과 미국에서 아시아로 눈을 돌렸다.

중국투자공사(CIC), 싱가폴투자청(GIC), 아부다비투자청 등 세계 유수의 국부펀드들이 움직이고 있다. 한국투자에 관한 한 채권에서

● 〈세계 중앙은행 지난해 외환보유액 11조 6천 7백억 달러 '사상최대'〉, 방성훈 기자 등, 이데일리, 2014년 4월 18일

주식으로 입맛이 바뀌고 있다. 특히 주목할 것은 중국이다. 중국은 2013년에만 무역수지에서 2천 3백억 달러, 무역외 항목에서 2천 7백억 달러가 들어와 외환보유고가 5천억 달러나 늘어났다. 중국은 유입되는 돈을 주체를 못할 지경이다. 이는 부동산과 자산가격의 버블로 나타나고 있다. 또한 미국과 첨예한 대립을 하는 위안화 절상압력 문제를 더 크게 하고 있다.

2013년 12월 중국인민은행은 더 이상 외환보유고를 늘리지 않겠다는 입장을 밝혔다. 2014년 연초부터 수입확대, 기업의 해외투자 장려, 해외 후진국의 원조와 직접투자를 대대적으로 실시하고 있다. 그럼에도 매달 평균 280억 달러의 무역수지흑자와 80억 달러내외의 직접투자자금이 유입되고 있어 대략 월평균 3백억 달러의 자금이 쌓인다. 적어도 연간 3천억 달러 이상 외환보유고가 늘어날 가능성이 있다.

여기에다 중국의 위안화 절상을 노린 핫머니의 유입을 감안하면 중국 정부당국의 외환관리는 비상이다. 그래서 중국은 달러 퍼내기 작전에 돌입했다. 동시에 기업, 금융기관, 국부펀드를 통해 직접투자, M&A를 장려하고 있다. 한국의 금융기관 매각에 중국 금융기관들이 입질하고 있는 것도 이 때문이다.

이제 중국 돈의 수출은 본격화되고 있다. 이젠 한국에도 미국 돈이 아니라 중국 돈이 들어오고 있다. 한국금융계에 중국 돈을 제대로 다룰 만한 '중국통 인재'가 절실히 필요한 시점이다.

● 〈중국 돈이 말을 걸면 화들짝-G2위상, 위안화 파워 "띵띵"〉, 전병서 중국금융연구소장

통화 권력의 다변화

글로벌 금융권력 동(東)으로

우리나라의 현대경제연구원도 몇 년 전에 세계 자본시장의 중심이 미국 등 선진국으로부터 오일달러 아시아 중앙은행 헤지펀드 사모펀드 등 4대 신흥세력들로 이동하고 있다고 분석했다.

맥킨지글로벌 역시 원유수출국과 아시아 정부 투자자들의 자산이 다른 기관 투자자들의 두 배 수준으로 빠르게 성장할 것으로 내다봤다. 걸프국가와 러시아 중심의 원유수출국들과 중국을 비롯한 아시아 정부 투자자들의 2008년 말 자산 규모는 9조 7천억 달러에서 2013년 21조 7천억 달러에 이른 것으로 맥킨지는 추정했다. 이는 글로벌 금융권력이 동(東)으로 이동함을 뜻한다.

또 수많은 헤지펀드와 사모펀드들이 위기 파고에 밀려 퇴출됐지만 이들 역시 다시 금융시장에서 권력을 거머쥘 것으로 예상됐다.

2008년 2조 3천억 달러 규모 자산에서 2013년에는 3조 6천억 달러까지 늘었다는 추정이다.

각 주체별로는 원유부국들의 자산이 2008년 5조 달러에서 2013년에는 13조 2천억 달러까지 급증한 것으로 보인다. 더 보수적인 경제회복을 가정해도 8조 9천억 달러까지 자산증식이 가능했을 것이라는 분석이다. 특히 맥킨지는 2008년 유가급락으로 원유수출국들의 부도 급감했지만 이들이 새로운 4강구도 안에서 가장 영향력을 키울 것으로 보고 있다. 아시아 정부 투자자 자산 역시 2013년 8조 5천억 달러까지 늘어난 것으로 보인다.

이밖에 헤지펀드는 2조 4천억 달러, 사모펀드는 바이아웃 증가로 1조 2천억 달러까지 자산이 증가할 것으로 전망됐다. 한편 맥킨지는 연금과 뮤추얼펀드, 보험회사와 같이 과거 산업사회에서 가장 지배적이었던 금융집단들 역시 여전히 시장에서 영향력 행사를 지속할 것으로 관측했다.

연금펀드 자산은 2008년 말 25조 달러를 기록했으며 뮤추얼펀드는 18조 8천억 달러, 보험사는 16조 2천억 달러에 달해 전체 자산 규모가 60조 달러에 이른다. 다만 2007년 75조 5천억 달러에 비해서는 크게 줄어든 수치다.

2007년 기준, 22조 달러 규모인 선진국 연기금은 연성장률이 5%대에 머물고 있는 반면, 중동의 오일머니와 중국을 비롯한 아시아 중앙은행들의 자산은 매년 20%씩 늘어나고 있다. 2015년쯤에는 4대 신흥세력의 자산규모가 선진국 연기금을 추월할 것이라는 전망이다. 특히 아시아와 중동의 국부펀드는 글로벌 금융시장에서 새로운 강자로 급부상하고 있다.

투자은행인 모건스탠리는 2007년 2조 5천억 달러 규모인 전 세계 국부펀드가 15년 뒤인 2022년에는 27조 7천억 달러로 불어날 것으로 전망하였다. 그 해 전 세계 금융자산 추정 규모의 9%가 넘는다.

미국의 이라크 침공이 오히려 화근을 만들다

각국의 도전은 이미 시작되었다. 무엇보다 먼저 팍스 달러리움의 뿌리라 할 수 있는 '석유-달러' 체제를 OPEC 회원국인 이란과 베네수엘라가 거부하고 있다. 이란과 베네수엘라는 중동과 남미에서 반미의 기수로 자처하면서 새로운 지역 맹주로 부상하였다.

특히 미국은 핵개발 의혹이 있는 이란에 대해 과거와는 달리 강력하게 밀어붙이지 못하고 있다. 물론 이라크를 점령함으로써 중동 지역의 지배권을 강화하려던 계획도 사실상 실패로 돌아갔다.

미국이 이라크전이라는 늪에 빠져 있는 동안 레바논의 헤즈볼라, 팔레스타인의 하마스 등 과격 이슬람주의 세력은 오히려 세를 확장하였다. 게다가 미국이 이라크에서 철수한 이후, 이라크와 시리아에 걸쳐 '이라크 · 시리아 이슬람국가'(ISIL)가 탄생해 미국을 곤혹스럽게 하고 있다. 이슬람 근본주의인 칼리프체제를 표방하는 강성 국가의 출현이었다.

이는 미국이 후세인을 처단하고 신정부를 구성하는 과정에서 반대 세력을 포용치 않고 친미 정부를 세웠기 때문에 불거진 반작용이

:: 이라크 · 시리아 이슬람국가(ISIL) 통치 지역

었다. 미국이 이라크를 침공한 이유 가운데 하나는 이라크가 원유결제대금으로 달러화 대신 유로화를 사용하였기 때문이지만, 아이로니컬하게도 상황은 역전된 셈이다.

국부펀드의 득세

다른 OPEC 회원국들도 미국에 위협이 되고 있다. 미국에너지정보국(EIA)의 보고서에 따르면, OPEC 회원국들의 2008년 오일머니는 6,580억 달러, 2009년에는 7,620억 달러에 이른 것으로 추정했다. 이처럼 오일머니가 쌓이다 보니 OPEC 회원국 가운데 아랍에미리트와 쿠웨이트 등은 엄청난 규모의 국부펀드를 만들어 주로 미국의 국채 및 금, 주식 등에 투자하고 있다. 대부분의 국부펀드는 넘쳐나는 외환보유고에서 기원했다. 각국 국부펀드의 총자산은 2011년 말 4.7조 달러 정도로, 전 세계 헤지펀드 자산보다 더 많은 것으로 추정된다.

'오일머니'를 기반으로 한 노르웨이와 중동 국가들의 국부펀드가 세계 10위권 안에 절반을 차지했다. 노르웨이 국부펀드 글로벌연금펀드(GPFG)의 자산은 2012년 9월 기준 6,562억 달러로 아랍에미리트(UAE) 국부펀드 아부다비투자청(ADIA, 6,270억 달러)를 넘어서 세계 1위에 올랐다. ADIA 외에 사우디아라비아통화국(SAMA, 5,328억 달러)와 쿠웨이트투자청(KIA, 2,960억 달러) 등 중동 국가들이 각각 6위와 8위를 차지했다. 중국의 국부펀드가 3위이며 러시아도 오일머니를 기반으로 1,497억 달러 규모의 국가복지펀드(NWF)를 운용하며 10위에 이름을 올렸다.

국부펀드는 주로 아시아와 중동 국가들을 중심으로 늘어나고 있다. 국부펀드는 어떻게 정의하느냐에 따라 규모가 달라지지만 광의로 해석할 경우, 이들 펀드는 2015년 12조 달러까지 늘어날 것으로 보인다. 특히 일부 국부펀드는 미국의 에너지와 통신 및 금융 등 주요 기업을 인수하려는 움직임까지 보이고 있다. 이에 따라 오일머니와 일부 국부펀드가 국제질서라는 측면에서 '보이지 않는 손'의 역할을 증대시킬 것이 확실하다. 리처드 하스 미국외교관계협의회

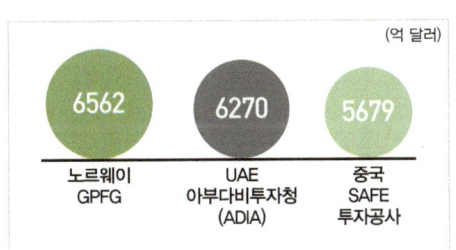

:: 주요 국부펀드 자산 규모, 2012년 10월 현재 (자료 : 국부펀드연구소)

(CFR) 회장은 "중동에서의 미국 패권은 종말을 고했고, 새로운 시대가 열리고 있다."고 지적했다.

중국과 러시아의 도전

:: 국부펀드의 구성. 아시아와 중동 국가 중심으로 구성되어 있다.

중국과 러시아도 이제는 미국에 버거운 상대가 되었다. 중국과 러시아는 서로 전략적 동맹관계를 강화하고, 반미국가들의 든든한 뒷배가 되고 있다. 양국이 미국에 도전할 수 있는 힘이 생긴 것은 경제대국으로 부상했기 때문이다.

중국은 5년 연속 두 자릿수 성장률을 기록하였으며, 2007년 국내총생산은 13년 만에 최고인 11.5%에 이르렀다. 신용위기 와중인 2008년, 2009년에도 각각 9.6%와 8.7%의 높은 성장을 달성했다. 2010년 이후에도 최소 7%대 이상의 성장은 유지하고 있다. 게다가 2014년 외환보유고만 4조 달러다. 미국으로서도 두려운 상대다.

중국 국영 석유 가스업체인 페트로차이나는 2008년 시가총액 기준으로 미국의 엑손모빌을 제치고 세계 최대기업으로 부상했다. 시가총액으로 세계 10대 기업에 중국은 페트로차이나 외에도 차이나라이프, 차이나모바일, 공상은행, 차이나페트롤리엄 등 5개 사를 포진시킨 반면, 미국은 엑손모빌과 제너럴일렉트릭, 마이크로소프트 등 3개 사만 포함되었다. 상전벽해를 연상시키는 변화다.

총자산	5,751억달러
자산증가율	19%
순이익	774억달러
이익증가율	60%
지역별비중	미국 49%, 신흥국 27% 등
업종별비중	금융 22%, 소비재 21%, IT 11% 등

∷ 중국 국부펀드 CIC 현황, 2012년 기준 (자료 : CIC 연례보고서)

또 중국은 2007년 9월 말, 자본규모 2천억 달러의 국부펀드인 중국투자유한책임공사(China Investment Corp : CIC)를 출범시키면서 적극적으로 해외진출을 모색하고 있다. 중국의 대표적인 국부펀드는 2011년 말까지 3개로 늘어났다. 모두 세계 10위권에 포함된다. 전 세계 국부펀드 규모는 2011년 말 기준 4조 7,719억 달러(40개국 · 58개 기금)인데, 중국 3대 국부펀드는 그중 1조 1,120억 달러로 23.3%를 차지하고 있다. CIC 펀드는 2012년 기준, 순이익을 774억 달러나 내면서 자산 규모도 5,751억 달러로 커졌다.

중국은 이와 함께 군사력을 대폭 강화하고 있다. 달 탐사 위성을 발사하고, 항공모함 건조도 착수하였다. 중국은 미국에 이어 두 번째로 많은 예산을 국방비에 투입하고 있다.

자원강국 러시아도 마찬가지다. 러시아는 2000년 이후 연평균 약 7%의 경제 성장을 달성했으나, 세계적인 경제위기에 따른 원자재의 국제수요 감소 및 국제유가 급락 등으로 2009년에는 -7.9% 경제 성장률을 기록했다. 그러나 이후 회복세를 보이며 연평균 4% 내외의 성장을 이어가고 있다. 외환보유고 역시 2012년 5월 기준 5천 2백억 달러로 세계 3위를 차지하고 있다.

러시아는 달러로부터 외환보유고를 다변화하려는 가장 강한 의지를 보여 온 국가였고, 일찍이 외환보유고 다변화에 일정 부분 성공했다. 2010년 기준 외환보유고 가운데 달러가 47%로 가장 높은 편이며, 유로화 41%, 파운드화 10%, 엔화 2% 수준이다.

러시아는 이런 경제적 성과를 바탕으로 미국에 사사건건 시비를 걸고 있다. 이란 핵 문제, 코소보, 동유럽 미사일방어(MD)체제 문제를 놓고 미국과 대립하고 있다. 러시아는 미국의 미사일방어체제를 뚫을 수 있는 새로운 대륙간탄도미사일을 시험 발사하는가 하면, 전략폭격기와 최신예 핵 잠수함 등을 새롭게 개발하는 등 마치 냉전시대처럼 군사력을 확충하고 있다. 러시아 해군은 최근 항공모함 등을 동원, 지중해까지 진출하는 대규모 해상훈련에 돌입했다. 러시아 해군의 지중해 진출 훈련은 소련 붕괴 이후 처음이다.

게다가 중국과 러시아 양국은 이번 신용위기를 자국통화의 영향력 확보의 호기로 보고 통화의 다극체제를 밀어붙이고 있다. 우선 양국은 중·러 양국 교역에서 달러 대신 위안과 루블화를 사용해 결제하는 방안을 추진하고 있다. 2009년 양국 교역은 5백억 달러 규모였는데 2013년 892억 달러로 늘어났다. 세계 외환보유 1위, 3위인 두 나라가 달러 결제를 줄여나갈 경우 달러 가치와 미국 경제에 큰 타격을 줄 것으로 보인다. 러시아는 자국의 원유 및 가스 수출도 루블화로 결제하려는 움직임을 보이고 있다.

'남미판 국제통화기금'인 방코델수르 출범

그런가 하면 중남미 국가들이 '탈(脫) 미국' 행보를 가속화하면서 '금융독립'을 모색하고 있다. 아르헨티나·브라질·베네수엘라 등 남미 7개국은 2009년 '남미판 국제통화기금'인 방코델수르(남미은행)를 출범시켰다. 남미은행은 초기자본금 70억 달러로 베네수엘라 수도 카라카스에 본부를 두고 설치되었다.

남미은행의 첫 번째 지원 프로젝트는 베네수엘라에서 아르헨티나까지 이어지는 8천 킬로미터 천연가스관 프로젝트가 될 것으로 보인다. 가스관은 브라질과 볼리비아를 관통하며 역내 에너지 통합을 가속화할 것이다.

또 중남미 좌파 국가들도 미 달러화의 지배력에 반기를 들고 나섰다. 베네수엘라와 쿠바를 비롯한 중남미 좌파 9개국이 2010년부터 무역거래 시 공동통화인 '수크레'를 이용하기로 한 것이다. 일단은 합의국들 간 거래에서만 이용되지만, 장기적으로는 미국과 유럽연합과의 거래로 확대한다는 계획이다.

이 같은 도전 속에서도 미국은 달러화 헤게모니를 쉽게 내주지 않을 것이다. 하지만 국제질서에서 힘의 이동은 시작되었다. 중국·러시아·인도 등 신흥 경제대국이 미국을 바짝 추격하

:: 남미은행 개황

면서 국제질서는 일극체제에서 서서히 다극체제로 바뀌고 있다.

이처럼 국제 금융시장 질서가 급변하는 근본 원인은 달러의 위상 추락에 있다. 무엇보다 근본적인 까닭은 2000년대 이후 누적되는 미국의 쌍둥이적자, 곧 재정적자와 무역수지적자 때문이다. 미국의 쌍둥이적자는 이라크와 아프가니스탄 전쟁에 지출된 비용이 급증하면서 더욱 심화되었다. 부시 대통령 재임 중 미국의 쌍둥이적자는 연 1조 달러가 넘어섰다. 이는 달러의 위상을 실추시키고 미국 주도의 세계 금융질서에 대한 의구심을 낳았다.

이미 시작된 화폐전쟁

세계 금융위기로 이미 '화폐전쟁'이 시작되었다. 달러를 기축통화로 하는 미국 중심의 세계 금융질서에 대한 도전이 잇따르고 있다. 러시아는 중국에 무역결제통화로 루블화와 위안화를 사용하자고 제안하면서, 이미 외환보유액에서 달러 비중을 줄여왔다. 최근에는 원유와 천연가스 결제대금을 루블화로 하는 방안을 각국에 제안하고 있다. 그 영향으로 자국 통화가치가 달러화에 연동되는 달러 페그제를 시행하는 우크라이나에서는, 기업들이 러시아와 거래에서 달러 대신 루블화로 결제하기로 결정하였다.

러시아 VTB은행 바팀 푸시카레프 이사회 의장은 "미국 일극체제 시절은 종식되었다."며 "몇 년 내 루블화가 세계 3위의 기축통화가 될 것"이라고 주장하였다.

중국도 달러체제 종식에 나서고 있다. 대만과의 결제통화를 달러 대신 위안화와 대만달러로 바꾸는 방안을 추진 중이다. 중국과 접경지대 변경무역 결제통화로 위안화가 사용되는 여세를 몰아 위안화의 국제위상을 높이겠다는 포석이다. 중국 〈인민일보〉는 논평을 통해 "음울한 금융위기의 현실 속에서 사람들은 미국이 달러화의 지배적 지위를 이용해 세계의 부를 착취해 왔다는 사실을 깨닫게 되었다."며 "세계는 달러화의 지배에서 벗어나야 한다."고 주장하였다. 상하이 퉁지대 스젠쉰 교수가 기고한 이 논평은 "아시아와 유럽 국가들이 각각의 무역 관계에서 달러를 버리고 유로와 파운드 · 엔 · 위안화 등 다양한 통화를 사용해야 한다."고 강조하였다.

지금의 미국은 대공황 당시 채무에 시달리던 영국과 유사하며, 중국은 과거 미국처럼 채권국으로 우뚝 섰다. 국제 금융권력의 '실세'가 된 중국은 금융위기를 발판 삼아 달러화 기축통화체제를 바꿔야 한다고 주장하면서, 자국통화인 위안화의 국제화를 모색하고 있다. 중국은 이 같은 야심을 점진적으로 행동에 옮기고 있다. 아시아 각국과 통화스왑 계약을 체결하고, 무역결제 시 위안화 사용을 독려하고 있다.

개혁 · 개방을 천명한 지 30여 년 만에 중국은 세계 1위 수출국, 세계 최대 외환보유국으로 우뚝 섰다. 팍스 아메리카나의 시대가 저물고 미국과 중국의 쌍두마차인 'G2'가 새로운 세계 경제질서로 구축되고 있다. 중국 정부는 리먼 사태 당시 2년 계획의 4조 위안(5,850억 달러) 규모의 경기부양책을 내놓았다. 2008년 GDP의 14%에 이르는 엄청난 규모였다. 신용위기의 진원지인 미국이 GDP의 5.7% 규모의 경기부양책에 그친 데 비하면 크게 대비된다. 경기부양책은 효과를 나타내면서 2008년, 2009년 모두 중국 정부의 성장률 목표치(8%)를 웃돌았다.

중국은 신용위기를 기회로 활용하고 있다. 중국 기업들이 해외진출에 적극 나서면서 글로벌 경제에서 활동무대를 넓히고 있다. 금융위기 이후 서구 유수 기업들이 매물로 쏟아져 나온 가운데 2천억 달러가 넘는 자금을 운용하는 중국의 국부펀드인 중국투자공사(CIC)를 비롯해 중국의 자동차업체, 자원업체 등이 명망 있는 글로벌 기업들의 지분을 싼값에 잇달아 인수하고 있다.

2009년 다보스포럼에서는 다음과 같은 이야기가 오갔다고 한다. "1949년, 사회주의만이 중국을 구할 수 있었다. 1979년, 자본주의만이 중국을 구할 수 있었다. 1989년, 중국만이 사회주의를 구할 수 있었다. 2009년, 중국만이 자본주의를 구할 수 있을 것이다."

최근 들어 중국의 기세는 갈수록 등등해지고 있다. 특히 그리스 사태를 계기로 중국이 위안화의 국제화에 박차를 가할 가능성이 있다.

위안화의 약진

그러나 문제도 있다. 중국 위안화가 국제기축통화가 되려면 중국이 자본수출국이 되어야 하고, 위안화를 각국이 외환보유액으로 쌓아놓기 위해서는 위안화 표시 채권시장이 발달해야 한다. 외환보유액으로 중국 위안화를 사용하려면 언제든지 중국 국채를 현금화할 수 있어야 하기 때문이다. 그러나 중국의 현실은 단기간 내에 이런 상황을 갖추기 어렵다.

이러한 현실을 잘 아는 중국은 해외 위안화 표시 채권을 발행하고 있다. 중국은 역외 위안화 채권시장을 활성화시키기 위해, 2007년 역외 위안화 표시 채권 발행이 시작된 이후 매년 2배 이상 늘리고 있다. 종전 홍콩 금융시장에서의 위안화 표시 채권 발행 주체는 정책성 금융기관과 국유상업은행 위주였으나, 최근에는 중국 진출 외자은행 현지법인들까지 가세하고 있다. 2009년 9월까지 중국 정부와 금융기관이 홍콩시장에서 발행한 위안화 표시 채권의 규모는 총 350억 위안에 이른다.

홍콩을 아시아 금융시장의 중심지로 육성하려는 의지를 지닌 중국 정부는 2010년 2월 전격적으로 외국 기업에 딤섬본드 발행의 문호를 개방했다. 딤섬은 한입에 쏙 들어가는 중국식 만두다. 딤섬본드는 이 딤섬과 채권이라는 뜻의 영어단어 본드(Bond)를 합한 말로 해

이름	발행 주체	발행 국가	표시 통화
아리랑본드	외국 기업	한국	원화
김치본드	외국 기업	한국	외화
딤섬본드	외국 기업	홍콩	위안화
판다본드	외국 기업	중국	위안화
양키본드	외국 기업	미국	달러화
사무라이본드	외국 기업	일본	엔화
불도그본드	외국 기업	영국	파운드화
캥거루본드	외국 기업	호주	호주달러화
키위본드	외국 기업	뉴질랜드	뉴질랜드달러화
포모사본드	외국 기업	대만	대만달러화

:: 주요 외화채권의 별칭과 익미

외 기업들이 홍콩에서 발행하는 위안화 표시 채권을 말한다. 딤섬본드와 자주 비교되는 '판다본드'(Panda Bond)는 중국 본토에서 해외 기업들이 발행하는 위안화 표시 채권을 뜻한다.

중남미 국가들도 무역거래에서 자국통화 사용을 확대하고 있다. 남미 12개국은 무역거래에서 달러화 사용을 줄이고 자국통화 사용을 확대하기로 하였다. 브라질리아에서 열린 메르코수르(남미공동시장) 긴급확대회의에 참가한 12개 회원국의 외무·재무장관과 중앙은행 총재들은 이 같은 방안에 합의하였다. 브라질과 아르헨티나가 양국 간 무역거래에 적용하기 시작한 자국통화 사용 확대 조치를 전 중남미로 확산시켜 나가기로 한 것이다. 남미 지역 내 자국통화 사용 확대는 앞으로 남미 전 지역을 대상으로 하는 단일통화 창설 주장으로 이어질 것으로 보인다.

중동은 2010년까지 단일통화를 출범시킬 계획이다. 사우디아라비아 등 6개 중동 국가로 이루어진 걸프협력기구(GCC)도 2010년까지 단일통화를 출범시키기로 합의한 상태다. 앞서 2008년 쿠웨이트는 달러 페그제를 폐지하였다. 산유국들의 탈 달러화 움직임은 달러를 결제통화로 사용하는 원유시장에도 큰 영향을 끼칠 것으로 예상된다. 이는 궁극적으로 달러화 패권시대의 마감을 의미한다.

브릭스의 도전, 달러 권력에 대항하다

2009년 6월 16일 러시아의 예카테린부르크에서 브릭스(BRICs), 즉

브라질·러시아·인도·중국 4개국 정상들이 사상 최초로 한자리에 모였다. 이들은 한목소리로 지금까지 세계 기축통화 역할을 해왔던 미국 달러의 전횡을 규탄하고 대안적인 기축통화의 필요성을 제기하였다.

우선 이 나라들 모두가 미국 국채 보유를 줄여가는 동시에 IMF 채권, 즉 특별인출권(SDR) 보유를 늘리면서 이를 무역결제에 사용하자고 했다. 만약 이 구상이 실현되면 달러는 심대한 타격을 입는다. 당시 이 네 나라가 보유한 미국 채권은 1조 달러가 넘었다. 이는 미국 국채 해외 보유분의 3분의 1에 해당했다. 이 나라들이 달러를 투매하기 시작하면 달러 가치의 하락이 벌어질 것이고, 달러를 보유한 다른 나라의 중앙은행들도 앉아서 자산가치 하락을 보고 있을 수 없는 만큼 또 달러 투매에 나서게 될 것이다. 이렇게 되면 달러가치의 급격한 파괴도 배제할 수 없는 상황이다.

물론 이 나라 중앙은행들, 특히 중국도 달러 하락으로 손해를 보기는 마찬가지이니 당분간 극적인 조처가 나오지는 않을 것이다. 하지만 이 계획은 '10년에서 20년이라는 장기적 시간 지평'에서 나온 것으로 보아야 한다. 루비니 등 논평가들은 그 정도 시간이면 세계 경제의 중심이 미국이나 유럽을 떠나 이 4개국, 특히 동아시아로 이동하게 될 것이 확실하다고 주장한다. 만약 이 나라들이 달러를 거치지 않고 자국통화로 직접 무역결제를 하거나 SDR를 사용한다면 달러의 미래는 어떻게 될까?

● 홍기빈 글로벌정치경제연구소 소장

특히 이들은 폐막 성명에서 다각화된 금융통화시스템이 필요하다고 강조했다. 그리고 후진타오 중국 국가주석과 드미트리 메드베데프 러시아 대통령은 브릭스 정상회담이 열린 하루 뒤 모스크바 크레믈린에서 따로 회담을 갖고 상호무역에서 위안화와 루블화 결제를 확대하는 대신 달러 비중을 줄이기로 합의했다.

2008년 중국과 러시아의 무역규모는 568억 달러였으며, 양국 간 교류가 확대됨에 따라 앞으로 크게 늘어날 것이다. 러시아 최대 석유 회사 로즈네프트 회장을 맡고 있는 이고르 세친 부총리는 "러시아는 우선 중국에 원유를 수출할 때 루블화로 결제하기를 원한다."고 밝혔다. 에너지를 루블화로 판매하는 것은 러시아가 전략적으로 추진하고 있는 방안이다.

중국, BRICs개발은행 설립도 추진

중국을 중심으로 브라질, 러시아, 인도, 남아공의 BRICs국가 5개국은 미국과 유럽 주도의 World Bank에 대응해 2016년 사업개시를 목표로 'BRICs개발은행' 설립을 추진하고 있다. 5백억 달러의 초기 자본금은 5개국이 공동 출연하고 장기적으로 1천억 달러로 확대한다. 이렇게 되면 중국 중심의 개도국지원 전문 국제금융기구가 탄생하는 것이다. 본부는 상하이에 두고 총재는 인도나 브라질이 맡을 것으로 예상되고 있다.

또한 중국은 IMF의 횡포에 맞서기 위해 중국이 410억 달러, 러시아, 인도, 브라질이 각각 180억 달러, 남아공이 50억 달러를 출연해 1천억 달러 규모의 미니IMF인 '브릭스 긴급외환지원기금'도 출범시킬 예정이다. 이는 자본금 3,695억 달러의 IMF에 비하면 3분의 1에도 못 미치는 규모다. 그러나 IMF가 회원국 188개국의 자금지원요청에 대응해야 하는 반면, 이 기금은 회원국이 5개 나라이기 때문에 유사시의 자금지원 규모와 효율은 훨씬 더 높다.

또한 중국은 아시아에서 아시아개발은행(ADB)에 맞먹는 AIIB(아시아 인프라투자은행)을 역내 10개국과 함께 1천억 달러 규모로 추진하고 있다. 이는 67개국이 회원이고 1,650억 달러의 자본금을 가진 아시아개발은행(ADB)에 비하면 규모는 작지만 회원국당 자금지원 규모는 비교가 안 된다.

서서히 지는 달러 본위 시대

위대한 달러 본위 시대가 서서히 저물어 가고 있다. 미국의 힘은 이미 내부에서 손상되기 시작했다. 유럽의 재정위기 때문에 지금은 상대적으로 강달러인 것처럼 보이는 것도 시간 벌기에 다름 아니다. 달러는 계속 하락할 것이다. 투자와 생산보다 소비가 많은 한, 지금처럼 정부 부채가 늘어나는 한, 통화팽창이 늘어나는 한 계속 추락할 수밖에 없다. 이것은 자명한 경제 이치다. 미국도 경제 이치만은 마

● 〈중국 돈이 말을 걸면 화들짝─G2위상, 위안화 파워 "떵떵"〉, 전범서 중국금융연구소장

음대로 폐기처분할 수 없다.

결론적으로, 금융위기가 끝나면 일극체제는 다극체제로 변하면서 세상은 점차 달라질 것이다. 아시아, 서유럽, 동유럽, 중남미 등 지역별 블록의 지역 통화결제가 커질 수밖에 없다. 그 중심에 아시아가 있다. 금융위기 하에서는 안전자산으로 인식되는 달러 표시 자산이 선호되지만 금융위기는 언젠가 끝난다. 이렇게 되면 달러의 가치 하락이 대세로 굳어지면서 세계 각국이 미국을 보는 눈은 달라질 수밖에 없다. 세계 각국이 미국의 적자에 자금을 지원하는 일, 곧 미국의 국공채 구입을 그만둘 날은 분명히 올 것이다.

달러화 추락의 의미 – 팍스 아메리카나의 종언

달러화 추락은 국제정치적으로 상당한 의미를 담고 있다. 미국의 힘은 군사력과 이를 뒷받침하는 경제력, 다시 말해 달러화에서 나온다. 실제로 미국은 다른 국가들이 기축통화로서 달러화를 사용함에 따라 이들과의 관계에서 상대적 우위를 차지해 왔다. 그리고 미국은 이를 통해 외교·안보정책에서 다른 국가들에 영향력을 행사해 왔다. 미국의 중요한 패권전략 가운데 하나는 달러화를 관리하고 지위를 유지하는 것이다. 다시 말해 팍스 달러리움체제의 붕괴는 '팍스 아메리카나' 시대의 종언을 뜻한다.

일극체제에서 다극체제로

기존 미국을 중심으로 한 선진 7개국 곧 G7 중심의 세계 질서는 좀 더 광범위한 G20 회의로 확대 재편되었다. 헤게모니를 어느 한 쪽에서 쥐기보다는 '다극체제'로 나아가고 있는 것이다. G20은 금융위기 초기에 형식적인 공조를 취하는 데 그쳤다. 하지만 시간이 흐를수록 중국 등 신흥국들은 G20을 통해 국제적 위상을 재정립하는 계기를 마련했고, G7을 밀어내고 이를 대체할 기구로 부상하고 있다.

한편 월가의 신용위기에 대해 유럽연합과 일본 등 5대 서방 중앙은행은 미 연준에 1천 8백억 달러를 꿔주기로 하는 등 적극 협조하는 태도를 보였다. 그러나 2조 4천억 달러의 외환보유고를 가진 중국 인민은행은 여기에 참가하지 않았다. 다급해진 부시 전 대통령이 후진타오 주석에게 협조를 요청하자 중국이 미 국채를 2천억 달러 정도 구매하기도 하였다.

그러나 2008년 신용위기로 기축통화체제는 치명적 상처를 입었다는 게 중론이다. 신용위기 해소를 위한 미국 정부의 지원은 재정적자 급증으로 이어지고 있다. 이는 달러 기축통화체제의 위기로 이어질 수밖에 없다. 국제 금융계는 "미국 1극체제는 끝나가고, 3극 또는 4극의 다원체제가 도래할 것"이라고 분석하고 있다.●

미국은 구제금융으로 천문학적 달러를 시장에 쏟아 부어 발등의 불을 끄는 데 급급하지만, 장기적으로는 달러 가치 급락을 피하기 어

● 박태견, 뷰스앤뉴스, 2008년 9월 22일

렵다. 위기를 촉발한 미국은 이번 위기가 가라앉은 뒤에도 그동안 무분별했던 자신들의 소비행태를 뼈저리게 느끼며, 상당 기간 긴축경영으로 허리띠를 졸라매야 할 것이다.

| The Exchange Rate Wars Story **PLUS** |

기축통화의 역사

기원전 6세기 아테네의 솔론은 아테네와 페르시아 사이의 무역을 증가시킬 방안을 모색했다. 그러기 위해서는 먼저 양국 간의 화폐 통일이 필요했다. 그는 곧 아테네 드라크마와 페르시아 화폐를 등가로 만들 묘책을 강구했다. 이를 위해 드라크마의 은 함유량을 줄여 페르시아 은화와 은 함유량을 맞추었다. 이로써 상인들은 양국 통화를 서로 자유롭게 교환할 수 있게 했다. 그의 의도는 성공했다. 페르시아는 물론 이오니아, 흑해, 시실리, 아프리카로부터 경화가 아테네로 몰려들었다. 아테네 은화가 가장 널리 유통되는 화폐가 되었다.

5백 년 가까이 해상무역을 주도하며 기축통화의 위상을 누려온 아테네의 드라크마 은화는 기원전 1세기 로마제국의 금화 아우레우스와 은화 데나리온에 기축통화 자리를 넘겨준다. 줄리우스 카이사르 때 만들어진 이 화폐들은 멀리 아시아 지역에서도 사용된 흔적이 발견된다. 그 뒤 4세기 콘스탄티누스 대제 때 주조된 솔리두스 금화가 기축통화 노릇을 하며 1천 년 이상 유통됐다.

13~15세기에는 당시 국제무역의 중심지인 이탈아 도시국가들 곧 제네바의 금화 제노인과 피렌체의 금화 플로린 그리고 베네치아의 금화 두카티가 기축통화로 쓰였다. 17~18세기는 새롭게 국제무역의 중심국으로 떠 오른 네덜란드의 휠던이 기축통화의 지위를 누렸다.

그 뒤 해상무역의 주도권이 영국으로 넘어오면서 파운드화가 기축통화가 되었다. 1819년 금본위제도를 도입한 영국 중앙은행은 1파운드의 가치를 약 7그램의 금으로 교환해줬다. 파운드는 19세기 말 국제 무역 결제통화의 60%를 차지했고 20세기 초에는 세계 외환보유액에서 차지하는 비중이 48%에 육박했다.

그 뒤 미국이 세계 교역을 주도하자 파운드는 1931년 금태환을 공식 중단하면서 기축통화의 자리를 달러에게 물려준다. 이렇게 세계 역사는 세계 교역을 주도하는 나라의 통화가 기축통화로 대체됨을 우리에게 보여준다.

2013년 중국은 미국을 제치고 세계 제일의 무역대국이 되었다. 게다가 앞으로 중국과 우리의 온라인 무역이 급속도로 커질 가능성이 높다. 우리 원화와 위안화 간의 결제통화를 서둘러야 하는 이유이다.

The
Exchange Rate Wars
Story

서서히 떠오르는 위안화

6

마틴 트리코드 HSBC은행 한국행장은 "19세기가 영국 파운드화의 시대였고 20세기는 미 달러화의 시대였다면 21세기는 중국 위안화의 시대가 될 것"이라며 위안화 국제화가 시대의 흐름임을 전했다.

　그는 "중국과의 지리적 접근성과 긴밀한 경제, 무역관계를 고려하면 한국은 아시아뿐만 아니라 글로벌 차원에서도 가장 성공적인 역외 위안화 센터 중 하나가 될 것이라고 HSBC는 생각한다. 그리고 이는 한국에도 큰 도움이 될 것"이라고 말했다.

중국의 움직임을
눈 여겨 보아야

글로벌 은행 순위가 바뀌다

이미 중국은 'G2'로 불리며 세계 2대 경제권으로 군림하고 있다. 유럽의 재정위기에서도 중국 관리의 말 한마디가 유로화를 들었다 놓는 힘을 보여 주었다. 이미 달러와 유로화 사이에서 캐스팅보드의 역할을 하고 있는 셈이다. 이는 민간부문도 마찬가지이다. 미국과 유럽 금융회사들이 시가총액 상위 10위권에서 밀려난 대신 중국 은행들이 1, 2, 7, 9위를 차지하고 있는 상황이 이를 방증한다. 금융 권력의 축이 이동하고 있는 것이다.

중국은 2014년 8월 말 기준 약 4조 달러의 외환보유액을 갖고 있다. 자국 GDP의 60% 이상을 외환보유고로 가지고 있는 것이다. 더 이상의 외환보유고 증가는 국내 통화량을 증발시켜 부동산 가격 상승 등 중국 경제에 부작용이 우려된다. 그래서 중국은 이를 토대로

순위	은행명	국가
1	ICBC(중국공상은행)	중국
2	중국건설은행	중국
3	JP모건체이스	미국
4	BoA(뱅크오브아메리카)	미국
5	HSBC	영국
6	시티그룹	미국
7	BOC(뱅크오브차이나)	중국
8	웰스파고	미국
9	중국농업은행	중국
10	미쓰비스UFJ금융그룹	일본

∷ 세계 10대 은행 순위, 자료 : The Banker, 2014년 7월

미국, 영국, 동남아 각국의 금융기관과 기업들을 통째로 사거나 지분을 인수하고 있다.

아시아통화기금 발족과 위안화의 국제법정통화 예상

아시아만 해도 글로벌 금융위기에 공동대처하기 위하여 8백억 달러의 공동기금 조성에 합의하였다. 이는 시작이다. 앞으로 아시아통화기금 발족의 단초다. 이번 기회를 발판으로 IMF를 대신하여 대륙별 또는 지역별 통화기금이 조성될 가능성이 있다. 이는 미국 금융자본 세력의 약화를 의미한다.

세계 2위의 경제권으로 도약하는 위안화는 언젠가는 국제법정통화로 격상될 것이다. 위안화의 격상은 힘의 균형을 일거에 무너뜨릴

수 있는 대형 재료이다. 그간의 달러 일극체제에서 실질적인 다극체제로의 전환을 의미한다. 특히 중국과 교역이 많은 우리나라에는 파급효과가 상당하리라 예상한다. 그리고 엔화는 일본 경제가 어느 정도 추스르기만 하면 강세 통화로 자리매김할 공산이 크다.

중국의 움직임을 눈여겨보아야

우리로서는 특히 중국의 움직임을 눈여겨보아야 한다. 2000년 중국 정부가 발표한 〈중국 앞으로 50년의 전망〉에서 '2025년에는 명실공히 미국을 능가한다'고 선언했다. 이 같은 국가전략 아래 중국은 모든 계획을 추진하고 있다. 위안화의 국제법정통화 추진은 당연히 그 계획의 일부이다.

그 뒤 중국은 2002년 6월 〈인민일보〉에 '차이니스 달러' 구상을 발표했다. 이에 따르면, 위안화를 먼저 대만, 홍콩, 마카오 등 중국권 공통 통화로 유통시키고 10년 뒤에는 아시아의 공통 통화로 격상시킨다는 것이었다.

계획대로 중국은 위안화 국제화를 먼저 중화경제권을 상대로 시작했다. 위안화는 국제법정통화가 되기 전이라도 실질적인 영향력을 키워 나갔다. 자국과의 교역과 투자에 위안화를 결제통화로 내세우고 있다. 특히 5조 달러의 막대한 부를 구축하고 있는 동남아의 화교자본이, 4조 달러의 외환보유고를 보유하고 있는 중국과 손잡고 거대한 위안화 블록을 형성했다.

실제로 중국은 자국통화의 국제화를 차근차근 준비해 왔다. 베이징 올림픽이 열린 2008년이 위안화 국제화의 원년이었다. 이듬해 7월 1일부터 홍콩·마카오와 중국 5개 도시(상하이와 광저우, 선전, 주하이, 동관) 소재 기업들을 대상으로 시범 실시한 위안화 무역결제는 2009년 11월까지만 해도 결제액이 5억 5천만 위안에 불과했지만 2010년 들어 큰 폭으로 늘어났다. 위안화 무역결제액은 2010년 1분기 184억 위안, 2분기 303억 위안, 3분기 778억 위안으로 기하급수적으로 늘었으며 4분기에는 3,798억 위안으로 급증한 것으로 조사됐다.

중국 내 시범지역도 동북3성, 광서, 운남, 천진 등 지역으로 확장했다. 역외 대상지역도 동남아, 북한, 중앙아시아 등지로 점차 확대해 가다가 2010년 6월에는 위안화 무역결제와 관련해 해외 대상지역 제한을 아예 철폐했다. 그해 10월에는 외국기업의 위안화 결제 계좌 개설을 허용하고, 12월에는 위안화 결제가능 수출기업을 365개에서 6만 7,369개로 확대했다. 또 위안화 결제대상이 상품 수출입에서 서비스 거래 등으로 확산했다.

2012년 들어서는 더 늘어났다. 최근 글로벌 금융기관들도 위안화 무역결제에 적극 진출하고 있다. 한중 간 위안화 무역결제는 아직 걸음마 단계이지만, 앞으로 양국에 진출해 있는 은행들을 중심으로 확산될 가능성이 있다. 이 같은 움직임은 달러 의존도를 낮추고 위안화를 국제결제통화로 만들려는 중국 정부의 의지가 담겨 있다.

하지만 이제는 그 범위를 넓혀 가고 있다. 2014년 시진핑 방한 때 중국과 교역규모가 큰 우리에게도 양국 간 화폐의 무역결제를 정식으로 제의했다. 우리로서는 결제통화가 다변화되면 달러 의존도가 줄어들어 마다할 이유가 없었다.

스탠다드차타드는 전 세계 위안화 표시 무역거래 총액이 2012년 6월 3조 8천억 위안에서 2015년 6조 5천억 위안으로 확대될 것으로 전망하고 있다. 또 중국의 전체 무역거래 중 위안화 결제의 비중은 같은 기간 10.7%에서 20%로 증가할 것으로 내다봤다. 위안화가 '세계 3대 통화'가 되는 것은 시간문제가 되었다.

무역결제에서 유로 추월한 위안화

중국이 2013년 미국을 제치고 세계 최대 무역국가로서 우뚝 서자 자연스럽게 위안화 위상도 높아졌다. 국제은행간통신협회(SWIFT)에 따르면 신용장과 결제 기준으로 무역금융에서 차지한 위안화 비중은 2013년 10월 8.7%로 증가해 6.6%의 유로를 추월했다.

놀라운 사실은 무역결제에서 위안화 성장속도가 무척 가파르다는 사실이다. 위안화(인민폐)로 결제하는 시장점유율은 2012년 1월 1.9%에서 1년 9개월 사이에 8.7%까지 증가했다.

게다가 위안화는 2010년 6월부터 2013년 11월까지 18.5%나 가치가 올랐다. 이런 흐름을 감안하면 앞으로도 위안화는 절상 기조가 유지될 것이란 전망이 대세다. 비록 최근에 수출 둔화로 인해 일시적인 약세를 보였지만 말이다.

한중 양국 간
통화시장 확대해야

큰 의미가 있는 한중 양국 간 통화 직거래 성사

2014년 7월 3일 한중 정상회담에서 합의된 원·위안화 직거래시장이 개설되면 1백만 원을 환전하려는 사람은 수수료를 최대 5만 원까지 절약할 수 있다. 큰돈이다.

현재 중국에서 사고 팔 수 있는 외국 통화는 미국 달러, 유로, 엔, 홍콩달러, 파운드화 등 5개 통화뿐이다. 때문에 원화로 위안화를 매입하려면 달러 등 다른 통화를 거쳐 간접거래해야 한다. 중국 당국이 추가로 한국 원화와 러시아 루블화 및 말레이시아 링기트화를 환거래 대상 통화로 포함할 경우, 중국 본토에서 사고팔 수 있는 외국 통화는 8개로 늘어난다. 실제 청도, 위해, 연대를 중심으로 한 산동성은 이미 원화 사용이 상당히 보편화되어 있다.

한중 간 양국 화폐가 직접 거래되면 수출입기업의 비용을 절감할 수 있다. 이를 구체적으로 설명하면, 수입상과 수출상의 달러화 결제는 두 번의 환전 절차를 거치게 된다. 즉 우리기업이 수입상인 경우 원화를 달러화로 환전하고 수출상은 달러화를 다시 현지통화로 환전하는 절차를 밟게 된다.

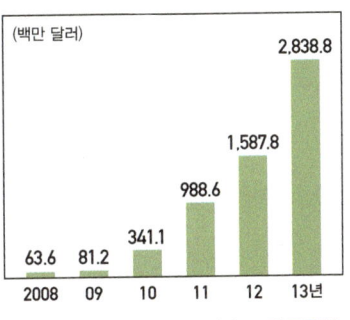
∷ 한국의 위안화 결제 규모 (자료 : 한국은행)

2013년 우리의 대중국 교역규모는 2,289억 달러로 이는 미국(1,035억 달러) 및 일본(946억 달러)과 교역한 것을 합한 것보다도 훨씬 많은 수치이다. 만약 무역거래 시 자국통화로 결제한다면 우리 기업은 엄청난 환전비용을 절약할 수 있다. 게다가 위안화는 강세 통화이기 때문에 이를 보유 또는 비축하면 부수적인 환차익도 기대할 수 있다. 이뿐만이 아니다. 더 중요한 것은 외환보유 통화의 다변화를 기할 수 있다는 점이다. 우리나라 2014년 6월말 외환보유액은 약 3,665억 달러 가운데 달러화 구성비중이 70%에 이른다.

또 하나의 변수는 중국 위안화의 양자 간 또는 다자 간 통화스왑 협정의 확대 가능성이다. 중국은 2008년 12월부터 외국의 중앙은행과 통화스왑 협정을 체결하기 시작했다. 처음에는 인접국인 말레이시아와 한국과 협정을 체결했다. 외환 위기로 어려움을 겪고 있는 아르헨티나와도 협정에 서명했다. 그 뒤 선진국으로 협정 체결을 확대해 영란은행과 통화스왑을 체결했다. 이후 헝가리, 알바니아, 아이슬란드, 그리고 2013년 10월 유로존의 중앙은행 ECB로 대상을 확대했다. 이는 위안화 블록의 초석으로 활용될 수 있다.

한중 양국 간 화폐의 직접결제 시도는 우리나라에게도 원화 국제화를 도모할 수 있는 절호의 기회가 될 수 있다. 개방경제체제의 우리나라는 세계 경제블록 간의 급격한 환율변동으로 인한 고질적인 외환시장의 불안을 고스란히 감수하고 있다. 이를 줄이기 위해서도 자국통화 결제방안을 강구할 필요가 있다.

우리나라도 '원화 국제화' 시도해야

우리나라 원화의 국제화는 1997년 외환위기와 2008년 금융위기로 원화의 국제화를 잠정적으로 중단하고 있으나 오래전부터 필요성은 인정하고 있다. 우리나라도 아시아 시장에서 점진적인 원화 사용 확대로 국제통화의 기초부터 닦아야 한다.

우리나라의 경우도 2005년 2월 외환보유고에서 미국 달러와 채권에 중심을 두지 않겠다고 선언했다. 하지만 세계적인 신용위기가 닥치자 이 말은 쏙 들어가고 달러 구하기에 혈안이 되었다. 결국 신용위기 초기에 미국과 3백억 달러의 통화스왑 협정을 체결함으로써 신용위기의 급한 불을 잠시나마 껐다.

외환위기 때 유용한 국가 간 통화스왑

2008년 12월 말 기준 우리나라의 양자 간 통화스왑 한도는 한미 3백억 달러 이외에도 한일 3백억 달러, 한중 3백억 달러(1천 8백억 위안), 한·아세안(태국, 말레이시아, 필리핀, 인도네시아) 65억 달러 등 총 965억 달러 규모였다.

이후에도 국가 간 통화스왑은 계속 늘어 2013년 초 기준 우리나라의 통화스왑 규모는 1,444억 달러 규모에 달했다. 이중 일본과 맺은 통화스왑 규모가 7백억 달러로 가장 많았다. 이런 상황에서 2012년 8월 이명박 대통령의 독도 방문으로 인해 양국관계가 악화되면서 양국 간 통화스왑도 1백억 달러로 줄어들었다.

2014년 3월 기준, 한국은 현재 중국과 560억 달러, 미국 3백억 달러, 일본 1백억 달러, 인도네시아 1백억 달러, 아랍에미리트 54억 달러, 말레이시아 47억 달러, 호주 45억 달러 등 1천 2백억 달러 상당의 통화스왑 계약을 맺고 있다.

이러한 통화스왑 협정은 통화 종류와 대출기간 등 몇 가지 제약요건이 있기는 하지만 신용위기 때에는 큰 힘이 된다. 앞으로도 이러한 통화스왑 협정은 국가 간에 크게 확대 추진될 것이다. 한일 간에도 외교 관계가 정상화되면 다시 양국 화폐의 무역결제와 통화스왑 규모도 점차 늘려가야 한다.

통화스왑 활용하여 외환보유고 운용비용 줄여야

국가 간 통화스왑을 활용하면 굳이 외환보유고를 많이 쌓아 둘 필요가 없다. 적정량 이상의 외환보유고는 그 자체로 운용비용이 많이 들기 때문이다.

정부나 중앙은행은 일단 외환시장에서 외화를 사서 보유한다. 이때 필요한 자금 조달을 위해 채권을 발행하고 그에 대한 이자를 지급해야 한다. 우리나라에서는 한국은행이 발행하는 '통화안정증권'과 재정경제부가 발행하는 '외국환평형기금채권'이 있다.

통화안정증권이라 함은 통화량을 조절하기 위해 한국은행이 금융기관 또는 일반인을 대상으로 발행하는 단기증권이다. 한국은행은 국채나 정부보증채권 이외에 통화안정증권을 발행하여 제한적으로 공개시장조작을 실시하고 있다.

∷ 한국은행통화안정증권

∷ 외국환평형기금채권

외국환평형기금채권이라 함은 원화의 대외가치 안정을 위해 정부가 지급보증 형식으로 발행하는 채권을 말한다. 줄여서 '외평채'라고 한다. 해외시장에서 발행할 경우 기준금리에 국가신용도에 따른 가산금리가 붙는다.

중국, 아시아통화기금(AIIB) 설립 주도

우리나라가 중국과 체결한 1천 8백억 위안(38조 원) 규모의 통화스왑은 쌍방이 이 규모 안에서 본국 통화를 담보로 상대방 통화의 상당액을 교환할 수 있다. 이는 중국 진출 한국기업의 위안화 수요를 충족시키는 데 주목적이 있다. 양국은 앞으로도 이러한 통화스왑의 규모를 계속 늘여갈 뿐만 아니라 비축통화로의 전환을 검토할 필요가 있다.

현재는 아시아통화기금의 전초 격으로 2010년 3월 '치앙마이 이니셔티브 다자화' 체제가 출범하였다. 한국·중국·일본에 아세안 10개국이 참여한 '아세안+3' 국가들이 위기 때 최대 1천 2백억 달러 한도 안에서 자금을 지원하는 체제다. 단기 유동성 위기에 직면했을 때 신속하고 체계적인 달러 지원으로 역내 금융시장 안정을 도모하자는 게 목적이다. 직접 돈을 빌려주는 게 아니라 자국통화를 상대국에 맡기고 달러를 단기차입하는 통화스왑 방식이다.

중국은 중국대로 미국과 일본이 주도하는 아시아개발은행(ADB)에 대항하여 2015년에 아시아인프라투자은행(AIIB) 설립을 추진하고 있다. 중국이 브릭스를 앞세워 세계은행을 대체할 신개발은행

(NDB)을 2016년에 출범시키기로 한 것도 같은 맥락이다.

AIIB는 아시아·중동 22개국과 협의 중이며 이 가운데 10개국과 양해각서(MOU)를 체결했다. 라이벌인 인도도 적극 참여를 검토 중으로, 중국은 자본금 1천억 달러 가운데 최소 50%이상을 납입하여 주도권을 행사할 것으로 보인다.

한국, 미래에 아시아통화기금 설립 주도해야

미국은 이에 대해 예민하게 반응하고 있다. 우리에게 중국이 주도하는 아시아인프라투자은행(AIIB)에 참여하지 말라고 직접적인 경고도 불사하고 있는 실정이다.

하지만 적당한 때가 오면 우리나라는 오히려 일본과 중국을 포함시킨 아시아통화기금(AMF)의 설립을 주도해야 한다. 중국과 일본의 역사적 연원으로 얽힌 갈등과 첨예한 경제적 이해관계를 중간에서 중재할 수 있는 나라는 우리나라밖에 없다. 아시아 시대의 진정한 개막을 알리는 독자 통화권의 시대를 우리 주도로 열어 나가야 한다.

| The Exchange Rate Wars Story **PLUS** |

우리에게 중국이 중요한 이유

2013년 한국, 중국시장 1위 수출국으로 등극

6·25전쟁의 잿더미에서 맨손으로 출발한 우리는 정말 이렇다 할 수출품목이 없었다. 땅속과 바닷속에서 찾아낸 광물과 수산물이 고작이었다. 땅속에서 파낸 광물은 미국에, 바닷속에서 건져낸 오징어, 김 등 수산물은 일본에 내다 팔았다. 중석과 철광석 등 광산물이 그 무렵 우리 수출의 중심으로 전체 수출에서 차지하는 비중은 60~80%였다. 당시 우리가 수출할 수 있는 건 무엇이든지 수출했다. 돼지, 다람쥐, 뱀, 은행잎 등은 물론 나중에는 사람 머리카락을 자르고 오줌을 받아 수출했다.

생사(명주실), 쌀, 인삼 등 땅위의 농산물이 땅속의 광산물을 누르고 수출 주종품목이 된 건 1962년이 되어서였다. 그 무렵 농가에서는 농사 이외에도 '삼'과 '목화'를 재배하여 길쌈을 했고, 누에치는 양잠을 해야만 가족이 입에 풀칠이라도 할 수 있었다.

그러나 1차 상품 위주의 수출에는 한계가 있었다. 부존자원이 없는 우리나라가 이를 해결할 방법은 오직 하나였다. 해외에서 원자재를 들여와 가공하여 다시 수출하는 길뿐이었다. 이를 위해 정부는 보세가공산업을 적극 지원했다. 60년대 중반 이후 봉제의류 수출이 득세한 이유이다.

그 뒤 가공산업이 발전하여 70년대에는 일본에서 부품을 들여와 조립하여 수출하는 조립산업이 대세를 이루었다. 그러자 1980년대 이후 일본으로부터의 부품수입이 늘어나 대일 무역적자가 80년대의 35억 달러에서 90년대에는 1백억 달러로 늘어났다.

이렇게 무역적자가 지속적으로 증가하자 일본의 한 경제평론가는 우리 경제를

'가마우지 경제'라 부르며 비하했다. 가마우지라는 새는 훈련을 시키면 고기를 잡아오는데, 그것을 삼키지 못하게 목을 끈으로 묶어 놓는다. 어부가 고기를 뺏고 나서 풀어주면 다시 고기를 잡아오는 일을 되풀이 하는 것이다. 우리 경제가 그렇다는 것이다. 일본에서 부품과 기계를 사들여 조립해 만든 상품이 주종을 이루다보니 수출로 해외에서 돈을 벌어와 봐야 부품값 갚고 기계값이나 기술료 주고 나면 남는 게 별로 없다. 한국은 알짜 부가가치는 일본에 상납하고 조금씩 떨어지는 먹이나 주어먹고 사는 가마우지 경제를 만들었다는 것이다.

그 뒤에도 대일 무역적자 증가세는 멈추지 않았다. 2000년 113억 달러에서 2010년 361억 달러로 늘어나 힘들게 벌어들인 달러를 일본에 퍼주는 액수는 마냥 커져갔다. 이렇게 대일 종속적인 우리 경제에 최근 청신호가 켜지고 있다. 우선 다행인 것은 2010년을 기점으로 대일 적자규모가 조금씩이나마 매년 줄어들고 있다는 점이다. 또 다른 위안도 있다. 우리는 한 분야 한 분야 착실히 일본을 따라잡고 있다. 섬유산업이 그랬고 조선산업이 그랬으며 전자산업이 진행 중이다. 이제 정밀부품산업과 자동차산업이 남았다.

그 과정에 낭보가 들려왔다. 2009년 우리의 무역흑자 규모가 404억 달러를 달성하여 일본의 무역흑자 규모를 앞서기 시작한 것이다. 이제 우리가 세계 시장에서 일본보다 더 알찬 장사를 하기 시작한 것이다.

그 뒤 한국과 일본의 무역에 의미 있는 변화가 진행되어 한국의 추격이 본격화되었다. 세계수출시장에서 한국의 비중은 2000년 이후 줄곧 2.7%대에 머물러 있었으나 세계 금융위기를 겪으면서 사상 처음으로 3%대에 진입하였고 일본과의 격차도 점차 좁혀지고 있다.

최근 일본이 경제를 살리겠다고 아베노믹스를 외치며 양적완화를 통해 돈을 엄청나게 풀며 적극적인 엔저 공세를 펼치고 있다. 하지만 대견하게도 우리 수출은 엔저에 주눅 들지 않고 선전하고 있다. 그만큼 우리 제품에 품질경쟁력이 있다는 뜻이다.

오히려 최근에는 반전이 일어나고 있다. 우리는 2013년 무역흑자와 경상수지 흑자 규모가 나란히 사상최고치를 달성했다. 반면 일본은 무역적자 규모가 1천억 달러를 넘어서 사상최대 적자를 보았다. 문제는 우리 경상흑자가 GDP의 4% 이상으로 대규모 흑자를 보이면 국제사회의 비판에 직면할 소지가 크다는 점이다. 행복한 고민이었다. 그런데 2013년 경상수지흑자가 무려 707억 달러에 달했다. 2014년에도 그 이상의 경상수지흑자가 예상되고 있다.

더구나 더 특기할만한 일이 벌어졌다. 1980년대부터 지금까지 대중국 수출 압도적인 1위는 일본이었다. 1999년만 해도 일본은 중국시장 점유율 20.4%로 1위였고 우리는 일본의 절반 수준으로 대만, 미국에 이어 4위 수출국이었다. 그런데 2013년에 우리 한국이 드디어 일본을 앞섰다. 중국시장에서 우리가 일본을 제치고 드디어 수출 1위국이 된 것이다.

우리에게 중국시장의 의미는 각별하다. 1979년까지 우리의 중국 수출은 제로였다. 1980년 1천 5백만 달러로 수출이 시작되어 한중수교가 이루어진 1992년에 26억 5천 4백만 달러였다. 이후 기하급수적으로 증가해 2013년에는 1,459억 달러를 기록했다. 이 수치는 우리나라 총 수출의 26%로 미국 11%, 일본이 6%를 감안하면 얼마나 비약적으로 커왔는지를 알 수 있다. 우리의 대중 수출 증가율은 30여 년간 매년 20%가량 급증했다.

여기에 화교권이 큰 비중을 차지하는 싱가폴, 홍콩, 베트남, 대만의 수출까지 합치면 전체 수출에서 이들이 차지하는 비중은 41.49%까지 급등한다. 우리 경제에서 중화교역권이 차지하는 비중이 얼마나 큰지 가늠할 수 있다. 게다가 2013년 중국은 미국을 제치고 세계 최대의 무역국으로 등극했다. 앞으로도 엄청나게 커나갈 시장이다. 2014년에는 구매력 평가에서도 미국을 제칠 전망이다. 명실상부한 경제대국이 되는 것이다.

중요한 것은 추세인데 일본은 중국시장에서 하락세인 반면 우리는 상승세를 타고 있다. 앞으로 중국시장에서 일본과의 격차를 더 벌리고 훨씬 앞서 나갈 수 있다는 뜻이다. 다만 대만의 추격이 매서운 것은 경계할 일이다.

이제 중국은 우리에게 정말 중요한 시장이 되었다. 우리가 세계 최대 무역시장의 1위 파트너가 된 것이다. 우리 무역사의 중요한 한 획이 그어진 것이다. 이제 韓流(한류)와 漢流(한류)가 어깨동무하며 서로 상생의 새 장을 펼치며 새로운 역사를 써야 한다.

우리가 온라인 무역강국으로 가는 길

앞으로는 온라인 무역이 대세를 이룰 날이 온다. 특히 중소기업일수록 그렇다. 이탈리아 중소기업들은 온라인 수출로 이미 재미를 톡톡히 보고 있다.

우리가 무역강국이 되는 길 중에 하나가 바로 우리 원화와 중국 위안화의 상호 통화결제가 마치 한 나라 통화를 쓰듯이 원활해지는 것이다. 이는 양국 간에 국경을 초월한 온라인 전자상거래를 확대하는 첩경이다. 이를 통해 우리 중소기업이 소상공인이 자연스레 무역에 참여하는 계기가 된다.

하지만 이를 위해서는 전자상거래의 암초인 전자결제 방법의 개선이 절실하다. 이베이의 페이팔은 은행을 통하지 않고도 이메일로 송금이 가능하다. 아마존은 원클릭 시스템이다. 한번만 신용카드를 등록해 놓으면 이후 모든 거래가 원클릭으로 가능하다. 심지어 중국조차 우리의 답답하고 무능하며 고집불통인 결제 시스템보다는 훨씬 앞서가고 있다.

알리페이(Alipay, 즈푸바오)는 중국 최초이자 최고의 에스크로 서비스(escrow service) 이다. 오픈마켓 구매자는 먼저 즈푸바오에 계정을 개설한 다음 은행계좌와 연결시켜 필요한 금액을 즈푸바오 계정에 충전하고 물건을 구입한다. 구입한 물건을 정확하게 배송받은 것이 확인되면 즈푸바오는 구좌에 예치된 금액을 판매자에게 온라인으로 지불하는 흐름으로 운영된다.

우리는 언제까지 엑티브X와 공인인증서에 발목 잡혀 매번 결제 시마다 수많은 악전고투를 하여야 하나? 결제가 힘들어 포기하는 구매자가 많다고 한다. 다행히 엑티브X는 없애기로 한 모양인데 외국인을 위해서 더 쉬운 방법을 찾아야 한다. 공인인증서도 없애고 모든 걸 외국인들이 쉽게 접근할 수 있도록 해주어야 한다. 그게 온라인 무역대국으로 가는 첫걸음이다.

우리가 중국과의 통화 협력을 서둘러야 하는 이유

2014년 7월 5일 시진핑의 방한 결과 중에서 미국이 가장 경계하는 것이 양국 통화시장의 협력이다. 우리 정부가 사전에 시 주석 방한 시 협의할 내용을 미국에 알렸을 때, 중국 주도의 '아시아인프라투자은행'(AIIB)에 대한 우리 정부의 참여에 대해 미국이 강한 반대 의사를 표한 것도 이 때문이다.

한·중 정상회담에서 도출한 금융부문 합의사항은 원·위안화 직거래시장 개설, 청산체제 구축, 한국에 8백억 위안(13조 450억 원) 규모 위안화적격 해외기관투자자(RQFII) 자격부여, 위안화 표시 채권발행 장려 등 4가지다.

무엇보다도 원·위안화 직거래시장 개설로 향후 양국 무역 확대전망이 밝아졌다. 현재 국내 외환시장에서 은행 간 시장(도매)은 원-달러 시장만 개설돼 있다. 때문에 원화를 위안화로 바꾸려면 원화를 팔아 달러화를 산 후, 이 달러화를 다시 팔아 위안화를 사들여야 한다. 직거래 시장이 개설되면 이러한 절차가 사라진다. 환전 수수료 등 거래비용을 줄일 수 있다. 이 이익이 생각보다 상당히 크다. 또 훗날 온라인 무역 활성화에 크게 기여할 것이다.

다만 양국 통화의 직거래 시장이 우리나라뿐 아니라 하루빨리 중국 내에도 개설되어야 한다. 이는 우리 측이 미룰 필요가 없는 것인데 이번에 너무 신중히 하다 보니 법 개정 등의 이유를 들어 이를 차후로 연기한 것은 문제가 있다.

우리는 현재 중국에 가장 수출을 많이 하는 제일의 파트너 국가이다. 앞으로도 중국과의 무역은 더 늘어날 것이며 미국이나 일본과의 무역은 줄어들 것이다. 게다가 시간이 지체될 경우 중국과의 통화 협력이 미국의 강력한 반대에 부딪칠 공산이 크다. 우리가 중국과의 통화협력을 속전속결로 서둘러야 하는 이유이다.

The Exchange Rate Wars Story

환율전쟁, 그 진행은?

4부

글로벌 금융위기 이후 4차 환율전쟁이 시작되었다. 각국은 금융위기의 된서리를 피하느라 급급해 환율전쟁의 심각성이 묻혀져 있다.

금융위기 뒤의 우리 원화의 추이를 보면, 최근 5년간 원화와 위안화, 달러, 유로, 엔 가운데 우리 원화의 절상 폭이 가장 크다.

달러의 가치는 양적완화정책이 두 차례 시행된 영향으로 2011년 초반까지 하락했지만 낙폭은 10% 정도였다. 그나마 유로존 재정위기가 불거지자 달러 가치는 반등하기 시작했다. 이 기간 중 원화와 위안화 가치는 꾸준하게 상승세를 탔다. 다만 위안화 가치는 중국 경제성장의 둔화를 막아 보기 위해 2013년 말경부터 하락 반전시키고 있다. 엔 가치는 이 기간 중 2012년 중반까지는 강세를 유지했으나 아베노믹스의 엔 절하정책 이후 원화 대비 거의 40% 가까이 절하되었다. 유로화는 유럽경제의 디플레이션 우려와 경기침체 지속으로 양적완화정책이 시행될 것으로 보여 유로화의 지속적인 평가절하가 계속될 예정이다.

문제는 주요 경제국들의 이러한 평가절하 움직임으로 환율전쟁이 앞으로 더 가속화될 우려가 있다는 점이다. 그 와중에 가장 직격탄을 맞을 가능성이 큰 국가가 우리나라이다.

The Exchange Rate Wars Story

미국이 촉발한
4차례 환율전쟁

1

1929년 대공황 이래 세계는 지금 4차 환율전쟁 중이다. 그런데 우리는 이에 대한 인식이 그리 깊지 않다. 우려되는 부분이다. 미국은 자기들의 경제 상황이 힘들 때마다 주기적으로 평가절하를 시도해 환율전쟁을 촉발했다. 큰 것만으로도 벌써 4번째다. 이로 인해 달러의 가치는 1934년 이래 80년 동안 의도적으로 93%나 훼실되었다. 그 과정을 살펴보자.

- 1930년 대공황을 촉발한 1차 환율전쟁(1921~1936)
- 브레튼우즈체제를 붕괴시킨 2차 환율전쟁(1967~1987)
- 플라자 합의로 촉발된 3차 환율전쟁(1985~1995)
- 글로벌 금융위기로 촉발된 4차 환율전쟁(2008~)

4차 환율전쟁, 본격 시작되다

1차 환율전쟁(1921~1936)

대공황 때 루스벨트는 경기를 살려내기 위해 유대 자본과 유대인들을 끌어들였다. 당시 루스벨트 정부의 초대 재무차관이 유대인 모겐소 2세였다. 대통령과 모겐소 2세는 시중에 돈이 돌게 하고 미국상품의 수출경쟁력을 높이기 위해서는 달러의 평가절하가 시급하다고 판단했다.

1933년 4월 미국은 통화량 확대를 위해 금본위제를 이탈하였고 모겐소가 재무장관에 취임한 1934년 1월 달러의 평가절하를 공식적으로 단행해 온스당 20.67달러였던 금값을 35달러로 끌어올렸다. 이로써 달러 가치는 69%가량 떨어졌고 미국의 산업생산이 연간 10%씩 늘어났다. 대공황 연구의 대가로 알려진 버냉키가 이끄는 연준이 추진했던 대책이 바로 대공황 시의 성공을 참고로 한 것이다.

2차 환율전쟁(1967~1987)

|

그 뒤 갈등의 정점은 1971년 8월의 '닉슨쇼크'였다. 닉슨 대통령은 달러를 금과 바꿔주는 금태환의 정지를 전격 선언해 '브레튼우즈체제'를 무너뜨렸다. 미국은 당시 변동환율제로 이행하면서 엔화 가치를 달러당 360엔에서 250엔으로 절상시킴으로써 상대적으로 달러 가치를 그 만큼 절하시켰다. 그 결과 충격과 혼란으로 세계 외환시장이 폐쇄되었다. 위기가 점증하면서 2년 동안이나 심한 혼란이 지속되었고, 이러한 혼란을 거쳐 금본위제는 결국 달러본위제로 바뀌었다. 이로 인해 달러의 신뢰도가 추락하면서 금값이 천정부지로 올랐다. 이는 OPEC이 국제 원유가를 2달러에서 10달러로 올리는 계기가 되었다. 일명 '오일 쇼크'였다.

닉슨쇼크 시점 4개월 전부터 7년 7개월간 지속된 달러약세기(1971년 4월~1978년 10월)에 달러화의 가치가 엔화와 마르크화에 대해 각각 39%와 절반 수준으로 떨어졌다.

3차 환율전쟁(1985~1995)

|

이후 갈등의 산물은 1985년 9월의 '플라자 합의'였다. 주요 선진 5개국(G5) 재무장관과 중앙은행 총재들은 뉴욕의 플라자 호텔에 모여 달러화 약세 유도를 결정했다. 환율전쟁 이후 달러화는 일본의 엔화와 독일 마르크화 등 주요 통화에 대해 큰 폭의 약세를 보였다.

플라자 합의 7개월 전인 1985년 2월부터 10년 3개월간 지속된 달러약세기(1985년 2월~1995년 4월)에도 달러화의 가치는 엔화에 대해 3분의 1 수준으로, 마르크화에 대해서는 절반 수준으로 각각 급락했다.

이후 2003년 G7 간의 두바이 합의시기를 전후해 6년 2개월 동안 달러 약세가 심하게 진행되었다. 학자에 따라 이를 환율전쟁으로 분류하기도 한다.

4차 환율전쟁(2008~)

2008년 금융위기 이후 미국의 유동성 살포가 시작되었다. '헬리콥터 버냉키'라는 말이 상징하듯 마치 공중에서 돈을 살포하듯이 미국의 유동성 살포는 무제한, 무대포식이었다. 금융위기 초기에 유대 자본가들의 반대로 부실채권을 걷어내지 못했다. 그래서 공적자금을 부실 제거에 집중적으로 투입하지 못하고 전 방위로 유동성을 뿌려댄 것이다.

여기에 대응해 유럽도 유동성 확대에 참가했다. 영국은행은 2009년 3월 5일 기준금리를 연 1.0%에서 0.5%로 낮추고, 시중에 750억 파운드(166조 원)를 풀었다. 인하된 금리수준은 1694년 영국은행 창설 이후 가장 낮은 금리다. 금리를 더 낮춰 시중유동성을 늘릴 수 없게 되자, 양적완화정책까지 동원한 것이다. 유럽중앙은행도 이날 기준금리를 연 2.0%에서 1.5%로 내렸다. 이를 학자들은 4차 환율전쟁의 시작으로 보고 있다.

그 뒤 유럽중앙은행은 2010년 10월 재정위기에 빠진 유로존 국가들의 장기국채를 사들이기 시작했으며 2011년 10월에는 유로존 은행들의 유동성 확대를 위해 커버드 본드(Covered Bond) 매입과 장기대출을 추진했다.

커버드 본드란 주택담보대출(모기지), 국·공채 등 우량자산을 담보로 발행하는 담보부채권이다. 이는 대출자산을 담보로 발행되는 자산유동화증권이나 모기지를 담보로 발행되는 주택저당증권와 비교해 담보자산뿐 아니라 발행 금융사의 상환의무까지 부여해 안정성을 높인 게 특징이다. 따라서 발행 은행이 파산하더라도 은행의 담보자산에 대해 우선적으로 변제받을 수 있는 권리가 부여돼 안정적이며 자금조달 비용이 낮다는 장점이 있다. 그래서 이중상환청구권부 채권이라고도 한다.

2010년 10월, '더블딥'(이중침체) 우려가 커지면서 미국 연준이 2차 양적완화를 발표하고 중국에 대해 환율절상을 촉구하면서 이른바 '환율전쟁'이 시작되었다. 당시 서울 G20정상회의를 앞두고 있던 시점이었다.

당시에 환율전쟁을 두고 미국과 신흥국들 사이에 입장이 엇갈렸다. 미국은 중국, 한국 등 신흥국이 인위적으로 환율을 절하하여 수출경쟁력을 키우고 있다고 비난했다. 반대로 중국이나 브라질 등 신흥국들은 미국의 양적완화로 인해 대규모 유동성이 신흥국으로 유입되어 신흥국의 환율을 절상시키고 있다고 비난했다. 같은 현상을 자기들 입장에서 설명한 것이다.

미국의 양적완화 결과 2012년 8월 말까지 브라질 헤알화가 75% 급등(2002년 말 대비)한 것을 비롯해 일본 엔화(46%), 중국 위안화(30%) 등 모두 통화가치가 올랐다. 우리 원화도 2012년에만 미국 달러화 대비 8%가량 절상돼 세계 주요 통화 중에서 절상 폭이 가장 컸다.

　양적완화는 최후의 수단이다. 통상적으로 정부가 경기를 부양하는 수단은 재정정책과 통화정책이다. 재정확대정책이 정부예산을 공공사업 등에 풀어 수요를 촉진하는 것이라면, 통화팽창정책의 목표는 금리를 낮춰 시중 유동성을 팽창시키는 것이다. 그만큼 대출이 쉬워져 시중에 돈이 늘어난다. 그런데 금리가 거의 제로금리 수준이라 더 이상 금리인하를 할 수 없을 때 쓰는 마지막 수단이 양적완화정책이다. 정부가 발행하는 국채를 중앙은행이 사들여 시중에 돈이 늘어나고 시중금리가 낮아져 유동성이 늘어나는 것이다.

　양적완화는 달러화의 가치를 떨어뜨린다. 실제로 1차 양적완화 때 10%, 2차 때 또 5% 정도 떨어졌다. 미국의 2차 양적완화정책은 마침 그 시점이 G20정상회의 및 미국과 중국 간의 환율갈등과 맞물렸는데, 중국과 브라질은 물론 일본, 독일, 프랑스 등 대부분의 G20 국가들도 미국을 비판하고 나섰다. 다른 경쟁국 통화에 대한 미화가치를 인위적으로 내리려는 정책이라 판단했기 때문이다.

미국의 양동작전, 달러의 곡예

　그런데 여기서 미묘한 일이 일어난다. 떨어졌던 달러가 슬그머니 제자리로 돌아왔다. 무슨 일인가? 이 일을 알기 위해서는 미국의 양동작전을 이해해야 한다.

앞서 말했듯이 미국은 경기를 살리고 빚 탕감 효과를 내기 위하여 시종일관 약달러정책을 쓰고 있지만, 세계 기축통화로서 달러의 위상을 지키기 위하여 동시에 강달러를 지향한다. 동전의 앞뒷면과도 같은 이러한 딜레마를 미국은 수십 년 동안 교묘하게 이끌어 가고 있다. 이번 금융위기에도 미국은 두 마리 토끼를 모두 잡으려 하고 있다.

그 방법의 하나가 유로화 두들겨 패기였다. 유럽의 재정위기를 부풀려 미국 언론들이 대서특필하고 매크로 헤지펀드들이 앞 다투어 유로화를 공격했다. 마치 세계 경제가 유럽 재정위기로 큰 위기에 봉착한 듯이 몰아붙였다. 약효는 즉시 살아나 너도나도 할 것 없이 안전자산이라 여기는 달러를 찾게 되었다. 달러가 다시 강세가 된 이유이다. 기실 재정 문제는 유럽보다는 미국이 더 심각한데도 말이다.

통화스왑의 속내

달러 표시 자산의 하나로 미국의 부채담보부채권인 CDO라는 물건을 사준 세계 여러 나라의 투자자들은 신용위기 후 상당한 문제에 봉착해 있다. IMF는 이번 사태가 세계 주요 금융기관들에 입힌 피해액만 2008년 9월 말 기준 1조 4천억 달러로 추산하였다. 한국의 1년 치 GDP보다도 많은 규모다. 또 하나의 변수는 신용위기가 시작되자 당장 각국 은행들의 CDS 프리미엄은 리먼 사태를 기점으로 극심하게 커지기 시작하였고 시중의 달러화는 급속히 말라갔다.

이어 각국이 달러 대출상환에 시달리자 외환보유고 가운데 손쉽게 처분할 수 있는 미국 국채를 시장에 내다팔기 시작했다. 이에 당황한 미국은 서유럽에는 무제한의 통화스왑을, 그리고 여타국에는 각국이 보유하고 있는 미 국채 물량의 금액만큼 통화스왑을 서둘러 체결했다. 일부 국가는 통화스왑 지정국이 아니었음에도 말이다. 한마디로 미 국채를 시장에 내다팔지 말라는 암묵적 협정이었다.

게다가 이러한 통화스왑 계약은 기축통화로서 달러 지배체제를 한층 강화시키는 계기도 되었다. 무제한의 달러스왑으로 유로화는 연준의 창구로 들어가고, 유로 지역에 달러화가 뿌려졌다. 이는 기축통화로서 유로화에 대한 달러화의 완승이었다. 여타국에도 미 국공채는 못 팔도록 묶어 두고 통화스왑을 통해 달러가 뿌려지기는 마찬가지였다.

'무제한' 양적완화정책

미국은 1차, 2차 양적완화에도 경기가 살아나지 않자 2012년 9월 3차 양적완화정책을 시행했다. 2015년 중반까지는 제로금리를 이어가고, 매달 4백억 달러에 달하는 주택담보부증권(MBS)을 매입하는 조치가 주 내용이었다. 반면 기한은 '고용이 호전되거나 물가가 급등하기 전까지'로 명시해 사실상 무기한임을 시사했다.

현재 세계 경제가 회복이 더딘 이유 중 하나가 금융위기 시 대형 부도 사고를 일으킨 모기지담보부증권(MBS) 등 파생금융상품들이 잘 거래되지 못하고 있는 탓이다. 금융기관들은 이 MBS를 지금도 대량으로 안고 있는데 팔지도 못하는 상태다. 그런데 3차 양적완화에서는 중앙은행이 이런 MBS를 높은 가격으로 매입해준다는 것이다. 중앙은행이 은행이 보유한 MBS를 사주면 그만큼 시중 MBS 양이 줄어들면서 그 가격이 올라 금융시장과 부동산시장을 동시에 활성화시킬 것이라는 계산이다. 금융을 통해 부동산 시장을 정조준한 것이다.

3차 '무제한' 양적완화정책으로 앞으로 달러가치가 또 얼마나 떨어질지 모른다. 이로 인해 다른 나라들도 무역경쟁력 확보를 위해 환율전쟁에 뛰어들 것이 뻔하다. 게다가 지금까지의 경험으로 볼 때 넘쳐난 자금은 국민에게 대출되기보다는 연준에 재예치되거나 투기자본화하여 외국으로 빠져나간다.

지난 1~2차 양적완화로 풀린 2조 3천 5백억 달러 중 절반가량인 1조 달러 가량이 다시 연준에 재예치되어 낮잠을 자고 있다. 문제는 돈이 없는 게 아니라, 투자할 곳이 마땅치 않은 것이다. 생산적인 분야로 들어가지 못한 돈은 결국 수익성이 높은 동아시아 등 개발도상국 증시와 상품투자로 흘러들어가 시장의 불안정성을 높이고 투기자본들의 배만 불려준다.

통화정책의 기본은 뿌린 돈이 물가를 올리면 다시 걷어 들이는 것이다. 그런데 이번 정책은 뿌린 돈을 걷어 들이지 않고 2015년 중반까지 시장에 그대로 내버려 두겠다는 것이다. 인플레이션은 필연이다. 미국은 부작용을 알면서도 고용시장 활성화를 위해 사실상 인플레이션을 방치하겠다는 것이다. 아니 방치 정도가 아니라 인플레이션을 유도하여 집값을 올려 금융위기로부터 벗어나겠다는 것이다. 차마 드러내 놓고 말은 못하지만 부동산 가격을 올리기 위해서는 인플레이션 외에는 약이 없다는 것이다.

게다가 3차 양적완화의 약효가 미미하다고 느낀 연준은 추가양적완화를 발표해 2013년 1월부터 매월 450억 달러의 국채를 별도로 매입하기 시작했다. 인플레이션을 가속화하여 집값을 끌어올려 금융위기에서 빠져나와 다시 한 번 소비경제를 살려보겠다는 것이다. 아주 대놓고 인플레이션을 일으키겠다는 심산이다.

연준은 또한 실업률이 6.5% 이하로 떨어지고 물가상승률이 2.5%를 넘지 않는 선에서 제로에 가까운 초저금리를 향후 계속 유지한다고 발표했다. 이제는 통화정책에 실업률을 연동시키겠다는 것이다. 이는 고용이 늘어나 실업률이 안정적으로 낮아질 때까지 무제한으로 돈을 풀겠다는 강력한 의지의 표현이었다. 이에 따라 연준은 매월 4백억 달러의 모기지담보부증권(MBS)매입 이외에 매월 450억 달러의 국채를 더해 매월 850억 달러를 쏟아 붓고 있다.

이렇다보니 대다수 국가는 자국의 통화강세를 막기 위해 안간힘을 쓰고 있다. 누리엘 루비니 미국 뉴욕대 경영대학원 교수와 스티븐 로치 전 모건스탠리 아시아 회장 같은 석학들은 작금의 4차 환율전쟁이 세계 경제에 암적인 존재라고 경고한다.

특히 문제는 유럽의 재정위기, 일본의 경기침체와 맞물려 이들 국가들조차 양적완화에 대대적으로 동참하고 있다는 점이다. 유럽중앙은행은 미국 연준의 3차 양적완화보다 오히려 며칠 앞서 무제한 양적완화를 선언하였고, 일본은 디플레이션 탈피를 위해 실물경제의 생산성과는 전혀 상관없이 돈을 대량으로 찍어내고 있다. 세계 3대 통화가 모두 무제한 양적완화에 시동을 건 것이다.

미묘한 중국의 입장

중국은 환율을 인위적으로 고정시키고 있다. 미국의 30% 절상 요구에도 매년 3%로 맞서고 있는 것이다. 중국은 글로벌 금융위기 이후 자국의 경기회복을 위해 재정지출을 확대해 시장에 많은 돈을 풀었는데, 이로 인해 원자재 및 부동산가격이 급격하게 올랐다.

중국은 자국의 버블을 우려해야 하는 단계로 금리인상을 해야하나 고정 환율이 걸림돌이다. 딜레마에 빠진 중국입장은 미국이 요구하지 않아도 자국의 버블을 잡기위해 위안화를 절상하고 금리도 올려야 할 처지다. 그런데 세계가 초 저금리 상황이라 금리를 올릴 경우 해외 자금들이 중국으로 몰릴 수 있어 고민인 것이다.

중국은 미국의 위안화 절상압력이 커지자 자구책으로 외환보유고 다변화와 엔고를 유도하는 전략에 돌입했다. 2012년 들어 7월까지 중국이 매입한 일본국채가 총 2조 3천 1백억 엔으로 5월 이후 엔화는 11% 절상이 되었다. 이에 일본정부는 9월 15일 미국, 유럽, G7과의 논의 없이 엔고 저지를 위해 양적완화라는 극단적 초강수를 던지며 세계 환율전쟁의 기폭제 역할을 했다.

| The Exchange Rate Wars Story **PLUS** |

서브프라임 사태의
또 다른 의미

미국이 제로금리를 2015년 6월까지 장기화하기로 하고 무제한적인 양적완화로 과잉유동성을 양산함으로서 신용위기를 진정시키려는 이면에는 또 다른 속셈도 있다. 통화량 팽창에 의한 인플레이션에 비해 달러 가치 하락으로 인한 실질적 채무감면과 실질이자의 감소라는 결정적 효익이 훨씬 크다고 판단하는 듯하다. 때문에 그들은 시장과 더불어 게임을 하고 있는 것이다. 당시 연준 의장인 버냉키가 물 쓰듯 달러를 뿌려댔던 것도 이런 이유에서였다.

글로벌 금융자산이 개도국 시장에 밀물처럼 쏟아져 들어왔다 썰물처럼 빠져나가면서 개도국 자산시장과 주식시장을 분탕질하며 단물을 빼먹는 것을 보면, 금융자본주의의 실체를 보는 듯하여 씁쓸하다. 그러나 이것은 엄연한 현실이다. 당하지 않으려면 금융산업을 키우고 실력을 기르는 수밖에 없다.

또한 서브프라임 사태를 보면, 그들은 과거 닉슨이나 레이건처럼 우악스럽지 않고 교묘하게 달러 약세를 주도하고 있다는 인상을 받는다. 동시에 그들은 세계 외환시장과 개도국 시장의 불안전성을 부각시켜 기축통화로서 달러 위력을 과시하며, 달러 표시 외환보유고 증대와 함께 안전자산으로서 미국 국공채에 대한 투자를 유도하고 있다.

'궁극적으로 달러 가치는 평가절하시키되 각국의 달러 외환보유고는 늘리고, 미국 공채에 대한 투자는 붙들어 두어야한다'는 각본에 따른 일련의 시나리오를 보는 듯하다. 미국은 달러가 너무 약세다 싶으면 교묘한 방법으로 안전자산이라는 이유로 오히려 각국이 미국의 달러화를 사게 만들고 있다.

신용위기 기간 중에 미국의 통화스왑 동맹이 급격하게 14개국으로 불어난 것도 같은 맥락이다. 우리의 경우 급한 불을 잠시나마 꺼 고맙긴 하지만, 속내를 들여다보면 현실적으로 최대의 달러 수요국들을 마치 핵우산 씌우듯 '달러 우산'을 씌워 끌어들인 것이다.

미국은 외부에서 달러가 유입되지 않으면 버티기 힘든 구조다. 신용위기를 틈타 오히려 미국은 '달러 동맹'을 확대해서 달러가 다시 부메랑처럼 미국으로 되돌아오는 방식을 택한 것이다. 실제로 미국은 ECB, 영국, 일본, 스위스에 대해서는 무제한으로 달러를 공급하기로 하였다. 나머지 국가에 대해서는 150억에서 3백억 달러의 한도를 설정하였지만, 필요하면 언제든 계약기간이나 한도액을 늘려 준다는 입장이다. 이렇게 미국이 다른 나라에 공급하는 달러의 80%가량은 미국채 등 달러 표시 자산 매입이나 자본 투입 등의 형태로 미국에 환류되는 것으로 보인다.

The
Exchange Rate Wars
Story

일본의
양적완화정책

2

일본 경제는 1991년 이후 22년간 저성장 상태에 놓여 있다. 잃어버린 20년이 30년으로 늘어날 판이다. 그 동안 일본 정부는 경제회복을 위해 금리 인하, 통화공급 확대, 그리고 재정지출 확대 등 안 해본 정책이 없을 정도다.

그 와중에 일본의 금리는 제로 수준까지 내려가고 정부부채가 GDP 대비 237%로 급증했다. 이는 세계 최고의 부채비율이다. 이탈리아의 127%, 미국의 102%, 2011년 재정위기에 빠진 그리스 부채비율 163%과 비교해도 엄청나게 높은 수치이다.

그간 일본 정부부채는 대부분 국내 일본인들이 보유하고 있어 그리 큰 문제가 아니라는 인식이 팽배했었다. 그러나 이도 무역흑자가 계속되고 금리가 안정적일 때의 일이다. 물가가 상승하여 국채가 마이너스 수익률이 발생하면 국채 역시 투매의 대상이 될 수 있다. 일본이 국채 애국론에 매달려 안심할 상황이 아닌 것이다. 그럼에도 결국 일본은 마지막 수단인 양적완화정책에 매달릴 수밖에 없었다. 최후의 승부수인 셈이다.

본격적인 엔저 시대로

일본의 양적완화, 자산매입 프로그램

일본은 이미 지난 2010년부터 2년 동안 국채를 매입하는 방식으로 양적완화를 실시했다. 하지만 물가상승률은 0% 수준에서 크게 벗어나지 못했다. 2010년 10월 35조 엔, 2011년 4월 5조 엔 등 일본은 2년 동안 총 101조 엔을 쏟아 부었던 경험이 있다.

일본은 2012년에만 6차례 자산매입 프로그램의 한도를 확대했다. 결국 2013년 말까지 80조 엔의 자산을 장기국채 위주로 매입키로 했다. 장기국채 이자가 0.5% 이하로 내려간 이유이다.

특히 2012년 9월에는 유럽, 미국, 일본이 동시다발적으로 양적완화를 발표하여 세계 환율전쟁에 불을 붙였다. 먼저 포문을 연 것은 9월 6일 양적완화를 발표한 유럽이었다. 유럽중앙은행은 '전면적 재정거래'라는 이름으로 무제한 국채매입 프로그램을 발표했다. 이어

9월 13일에는 미국이 2015년까지의 3차 양적완화를 발표했고 9월 19일에는 일본중앙은행이 80조 엔까지 증액된 자산매입 프로그램을 발표했다. 이른바 4차 환율전쟁의 시작이었다.

그 뒤 일본은 효과가 미미하다고 판단하여 추가 양적완화를 발표한다. 아베 총리는 "일본중앙은행의 윤전기를 무제한 돌리겠다."며 중앙은행의 독립성을 훼손하더라도 엔고 추세 약화를 통해 경제를 살리겠다는 의지를 표명했다.

다음은 일본 아베총리의 추가양적완화를 통한 경제성장 회복계획을 보도한 2013년 연초인 1월 11자 블룸버그 기사다.

> "일본 정부는 10.3조 엔(1160억 달러)의 추가 양적완화를 통해 디플레이션을 종식시키고 경제성장을 부양하겠다고 발표했다. 3.8조 엔은 재난방지와 재건축에 투입되고, 3.1조 엔은 민간투자를 촉진시키는 쪽으로 활용될 것이라고 한다. 이번 추가 양적완화로 일본 GDP가 약 2% 성장하고 60만 개의 일자리가 창출될 것이라고 일본 정부가 밝혔다."

'개방형 자산매입'(open-end) 도입

그래도 효과가 미미하다고 느낀 일본정부는 아예 무제한 양적완화를 천명했다. 일본중앙은행(BOJ)은 2013년 1월 22일, 금융정책결정회의에서 과감한 금융정책을 단행한 것이다. 기존 인플레이션 목표치를 1%에서 2%로 상향조정하고 '개방형 자산매입'(open-end)을 도입했다. '개방형 자산매입'이라 함은 미국의 3차 양적완화처럼 기간이나 규모 등을 특별히 정하지 않고 무제한으로 돈을 쏟아 붓겠다는 뜻이다.

먼저 일본중앙은행은, 기존의 자산매입 프로그램이 2013년 말 끝날 예정이어서 개방형 자산매입 프로그램은 2014년 1월부터 시작한다고 발표했다. 규모는 매월 13조 엔으로 무기한으로 물가상승률 2%에 도달할 때까지 지속하는 것이다. 우리 돈으로 매월 154조 원 정도 되는 큰돈이다. 매월 10조 엔 규모의 단기국채 위주로 사들일 계획이며 2조 엔 규모의 장기국채와 기타 1조 엔으로 구성되어 집행될 예정이다.

아베노믹스

이른바 아베노믹스는 크게 세 가지로 이루어져 있다. 첫째, 1%였던 물가관리 목표를 2%로 상향 설정하고 이를 달성할 때까지 무한정 돈을 풀기로 했다. 2014년까지 유통 화폐량을 현재의 두 배인 270조 엔으로 늘리고 이를 위해 은행 등 민간 부문이 보유한 일본 국채를 무제한 매입한다는 게 일본은행의 계획이다.

둘째, 재정정책으로 10년 사이 2백조 엔 규모의 돈을 투입하여 '국토 강인화'라 불리는 대형 공공사업을 추진하는 것이다. 통화정책과 재정정책을 동시에 씀으로써 시너지 효과를 극대화하겠다는 것이다.

셋째, 규제를 완화하고 법인세율을 인하하여 '민간투자를 늘리는 성장전략'을 추진한다. 일본은 조세부담률이 미국 17%에 비해 훨씬 낮은 10%선이다. 그럼에도 법인세율을 또 깎아주어, 세수감소 곧 재정적자 폭의 확대를 감수하면서까지 차제에 기업에 생기를 불어넣어 보겠다는 것이다. 지난해 일본 정부 세수는 약 45조 엔, 재정지출은 88.6조 엔이었으며, 재정적자는 GDP의 9.7%인 43.6조 엔이었다. 원래 유럽 기준으로 보면 재정적자가 GDP의 3%를 넘어서면 위험하다는 수치인데 3%의 세 배가 넘는 수치도 아랑곳 하지 않고 밀어붙이겠다는 것이다.

2년 내 국채 보유를 두 배로 늘리는 강력한 양적완화 발표

일본은행은 2013년 4월 4일 통화정책회의를 마치고 앞으로 2년 동안 1조 4천억 달러에 해당하는 엔화를 찍어내어 국채 보유를 두 배로 늘리는 등 시장의 예상보다 더 강력한 양적완화 조치를 발표했다. 일본 중앙은행이 엄청난 규모의 국채를 매입한다는 것은 이미 GDP의 240%에 이르는 일본 정부의 부채가 앞으로도 계속 늘어난다는 이야기다.

구로다 신임 총재는 이 계획을 발표하면서 "점진적인 방식으로는 디플레이션에서 빠져나올 수 없다. 인플레이션율 2%를 달성하기 위해 가능한 한 모든 정책 수단을 동원하겠다."고 말했다. 물가가 생각만큼 오르지 않으면, 인플레이션을 두려워하지 않고 돈을 푸는 속도와 규모를 키우겠다는 이야기도 함께 했다.

이는 정말 과격한 정책이다. 미국도 금융위기가 터진 2008년 말부터 4년여 동안 양적완화를 통해 본원통화를 2배 이상 늘렸다. 그런데 일본은 2년 안에 본원통화를 두 배로 늘리겠다는 것이다. 이에 대해 소로스는 이는 매우 위험한 발상이라며 "구로다 총재가 시작한 양적완화 규모가 미국과 비슷한 수준이다. 그러나 일본 경제규모는 미국의 3분의 1에 불과하기 때문에 그 영향력은 미국의 양적완화보다 3배 더 강력하다."고 설명했다.

이렇듯 과격한 일본의 양적완화로 세계 환율전쟁에 불이 붙었다. 미국과 일본의 양적완화에 이어 유럽중앙은행에(ECB)도 2013년 5월초 기준금리를 0.75%에서 0.5%로 내리는 금리인하를 단행함으로써 본격적인 양적완화에 동참하였다. 미국, 일본의 제로금리에 한층 가까이 다가서서 통화팽창정책을 쓰고 있는 것이다.

이어 다른 나라들도 금리인하 행렬에 뛰어들어 글로벌 환율전쟁이 시작됐다. 호주·인도·브라질·네덜란드도 줄줄이 금리를 내렸다.

금융투자업계에 따르면 G4(미국, 유로존, 영국, 일본) 중앙은행 자산을 기준으로 집계한 글로벌 유동성 규모는 금융위기 직전인 2007년 1월 3조 5천억 달러에서 2013년 4월 현재 9조 1천억 달러로 2.6배 확대된 것으로 추산됐다. 미국 연준의 총자산은 2007년 1월 8천 7백억 달러에서 3조 3천 2백억 달러로 6년여 만에 3.8배 이상 늘어났다. 대단한 통화팽창이다.

유럽중앙은행의 경우 2007년 1월 1조 4천 9백억 달러에서 3조 4

천억 달러로 2.3배가량 확대됐다. 또 일본은행 총자산은 같은 기간 9천 5백억 달러에서 1조 7천 870억 달러로 87.8% 증가했고, 영국 중앙은행은 1천 530억 달러에서 6천 180억 달러로 3배 이상 늘어났다.

문제는 각국이 경기부양을 위해 공급한 유동성이 실물경제보다는 주식, 채권, 부동산 등 자산시장으로 유입되면서 자산버블이 우려되고 있다는 점이다. 더구나 양적완화는 앞으로 계속 더 진행될 것이라는 점이다.

근린궁핍화정책

일본의 대규모 양적완화정책이 결국 엔화 약세로 이어져 엔화 가치는 다른 나라 돈에 비해 떨어질 수밖에 없다. 곧 양적완화는 자국 통화가치 절하로 수출을 늘려 국내 경기를 부양하는 전략이다. 일본만 살고 주변은 어려워진다는 근린궁핍화 현상이 심히 우려된다. 우리 원화만 하더라도 1012년 10월 이후 엔저로 벌써 20% 이상 절상되었다. 일본과 경쟁이 치열한 자동차와 전자제품의 가격경쟁력이 떨어질 수 있다.

엔저 현상은 우리 수출에 직접적으로 악영향을 미친다. 초기에는 대일본 수출이 줄어드는 것 이외에는 그리 큰 영향을 못 느낄지 모른다. 그러나 환율이 수출에 영향을 미치는 것은 산업과 품목에 따라 상이한 시차를 두고 발생한다. 6개월 내지 1년이 지나면 그 영향이 점점 커지면서 자동차, 전자제품, 철강, 조선 등 다방면에서 가격경쟁력이 타격을 받으면서 수출이 급감할 수 있다.

'출구전략'이란 단어에 놀라다

2013년 5월 미국과 일본의 국채가 급락함으로써 장기금리가 급상승하여 세계가 화들짝 놀랬다. 미국 장기국채의 금리가 2.2%에 근접하고 일본 장기국채 금리로 1%대로 접근하였다. 이에 놀란 일본 증시는 고점대비 12.3%나 빠졌다. 이는 미국 부동산이 살아나고 경기 상승의 기미가 보이자 미 의회와 버냉키가 출구전략이란 단어를 거론했기 때문이다.

일본은행이 엔화를 찍어내어 국채를 매입함으로써 초기에는 국채 이자율 상승을 막을 수 있다. 그러면 경기를 부양하면서도 국채 이자 부담은 증가하지 않을 수 있다. 그러나 이 경우 시중에 돈이 많이 풀려 결국은 물가상승률이 국채 이자율보다 높아지게 된다. 곧 일본 국채는 마이너스수익률 상태에 놓이게 되는 것이다. 국채 수익률이 마이너스가 되면 투자자들이 국채 매수를 기피하게 될 것이고, 새로 발행되는 대부분의 국채를 일본은행이 매수해야 한다.

2013년 1월 10일 현재 일본 국채 발행량 총액은 1,066조 엔이다. 이 가운데 일본은행이 보유하고 있는 일본 국채는 113.3조 엔이며 나머지 953조 엔 대부분을 은행, 보험회사, 연기금, 외국인 등 민간 투자자들이 보유하고 있다. 일본 국채 평균 만기가 5년이라고 가정하면 민간투자자 보유 일본국채가 매년 190조 엔이 재발행되어야 한다. 그리고 2013년 44조 엔 재정적자가 발생이 예상된다면 일본 정부는 올해에만 총 234조 엔의 일본 국채를 발행해야 한다.

화폐발행량이 그만큼 증가하면 물가도 크게 상승하게 된다. 이 경우 일본은행이 일본 국채 수익률을 1% 수준으로 유지한다는 것은 불가능하다.

결론적으로 일본 정부는 높은 부채비율로 인해 미국 연준처럼 마이너스 국채 수익률을 유지함으로써 정부의 이자부담을 줄일 수 없다. 일본은행이 양적완화를 시행하여 물가상승률이 2%로 높아지면 일본 정부의 이자부담이 증가하여 일본 정부는 재정위기에 빠질 수밖에 없다. 장기국채의 급락은 이를 두려워 한 매도세가 출현하여 장기국채를 투매해서 일어난 현상이다.

본격적인 엔저, 시동 걸리다

2014년 9월 들어 일본 엔화 가치 하락세가 심상찮다. 미국 달러화에 대한 엔화 환율은 심리적 저지선인 달러당 110엔대 돌파를 눈앞에 두고 있다. 미국의 출구전략 기대에 따른 달러화 강세와 일본 중앙은행(BOJ)의 추가 양적완화 가능성 등으로 엔화 약세 압력은 더 커지기만 한다. 엔·달러 환율은 130엔대까지 진입할 가능성을 배제할 수 없다는 전망도 나온다.

9월 26일 기준, 엔화 가치의 급속한 하락으로 원·엔 환율이 100엔당 955원으로 6년 만에 최저 수준으로 떨어졌다. 2012년 1월 100

엔당 1,488원이었던 원·엔 환율은 2013년 1월 1,198원, 2014년 1월 1,024원으로 떨어진 데 이어 최근에는 950원대까지 가파르게 추락하고 있다. 이대로 가면 내년엔 원·엔 환율이 800원대 중반까지 더 떨어질 것이라는 전망도 나오고 있다.

엔화 가치가 더 떨어지면 우리 수출이 본격적으로 타격을 입을 수 있다. 특히 일본과 경합이 심한 자동차가 직격탄을 맞을 가능성이 크다. 그렇다고 정부가 함부로 원·엔 환율 하락에 제동을 걸 생각을 하면 안 된다. 기업 스스로가 원고를 흡수할 기본적인 전략에 고심해야 할 때이다.

우리나라는 지난 10년 동안 연평균 250억 달러 규모의 대일무역 적자를 냈다. 수입액이 수출액의 2배가량 된다. 환율정책으로 엔저를 극복하는 것은 쉽지 않다. 우리 기업에게 엔저는 양날의 칼이다. 엔저 덕분에 일본에서 부품소재 수입 비용을 절약할 수 있는 만큼, 이에 안주하지 말고 부품소재의 국산화에 더욱 박차를 가해야 한다. 이럴 때일수록 정도가 살길이다.

| The Exchange Rate Wars Story **PLUS** |

일본 31년만의 무역적자, 충격에 약해진 체력 드러내

일본은 2011년 3월 원전 사고로 무너지기 시작했다. 후쿠시마 원전 사고는 태평양 해역 지진으로 인해 진도 9의 지진과 지진 해일로 후쿠시마 원자력 발전소에서 발생한 사고이다. 체르노빌 사고와 함께 원자력 사고 최고 단계 등급인 7단계(Major Accident)를 기록했다.

이 해에 일본은 모든 원자력 발전을 중단하고 대신 LPG 등 에너지를 수입하여 화력발전으로 이를 대체했다. 이로 인해 일본의 통관 기준 무역수지가 2조 4,927억 엔의 적자를 기록했다. 통관기준으로 일본이 무역적자를 기록한 것은, 제2차 유가파동으로 석유 수입액이 급증한 1980년 이후 31년만의 일이었다.

수출증가율이 2010년의 24.4%에서 2011년 −2.7%로 급락한 반면, 수입증가율은 2010년 18%에서 2011년에도 12%의 높은 수준을 유지해 무역적자를 초래했다. 일본은 그동안 막강한 제조업 경쟁력을 바탕으로 연간 1천억 달러 정도의 무역수지 흑자를 누적하는 국가였다.

일본의 무역수지 적자는 대지진 등 일시적 요인에 의한 것으로 보이지만 이는 일본의 중장기적 변화와 산업경쟁력 약화를 반영하고 있다. 곧 일본이 생산기지를 해외로 이전하고 있고 또 일본 수출산업의 경쟁력 역시 약화되었다고 보는 이코노미스트들이 많다. 그들은 2012년의 무역수지적자가 5조 엔 정도로 확대되고 향후 3~4년에는 10조 엔으로 늘어날 것이라고 전망했다.

그런데 실제 무역적자는 이것보다 더 크고 더 빠르게 진행되었다. 2012년에 이미 무역적자가 870억 달러에 이르렀고 2013년에는 적자는 무려 1,176억 달러에 달했다.

무역수지적자 누적으로 인해 일본의 경상수지도 빠르면 2015~2020년 전후에 적자가 될 것으로 예상됐었다. 그런데 이도 예상보다 빨리 다가서고 있다.

2013년 10월부터 경상수지적자가 나타나기 시작한 것이다. 2014년 1월에는 일본이 사상 최대 규모의 경상수지적자를 냈다는 소식에 일본 증시가 3% 이상 급락하기도 했다. 최근 들어 성장률 등 일본 경제지표들이 줄줄이 악화되면서 '통화 약세로 경기를 부양한다.'는 아베노믹스의 약발이 떨어지기 시작한 것 아니냐는 분석이 나올 정도다.

수출 강국이었던 일본이 이제는 지진이나 경제 환경변화 등 일시적 요인의 충격을 크게 받을 만큼 취약해진 것은 분명하다. 이러한 변화는 일본 산업의 수출경쟁력이 추세적으로 하락하고 있기 때문이다. 앞으로 일본 제조업이 더욱 해외로 진출하는 한편, 해외생산 거점에서 일본에 수출하는 역수입이 자동차 등으로 확대될 경우 일본의 무역수지는 구조적인 적자 상태로 빠질 것으로 보인다.

The Exchange Rate Wars Story

거품 키우는 미국,
걱정되는 인플레이션 후폭풍

3

미국은 금융위기를 이용, 연준이 달러를 찍어내어 인플레이션을 유도해 실질 달러 가치를 절하시키려 하고 있다. 또 다른 한편으로는 연준이 찍어낸 달러로 세계 통화시장에 달러 유동성을 확대 공급하여 기축통화로서의 영역 확대를 통해 안전자산으로서의 달러 가치를 한껏 올리고 있다. 서로 상충되는 두 요소를 교묘히 조정하고 있는 것이다.

유동성 장세의
잠재적 문제

넘쳐나는 유동성

미국은 금융위기를 이용해 달러 유동성을 엄청나게 공급하고 있다. 2009년 연초에는 1,680억 달러나 되는 세금을 환급해 주는가 하면, 미국 GDP의 5.7%에 이르는 7천억 달러 규모의 금융구제안이 통과되어 돈을 풀기도 했다. 유로 지역에 달러스왑을 통해 달러를 무제한 공급하기도 하였고, 유로 자체적으로도 2조 5천억 달러 규모의 유로화가 풀려 나왔다. 모기지 업체인 패니메이와 프레디맥의 국유화에 쓴 돈이 4천억 달러나 된다. 연준에서 지금까지 상업은행에만 공급하던 유동성을 직접 시장에 공급하는 양적완화정책 플랜 등으로 2조 5천억 달러의 자금을 시중에 공급하였다. 이를 통해 기업어음(Commercial Paper : CP)도 직접 매입하였다.

이후 기업들의 단기 유동성 조달창구인 기업어음 시장에 1조 8천억 달러를 쏟아 부었다. 기업어음은 신용도가 높은 우량기업이 자금 조달을 목적으로 발행하는 단기의 무담보어음을 일컫는다. 한편 은행채 등의 발행보증으로 1조 9천억 달러를 퍼부었다. 또한 그들의 부실자산들을 매수하는 데 7천억 달러를 썼고, 연준에서는 모기지 채권을 직매입하는 데 6천억 달러를 조성하였다.

2009년 초까지만 해도 전 세계 유동성 공급량이 6조 달러라고 하였는데, 오바마가 취임하고 단 2, 3주 만에 그들이 이미 집행하였거나 투입할 유동성은 본원통화의 증가분을 포함해서 8조 달러를 넘어섰다. 이 정도의 유동성이라면 유로존 전체와 미국, 일본 총통화의 3분의 1에 해당되며, 미국 GDP의 60%에 이르는 엄청난 양이다.

연준(FRB)은 양적완화를 통해 주택담보부증권(MBS)과 장기국채를 대량 매입해 침체된 주택시장을 부양하고 장기금리를 내려서 실물경제를 회복시키려 했다. 그러나 양적완화 효과가 끝난 직후, 미국 경제는 다시 침체로 빠져들었고 더블딥 우려가 시장에 팽배했다. 이런 시장의 우려를 불식하기 위해 그 뒤 2차 양적완화가 2010년 11월에 시행되었다. 미국 연준은 6천억 달러 상당의 양적완화를 8개월에 걸쳐 시행했다.

그럼에도 고용이 늘지 않고 경기가 살아나지 않자 2012년 9월에는 3차 양적완화정책을 발표했다. 적어도 2015년 중반까지는 기준금리를 연 0~0.25%로 유지하는 초저금리 기조를 이어가고, 매달 4백억 달러에 달하는 규모의 주택담보부증권을 매입하는 조치가 주 내용이었다. 반면 기한은 '고용이 호전되거나 물가가 급등하기 전까지'로 명시해 사실상 무기한 매입할 것임을 시사했다.

지난 시기에는 양적완화가 시작되면 금융시장에서 과열이 일어나고, 돈 풀기가 끝나면 얼마 안가 증시가 급락하고 금융시장이 흔들리는 상황이 반복됐었다. 이에 연준은 기한을 잡지 않음으로써 과열과 급락을 방지하고 경기 부양의 의지를 공표한 것이다. 여기에 단기 채권을 판돈으로 장기 채권을 사들여 장기 금리를 낮추는 정책도 연말까지 시행해 2012년 연말까지는 매달 8백 50억 달러를 매입한다.

이는 금액으로만 보면 1차 양적완화는 2009년 1월부터 2010년 3월말까지 15개월간 총 1.75조 달러 규모로, 2차는 2010년 11월부터 2011년 6월까지 8개월간 6천억 달러 규모로 시행됐다. 월 매입 규모는 1차 양적완화 때의 월평균 960억 달러, 2차 때의 750억 달러보다는 다소 약해 보이나 무엇보다 무제한으로 이 조처를 시행할 계획이고 부족하면 추가 조처를 취해서라도 경기를 부양하겠다고 밝혀 전례 없이 강력한 정책을 쓴 것이다.

문제는 나중에 벌어질 일이다. 지금은 경기부양이 달콤한 꿀이지만 나중에 경기가 본격 회복되면 광의의 유동성은 화폐발행액의 70배, 본원통화의 35배 이상으로 불어나는 게 보통이다. 앞으로 불어닥칠 인플레이션 후폭풍이 염려된다.

1, 2차 양적완화로 달러 15% 평가절하 되다

양적완화는 달러화의 가치를 떨어뜨려 미국 수출 기업이 외국 기업에 비해 유리하도록 하는 효과를 내는데 실제로 1차 양적완화 이후에 달러 가치는 10% 정도 떨어졌고, 2차 이후에는 또 5% 정도 떨어졌다. 미국의 2차 양적완화정책은 그 시점이 G20 정상회의 및 미국과 중국 간의 환율갈등과 맞물려 마치 다른 경쟁국 통화에 대한 미화가치를 인위적으로 내리려는 것처럼 인식되었다. 특히 기회만 있으면 미국 통화정책을 비판해오던 중국과 브라질은 물론 이제는 일본, 독일, 프랑스 등 대부분의 G20 국가들도 미국을 비판하고 나섰다.

미국의 거세지는 약달러정책, 환율전쟁 부르다

이번 3차의 '무제한' 양적완화정책의 시행으로 당장은 주식시장의 호황과 저금리하의 시장안정에 이바지할 것이나 그 후유증은 전례 없이 크게 나타날 것이다. 미국은 1985년 플라자 합의 이후 단계적인 달러 약세를 통해 상당한 이익을 챙겨왔다. 당시 아시아 국가 중 일본만이 신축적인 환율제도를 가지고 있어 절상의 부담을 고스란히 안았으며 그 결과 자산 버블과 붕괴를 거치면서 잃어버린 20년을 경험했다.

문제는 이번의 무제한 양적완화정책으로 앞으로 달러 가치가 또 얼마나 떨어질지 모른다는 점이다. 이로 인해 양적완화는 국가 간 긴장을 더욱 강화한다. 문제는 다른 나라들도 무역경쟁력 확보를 위해 환율전쟁에 뛰어들 것이 뻔하다. 미국의 무제한적인 양적완화 효과와 유로존 경제국들의 재정위기, 그리고 일본의 디플레이션 위험 등 환율에 큰 변수가 될만한 경제 문제들이 산재되어 있어 외환시장의 긴장감은 어느 때보다 고조될 전망이다. G2로 이야기되는 미국과 중국의 환율 공방을 비롯해 유로화와 엔화 등 외환시장에 환율전쟁의 먹구름이 몰려오고 있다.

무제한 양적완화, 금융투기 초래

게다가 지금까지의 경험으로 볼 때 미국 시중은행에 넘쳐난 자금은 미국 국민에게 대출을 하기보다는 연준에 재예치되거나 투기자본화해 자본이득을 극대화할 목적으로 외국으로 유출돼 버린다. 미 연준은 3차 양적완화 조치를 발표하면서, 다시 돈을 찍어 푸는 것이 '고용' 때문임을 강조했다. "지난 금융위기 때 사라진 8백만 개의 일자리 가운데 절반도 회복하지 못했고, 2012년 9월 현재 8.1%의 실업률은 2012년 초부터 개선기미를 보이지 않고 있다."는 것이다.

그러나 이런 조치가 고용과 성장에 도움을 줄 가능성은 그리 높지 않다. 중앙은행이 찍어낸 돈으로 시중의 채권을 매입하면, 그 돈은 제이피모건이나 시티그룹, 골드만삭스 같은 주요 대형은행들에 공급된다. 양적완화가 고용과 성장에 도움이 되려면 이들이 받은 돈으로 가계나 기업에 대출을 해주고, 이들이 투자를 하고, 집을 사는 등 소비를 해서 고용이 늘어나고 소비가 촉진되는 선순환이 일어나야 한다. 그러나 거품이 붕괴되고 경기 침체가 지속되면서, 가계와 기업들은 부채를 줄이고 자산 건전성을 회복하기 위해 안간힘을 쓰고 있는 상황이다. 따라서 중앙은행이 아무리 돈을 찍어 은행에 공급해도 그 돈이 생산적인 부분을 흘러들어가 고용과 성장을 촉진하지 못하고 있다.

이런 이유로 지난 1~2차 양적완화로 풀린 2조 3천 5백억 달러 중 절반가량인 1조 달러가량이 다시 연준에 재예치되어 낮잠을 자고 있다. 문제는 돈이 없는 게 아니라, 투자할 곳이 없는 것이다.

생산적인 분야로 들어가지 못한 돈은 결국 금융시장으로 흘러들어가게 된다. 특히 수익성이 높은 동아시아와 상품 투자가 유력한 대상이다. 그리하여 증시와 상품시장은 급등하게 되고, 자산 거품이 늘어나게 된다. 투기자본들의 배만 불리게 되는 것이다. 양적완화는 세계적인 금융투기를 부추겨 동아시아의 금융시장과 상품 시장을 더욱 불안정하게 할 것이다.

미국 주가버블보다 중요한 채권시장 문제

미국은 유동성 장세로 자산가격을 회복하였다. 곧 돈의 힘으로 주식시장과 부동산 시장을 살려 내고 있는 것이다. 그러나 지금의 세계 경제의 고요함은 폭풍 전야의 그것과도 같다. 투자자들도 채권 등 유가증권 매매부문이 정체되고 그 시장가격의 변동성이 너무 낮다는 데 불안을 느낄 정도이다. 시장가격의 변동성이 줄어들면 투자가들은 함부로 움직일 수 없다.

미국에서는 공포지수라고 불리는 VIX지수가 있는데 이것이 하락하면 공포감이 없어진다는 뜻이다. 최근 변동성 하락과 더불어 VIX

지수가 장기간 하락하고 있지만 오히려 시장에는 폭발직전 가스가 계속 쌓이는 모습으로 잠재적 공포감이 고조되고 있다.

변동성 하락 곧 저금리 하에서 시장의 평온함은 '차입금으로 운용하는 레버리지 확대'를 조장하는 토양이다. 그런데 만약 금리상승분 위기가 강해지면 유동성이 일제히 레버리지 축소방향으로 움직이기 마련이다.

따라서 유동성 위기는 조기금리인상이나 경기 과열을 우려한 빠른 금리인상으로 비롯될 수 있다. 채권투자가들은 일반적으로 저금리기조가 지속될수록 수혜를 입는다. 그러나 경기회복으로 실업률이 하락하고 인플레이션이 감지되면 금리인상을 더 이상 미룰 명분이 없어진다. 만약 금리인상으로 채권시장 유동성에 불이 붙으면 초저수준의 변동성시대는 순식간에 종말을 맞고 널뛰기 시장이 될 것이다.

그런데 문제는 이러한 대량의 채권을 받아줄 시장이 있느냐로 귀결된다. 아시아 각국 정부는 이제 더 이상의 외환보유고 확충을 고려하지 않고 있어 미국 국채 시장이 고갈되어 가고 있다. 모기지 채권도 금리가 올라가면 수요가 줄어들기는 마찬가지이다. 영국 〈이코노미스트〉지는 유동성이 고갈된 채권시장은 출구가 좁은 만석상태의 영화관과 같다고 비유했다.

● SpringLady, 스넥 매거진(SNEKMAGAZINE), 2014년 8월 1일

캐스케이드 현상이 올 수도

이미 세계는 환율전쟁 속으로 접어들었다. 이대로 환율전쟁이 진행된다면 캐스케이드(cascade) 현상이 올 수도 있다. 캐스케이드 현상이란 어느 한 시점에 매물이 폭포수처럼 쏟아지면서 시세가 폭락하는 현상을 말한다.

어느 시점에서 인플레이션이 과도하게 진행되어 초인플레이션이 발생해 글로벌 경제를 짓누르면 이는 캐스케이드 현상으로 연결될 수 있다. 나는 중남미 근무 때 이것을 경험한 적이 있다. 일단 초인플레이션이 시작되면 전 단계에 의해 다음 단계가 순식간에 발동되면서 폭포수를 맞는 것처럼 일순간에 일이 벌어진다.

화폐 가치의 하락으로 최초 1만 명이 달러화를 거부하면 다음 1백만 명을 돌파하게 되고, 그 다음엔 순식간에 1천만 명이 거부하게 된다. 세계 인구의 일부만 달러를 거부해도 그 여파는 걷잡을 수 없게 될 것이다. 결국 달러의 몰락으로 이어지게 된다.

The

Exchange Rate Wars

Story

본격적인 환율전쟁이
시작되다

4

글로벌 금융위기로 미국은 3차에 걸쳐 양적완화정책을 시행했다. 말이고와 '양적완화'이지 막말로 공중에서 헬리콥터로 무차별적으로 돈을 뿌린 것이나 마찬가지였다. EU 역시 마찬가지로 양적완화정책을 실시하며 유로화를 대량 살포했다. 양대 경제권이 돈을 그렇게 많이 찍어내어 살포했음에도 인플레이션이 일어나지 않은 것은 세계적인 불경기로 돈이 시중에 활발히 돌지 않았기 때문이다. 일본도 아베가 집권하면서 이른바 '아베노믹스'를 외치며 돈을 찍어내어 시중에 퍼붓기 시작했다. 최근 2년여에 걸쳐 엔화는 1달러당 78엔에서 110엔 내외로 40% 이상 절하되었다. 이러한 유동성 확대로 인해 세계 경제는 서서히 살아나고 있다. 특히 IMF 등 세계 기구들은 2015년 각국 경제가 기지개를 펼 것으로 전망하고 있다.

하지만 이로 인한 부작용 또한 만만치 않을 것으로 보인다. 우선 선진국 간의 경쟁적인 양적완화정책은 통화량 확대를 가져와 결국 해당국 통화의 평가절하로 연결될 수밖에 없으며 이는 곧 환율전쟁으로 치닫고 있음을 뜻한다. 또 다른 하나는, 양적완화의 종료와 금리인상은 세계 외환시장의 동요를 불러올 수밖에 없다는 것이다. 캐리트레이드 자금의 귀환이 개발도상국들에게 큰 시련을 안겨줄 수 있다.

원고(高)가 시작되다

미국의 부동산 경기가 살아나다

서브프라임 사태의 직접적인 원인이었던 미국의 부동산 경기가 살아나고 있다. 주택 매매는 2011년 9월부터, 집값은 2012년 6월부터, 매물은 2013년 1월부터 꾸준히 증가하고 있는 추세이다. 집값은 2013년 3월 전년대비 매월 1% 이상씩 상승해 무려 10.9%나 올랐다. 부동산 경기가 확실히 급속도로 살아나고 있는 것이다. 미국에서 부동산 경기가 살아난다함은 곧 소비경제가 활성화됨을 뜻한다.

여기에 놀란 미 의회가 버냉키를 불러내어 출구전략을 거론했다. 그러자 시장이 놀랐다. 장기국채의 투매가 쏟아져 채권가격이 하락하면서 장기금리가 상승했다. 양적완화로 정부가 국채를 대규모로 사들이고 있음에도 국채 가격이 급락했다는 것은 그만큼 시장이 크게 놀랐다는 반증이다.

이런 일로 정작 놀란 건 미 의회와 연준이다. 이야기 한 번 잘못 꺼냈다가 기껏 모처럼 살아 오르는 시장에 찬물을 끼얹을 수 있다고 느낀 것이다.

양적완화를 반대하던 스티글리츠 교수조차도 돌연한 양적완화의 축소는 위험하다는 의견을 피력했다. 장기금리가 2.2%인 상태에서 이자율이 더욱 급등하면 미국은 다시 패닉에 빠질 수도 있다.

결론적으로 양적완화를 성급히 그만둘 수는 없다. 경기를 급냉시킬 수 있기 때문이다. 더구나 현재 미국 물가 인상률이 1%로 안정되어 있어 상한억제선인 2.5%에 훨씬 못 미친다. 게다가 셰일가스로 에너지 값이 싸지고 달러 인덱스(83~84) 상승으로 상대적으로 원자재 값이 싸졌다. 더구나 최근의 엔저로 일본 수입품 가격이 싸져 당분간 인플레이션은 걱정하지 않아도 될 형편이다. 그리고 집값이 많이 오르고 있다고는 하지만 아직 미국 집값은 금융위기 이전의 가격에 비하면 20% 이상 싼 편이다. 갈 길이 멀다는 의미이다.

참고로 2014년 7월 미국 주택건설지출도 전월보다 1.8% 증가한 9,813억 달러(연율 기준)에 달했다. 이는 5년 7개월 이래 가장 높은 수치로 미국 부동산 경기회복세가 지속되고 있음을 보여줬다.

미국이 출구전략을 서두르는 이유

그럼에도 미국은 경기가 급속도로 살아나자 2014년 들어 테이퍼링을 더 이상 미룰 수가 없었다. 아니 서두르고 있었다. 테이퍼링이란 그간 시중에 돈을 푸는 양적완화정책인 국채와 모기지채권 매입을 점진적으로 축소하는 걸 말한다. 이는 더 나아가 머지않아 그간 풀었던 달러를 거두어들이겠다는 출구전략의 신호탄이기도 하다. 이로 인해 그간 개발도상국들에 방출되었던 달러의 귀환 사태가 일어났다.

개발도상국들에서 달러가 많이 빠져 나가자 당연히 해당 국가의 환율이 춤출 수밖에 없다. 아르헨티나의 경우 2014년 1월 페소화가 무려 18.6%나 급락했다. 더구나 2월 초 공식환율은 '달러당 7.7페소'이지만 암달러 환율은 12페소다.

이외에도 경상수지적자가 큰 인도, 인도네시아, 남아공, 터키, 브라질 등의 환율이 요동칠 요주의 국가들이다. 이들 국가들은 잘못하면 외환위기에 빠질 위험이 있다.

터키 리라화는 2013년 5월 버냉키쇼크 이후 무려 30%의 절하를 기록했었다. 그럼에도 터키는 달러 유출을 막기 위해 이번에 금리를 4.5%에서 10%로 무려 5.5%나 올렸다. 굉장히 다급했다는 방증이다. 하여튼 화끈한 돌궐족답다. 심지어 우리 환율도 2월 3일 하루 14원 10전이나 올랐다.

개발도상국들은 일제히 미국의 테이퍼링을 비난하고 나섰다. 그럼에도 미국은 테이퍼링을 늦출 여유가 없다. 왜냐하면 미국의 2013년 하반기 두 분기 성장률이 모두 3%를 넘어서는 호황을 누리면서 시중통화량(M2)이 급격히 늘어나고 있기 때문이다. 이 추세로 나가면 자칫 인플레이션에 휩싸일 가능성마저 있다. 게다가 경기가 살아나자 고용증대로 인해 실업률이 6.7%로 떨어졌다. 연준의 목표 실업률인 6.5%에 바짝 다가선 것이다.

연준이 예상했던 것보다 경기가 급격히 활성화되고 있는 것이다. 이제는 오히려 경기를 조금 진정시킬 필요가 있었다. 게다가 미국으로서는 개발도상국들이 금리를 올려 달러를 자국 내에 가두어 놓아야 미국으로 귀환하는 달러가 줄어 시중통화량 증가의 부담을 조금이나마 줄일 수 있다.

만약 이 추세대로 진행되어 미국의 실업률이 6% 이하로 하락하고 물가상승률이 장기목표치인 2%를 웃도는 상황이 오면 미국도 부득이 금리인상을 서두르지 않을 수 없다. 이것은 최악의 시나리오다. 내 코가 석자인 미국이 다른 나라 사정을 봐줄 수 없는 이유이다. 실제 미국 백악관이 전망한 국내총생산(GDP) 성장률은 2014년 3.1%, 2015년 3.4%다. 2013년 미 GDP 성장률은 1.9%였다.

중국, 위안화 절상 못하는 두 가지 이유

중국이 위안화를 대폭 절상하게 되면 다음과 같은 두 가지 부작용에 시달릴 수 있다. 하나는 수출기업의 채산성 악화될 때 발생할 실업자 문제이다. 중국도 중소기업이 많기 때문에 중소기업은 위안화 평가절상으로 수출채산성이 악화되면 고용을 줄이거나 신규채용이 어려울 수밖에 없다.

다른 하나는 1985년 플라자 합의 이후 일본 경제처럼 국제 투기성 자본의 유입과 유출에 따른 중국경제의 혼란 가능성이다. 위안화 평가질상 기대감으로 국제 유동성이 중국으로 이동하면 중국 자산시장 거품이 발생한다. 그 다음 거품을 유지할 수 없게 되면, 중국 경제도 1990년대 일본 경제처럼 자산시장 거품붕괴에 따른 휴유증이 클 것을 우려하고 있는 것이다. UN무역개발회의(UNCTAD)도 중국의 견해에 동의하고 있다. 중국이 선진국처럼 변동환율제도로 변경하지 못하는 이유이다.

환율전쟁의 신호탄, 원고(高)가 시작되다

이런 환경 속에서 미국과 유럽의 경기는 살아나고 있었다. 2013년 5월 22일 미국 경기가 뚜렷이 살아나자 그간 뿌렸던 달러를 거두어들이는 출구전략이 거론되었다. 그러자 개발도상국들의 화폐 가치가 급락하기 시작했다. 가장 위험한 나라 순서대로 5개 국가를 'Fragile', 즉 깨지기 쉬운 나라라는 의미로 F5라고 불렀다. 인도, 인도네시아, 브라질, 터키, 남아공 순이다.

이 나라들이 위기의 국가로 지목된 이유는 바로 경상수지와 외환보유고이다. 가진 돈 곧 달러도 없는데다 경상수지 적자로 위험국가로 지목된 것이다. 반면 우리나라는 전통적인 외환보유고 대국이자 경상수지흑자 국가다. 2013년 8월 인도네시아와 인도가 외환위기를 겪을 수 있다는 이야기가 나온 2차 충격 때부터 원화는 다른 모습을 보이기 시작했다. 인도, 브라질, 남아공 등의 나라 통화는 추가적 약세를 보였지만, 원화는 오히려 유일하게 강세를 보였다. 이 기간 원화가 2.4% 강세를 보인 반면 인도의 루피는 17.6%, 인도네시아의 루

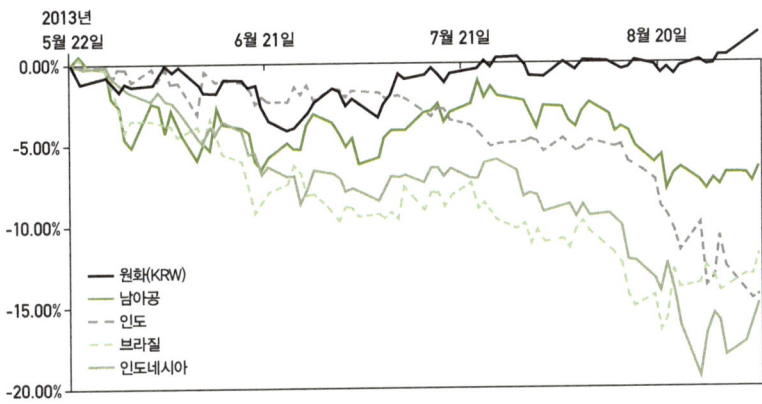

:: 원화의 가치 변동 (자료 : 블룸버그, IBK자금운용부)

피아는 14.2% 약세를 보였다.

  2013년 우리나라 경상수지 흑자는 무역수지 흑자에 힘입어 역대 최고를 달성했다. 우리나라 GDP의 약 6%에 달하는 수치이다. 때문에 위험국가들에서 빠진 돈들의 일부가 우리 증시와 채권시장으로 흘러들어오고 있어 원화가 절상되고 있었다. 문제는 앞으로다. 미국의 출구전략이 시작되면 이 흐름은 더 증폭될 가능성이 높다. 원화 절상이 더 가파를 수 있다는 이야기다.

본격적인 환율전쟁에 돌입하다

최근 본격적인 환율전쟁으로 접어드는 몇 가지 이상 징후들이 연달

● 〈쉽게 풀어쓴 경제 이야기 - 원화, 살아있네〉, 기업은행 이효석 과장, 기업은행 블로그 http://blog.ibk.co.kr/1006

아 보이고 있다. 우선 중국이 2014년 4월 15일 위안화 환율 변동폭을 상하 1%에서 2%로 확대했다. 1월 중 달러당 6.04위안까지 하락했던 위안화 환율은 4월 말 달러당 6.26위안까지 치솟았다. 2013년 4월 9일 이후 11개월 만에 최저치다. 중국 정부의 외환시장 개입 강도가 강해지고 있는 것이다. 마틴 펠트스타인 하버드대 교수는 "위안화 약세는 리커창 총리가 수출을 늘려 2014년 중국의 성장목표 7.5%를 달성하기 위한 노력"이라고 풀이했다.

그러자 이번에는 미국이 치고 나왔다. 2014년 4월 19일 FOMC(연방공개시장위원회)에서 슬그머니 실업률 목표치(6.5%)를 더는 금리인상과 연계치 않겠다고 발표했다. 미국 경기가 살아나 실업률이 6.6~6.7%로 떨어지자 말을 바꾼 것이다. 이 말은 경기가 살아나도 당분간은 금리인상을 하지 않겠다는 뜻이다. 약달러로 가겠다는 의미이다.

유럽중앙은행(ECB)은 2014년 6월 기준금리를 0.25%에서 0.15%로 내리고 하루짜리 예금 금리를 마이너스 0.1%로 낮췄다. 현대 세상에 마이너스 금리가 탄생한 것이다. 돈을 은행에 맡기면 수수료 곧 벌금을 물릴 테니 시중에 돈을 풀라는 뜻이다.

이어 3개월 만인 9월 4일 또 금리를 전격 내렸다. 기준금리를 0.15%에서 0.05%로 0.1%포인트 내리고 하루짜리 예금 금리를 마이너스 0.2%로 낮췄다. 그리고 10월 달부터 자산유동화증권(ABS) 등 민간 자산을 매입하는 제한적인 양적완화를 실시하기로 했다. 전문가들은 ECB의 새 조치가 약 1조 유로를 시중에 푸는 효과가 있을 것으로 분석했다. 이에 더해 마리오 드라기 ECB 총재는 여전히 회원국 국채를 매입하는 미국식의 전면적 양적완화 가능성을 열어두고 있다. 전문가들은 ECB가 국채 매입에 나서면 이미 두드러지기 시작한 유로화 약세가 가속화해 환율전쟁을 자극할 것이라고 우려했다.

일본은 막대한 돈을 풀어 자국의 통화가치를 떨어뜨리는 아베노믹스를 계속하고 있다. 세계 4대 경제권이 모두 자기 먼저 살겠다고 자국 화폐의 평가절하에 목을 맨 형국이다. 환율전쟁이 시작된 것이다. 우리는 가만히 앉아 당하게 생겼다. 주변의 위안화와 엔화가 절하되면 우리 원화는 상대적으로 절상되는 효과를 가져 온다.

특히 위안화 절하는 심각하다. 중국은 위안화 약세를 통해 수출을 늘리고 수입을 줄이겠다는 것인데 이는 우리 수출에 치명적이다. 중국 상품과의 수출 경쟁에서 가격경쟁력이 약화될 뿐 아니라 우리 수출의 제1시장인 대중국 수출에 빨간불이 켜지기 때문이다.

정부와 업계는 두 눈 똑바로 뜨고 환율전쟁의 사태 추이를 살피고 앞날에 대한 대책을 마련해야 한다. 그렇다고 우리도 무리한 외환시장 개입을 해서는 안 된다. 이 기회에 원화절상에 따른 여러 어려움을 극복해낼 수 있는 지혜를 짜내어 내공을 다져야 한다. 문제가 시작되었음을 알면 방법은 찾을 수 있다. 문제가 시작된 것을 모르는 것이 진짜 문제이다.

원화가 강세로 가는 이유

2014년 9월 초 원화가 1,020원대 초반까지 달리다 엔저와 유로화 약세로 인해 달러 강세 현상이 나타나면서 9월 말에는 1,040원대로 뛰었다. 하지만 유로화가 안정되면 다시 달러 약세가 진행될 수 있다. 이렇게 되면 원화는 1,000원대 밑으로 진입해 원화 강세는 앞으로 더 진행될 것이다. 많은 변수가 있는 외환시장을 예측한다는 것은 어렵다 못해 무모하지만 몇 가지 단서를 유추해 볼 수는 있다.

첫째, 달러화의 가치가 중장기적으로 하향 안정될 것이라고 예상되면서 달러들이 수익을 쫓아 이머징 시장을 향해 빠져 나오고 있기 때문이다. 그 대상 중 하나가 우리나라인 것이다. 달러의 유입이 많아지면 우리 원화는 강세로 갈 수밖에 없다. 우리 돈의 수요가 많아 가치가 오르는 것이다.

둘째, 이머징 마켓 중에서도 우리 시장이 가장 건전한 시장이라고 외국인들이 보고 있는 것이다. 2013년 우리나라 경상수지흑자는 7백억 달러를 넘어섰다. GDP의 6%를 넘어 과도하다고 견제 받을 정도의 수치였다. 2014년도 비슷한 규모의 흑자를 볼 것으로 예상된다.

아이로니컬한 것은 미국이 양적완화를 축소하는 테이퍼링을 실시하면 긴축으로 돌아서는 것이기 때문에 이론적으로는 달러 가치가 올라야 한다. 헌데 시장은 거꾸로 가기도 했다. 오히려 달러 가치가 하향 안정되었다. 미국 경기가 좋아지면서 은행에서 잠자고 있던 달러들이 풀려나와 시장에 유동성이 증가했기 때문이다. 이후 유럽 경기가 침체되면서 유럽중앙은행이 연달아 금리를 내리자 달러는 강세로 돌아섰다.

그러자 1,000원대를 위협하던 우리 원화도 2014년 9월 기준 다시 1,030~1,050원대로 복귀했다. 그러나 다시 원화 강세로 환율이

1,000원대가 깨지면 우리 정부의 못된 개입이 있을 수 있다. 하지만 립서비스 이상이 되어서는 안 된다. 다시 강조하지만 정부는 외환시장에 실물개입을 해서는 안 된다. 대세의 흐름을 무모하게 막겠다고 나서다 헛되게 국고를 낭비해서는 안 된다. 유럽과 중남미서 격동의 외환시장을 현장에서 오랜 기간 지켜보면서 느낀 것이다.

최근 5년간 가장 절상 폭이 높은 원화

글로벌 금융위기 이후 4차 환율전쟁이 시작된 뒤로 우리 원화의 추이를 보자. 다음 그림은 최근 5년간 원화와 위안화, 달러, 유로, 엔 환율의 실질실효환율 가치변화를 나타내고 있다. 미국의 양적완화정책

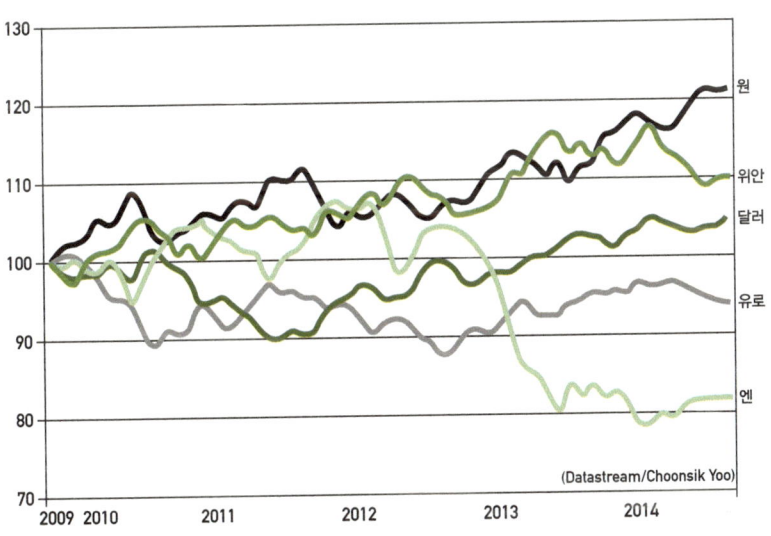

∷ 최근 5년간 실질실효환율 가치 변화 (2009년 9월 = 100)

이 시작되어 브라질의 만테가 장관이 환율전쟁을 비난한 2009년 후반기를 100으로 환산해 이후 변화 양상이다. 우리 원화의 절상 폭이 가장 큼을 알 수 있다.

앞의 그림에서 보면 달러의 가치는 양적완화정책이 두 차례 시행된 영향으로 2011년 초반까지 하락했지만 낙폭은 10% 정도였다. 그나마 유로존 재정위기가 불거지자 달러 가치는 반등하기 시작했다.

이 기간 중 원화와 위안화 가치는 꾸준하게 상승세를 타고 있다. 그러나 상승 속도는 가파르지 않고 점진적이었다. 다만 위안화 가치는 중국 경제성장의 둔화를 막아 보기 위해 2013년 말경부터 하락 반전시킨 것을 알 수 있다.

엔 가치는 이 기간 중 2012년 중반까지는 강세를 유지했으나 이후 아베노믹스 예고 발언과 실제 시행 이후 급속히 하락했다. 이렇게 보면 아베노믹스의 엔 절하정책은 확실하게 영향력을 발휘한 것을 알 수 있다. 이후 엔화는 원화 대비 3년 사이에 40% 가까이 절하되었다.●

우리나라의 수출은 전체 국내총생산(GDP)의 약 57%를 차지한다.

순위	국가	GDP 대비 수출비중(%)
1위	한국	57.4
2위	독일	51.2
3위	중국	27.7
4위	일본	15.3
5위	미국	14

∷ 2012년 GDP대비 수출 비중 상위 5개국

● 〈환율전쟁과 한국의 대응〉, 유춘식 블로그, 로이터통신 서울지국 부지국장, http://choonsik.blogspot.kr/

무역 강국 가운데 가장 높은 편에 속한다. 곧 주식회사 대한민국은 수출 주력기업인 셈이다. 그런데 이렇게 환율에서 밀리면 상당히 위험한 지경에 이를 수 있다.

원화가 다른 통화에 대해 강세로 가는 이유

원화가 다른 통화에 대해 강세로 가는 이유는 무얼까? 주요 경제권의 경제 상황이 좋지 않아 돈을 많이 풀기 때문이다. 특히 일본의 양적완화가 기승을 부리고 있다. 우리 원화가 엔화에 대해 강세로 가는 이유이다.

그리고 유로존도 디플레이션에서 헤어 나오지 못하고 있다 보니 금리를 내리고 추가 양적완화정책을 다시 만지작거리고 있다. 이 통에 유로화가 연신 하강세를 타고 있어 유로화 대비 원화가 강세로 가고 있다.

그렇다 보니 달러는 엔화나 유로화 대비 상대적으로 강세를 타고 있다. 우리 원·달러 환율은 이 틈에 달러에 대해서는 약세를 타고

:: 금융위기 전후 3년간 달러인덱스 추이. (자료 : CNBC) * 달러인덱스=주요 6개 통화 대비 달러 가치

있으나 더 두고 볼일이다.

그렇다면 앞으로 원·달러 환율은 어떻게 될까? 기본적으로 주요 6개 통화 대비 달러 가치를 나타내는 '달러 인덱스 지표'는 지난 10년간 80을 향해 수렴하는 특징을 갖고 있다.

금융위기 이후 안전자산 선호로 2010년 달러 인덱스가 한때 88까지 치솟았으나 결국 80을 향해 수렴하였다. 지금은 유로화와 엔화가 하도 약세라 달러 인덱스 지표는 다시 85 근처에 와 있다. 하지만 어느 정도 시간이 지나면 이는 다시 80을 향해 수렴할 공산이 크다. 이는 우리 원화가 다시 달러에 대해 강세로 돌아설 확률이 크다는 뜻이다.

가파르게 떨어지는 엔 환율, 마이너스 금리도 불사

문제는 엔화다. 2014년 9월을 전후해 엔저 하락세가 다시 재현되고 있다. 국제 금융시장에서 '강한 달러'가 부활하는 상황 속에서, 일본이 기회를 놓치지 않고 엔화 가치를 떨어뜨리고 있다. 달러당 엔화 환율이 110엔에 근접하고 있고 원화당 엔화 환율은 950원대이다. 6년만에 최저 수준이다.

원엔 환율은 2년 9개월 만에 36% 이상 떨어졌다. 최근 한국 경제를 위협하는 엔저 추세가 다시 가속도를 밟는 것은 돈을 풀겠다는 일본은행의 의지가 더 확고해지면서부터다. 일본은행은 2014년 9월 두 차례에 걸쳐 사상 처음으로 단기 국채를 '마이너스 금리'로 매입했다. 이는 액면가에 돈을 더 얹어주면서까지 국채를 사들인 것으로, '손해를 보더라도 시중에 돈을 풀겠다.'는 극약 처방이다.

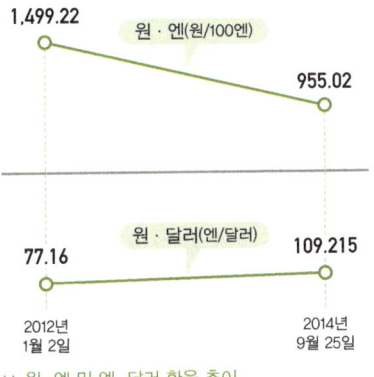

:: 원·엔 및 엔·달러 환율 추이
(자료 : 서울외국환중개, 외환은행)

일본은행은 2014년 10월 31일 금융정책결정회의에서 추가 금융완화를 결정했다. 1년간 매입하는 자산을 약 60조~70조 엔에서 80조 엔으로 늘려 시중 자금량을 확대키로 했다. 1년간 매입하는 장기국채 금액도 현재의 약 50조 엔에서 80조 엔으로 확대한다. 이는 앞으로 엔화가 더 약세로 갈 것이라는 이야기이다.

세계 메이저 금융사들은 엔저 현상의 지속으로 엔화에 대한 원화의 환율이 향후 1년 안에 800원대로 추락할 수 있다고 판단하고 있다. 원·달러와 달러·엔 환율을 동시에 전망한 주요 금융사들을 보면 BNP파리바는 1년 안에 800원대도 깨고 100엔당 786원까지 예상했다. 모건스탠리는 2015년 3분기 중 100엔당 873원을 제시했고, 크레디트스위스 등은 앞으로 1년 동안 900원대가 유지될 것으로 내다봤다.

● 〈원·엔 환율 하락 심상찮다〉, 우상규 기자, 세계일보, 2014년 9월 28일

잘 해내고 있는 우리 수출 기업들

이러한 환율전쟁 하에서도 우리 수출기업들은 참으로 선전했다. 아직까지는 말이다. 엔저의 거센 공격에도 크게 흔들리지 않았다.

다음 그림은 지난 10년간 물량기준으로 우리 수출실적과 세계 수출량 변화를 보여주고 있다. 이 그림에서 보듯 2009년 이후 원화 가치가 지속적으로 상승했지만 세계시장 점유율에 악영향은 나타나지 않고 있다. 우리 수출기업들이 환율 영향을 최소화하며 잘 대응해나 갔다는 뜻이다.

오히려 그 사이에 대한민국이 수출 7강으로 올라섰다. 참으로 대단한 선전이다. 더구나 특기할만한 사항은 엔저 공습 속에서도 오히려 세계 최대 무역국으로 부상한 중국시장에서 2013년 우리가 일본

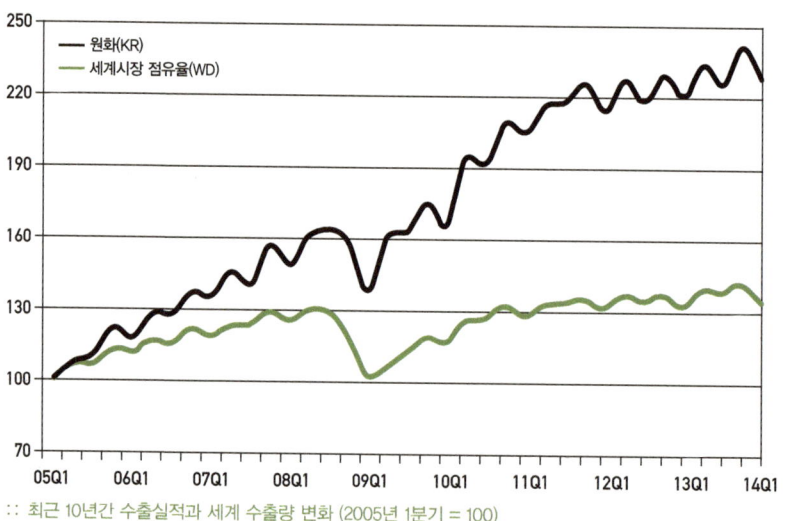

::: 최근 10년간 수출실적과 세계 수출량 변화 (2005년 1분기 = 100)

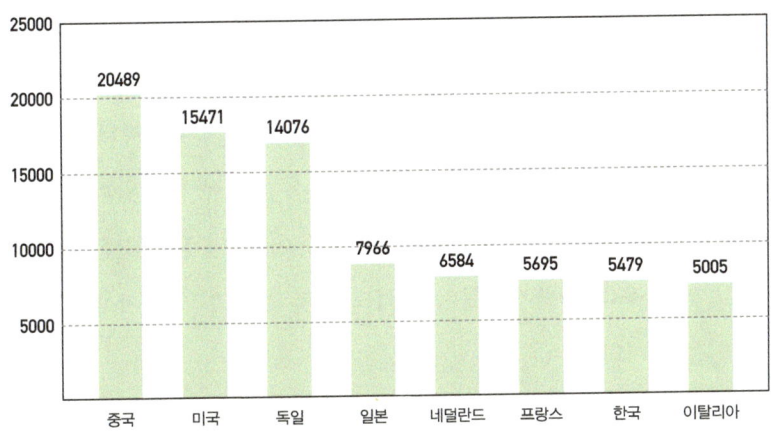
:: 세계 수출 순위. 2012년 (단위 : 억 달러)

을 제치고 대중국 최대 수출국으로 우뚝 서게 되었다는 점이다.

최근 국제정세의 변수, 셰일가스

세계 외환시장이 요동치고 있다.

2014년 11월 들어 우리 원화의 달러 환율이 1,100원을 뚫을 기세다. 엔·달러 환율도 115엔까지 떨어져 125엔대를 향해 낙하 중이다. 유로 달러 환율도 2012년 8월 이후 처음으로 1.23까지 떨어졌다. 러시아 루블화는 연초 대비 28%나 떨어져 외환위기에 내몰리고 있다. 러시아 중앙은행이 루블화 예금 이탈현상이 본격화되자 10월 말 기준금

● 〈환율전쟁과 한국의 대응〉, 유춘식 블로그, 로이터통신 서울지국 부지국장, http://choonsik.blogspot.kr/

리를 시장 예상치의 3배인 1.5%포인트 대폭 인상하여 9.5%로 끌어올렸으나 하락세는 진정되지 않고 있다.

이 모든 것이 달러가 홀로 강세로 맹위를 떨치기 때문이다. 미국이 양적완화의 종료를 선언하자 반대로 일본은 새로운 양적완화 계획을 발표했다. 엔화가 급락세를 타고 있는 이유이다. 이 통에 일본과 경쟁하고 있는 우리 수출기업들이 된서리를 맞고 있다. 엔저가 본격화하고 있는 것이다.

이러한 외환시장 요동의 배경에는 미국의 셰일가스(Shale gas)가 있다. 셰일가스는 진흙이 수평으로 퇴적하여 굳어진 암석층(혈암 : shale)에 함유된 천연가스다. 미국의 한 벤처기업이 개발한 수압분쇄 기술로 고압의 물을 수평으로 분사해 추출한 것이 바로 셰일가스와 셰일석유이다. 셰일가스 생산은 미국뿐 아니라 세계를 뒤흔들어 놓고 있다.

미국은 이로 인해 에너지 수입국에서 수출국으로 탈바꿈하고 있다. 세계 최대의 에너지 수입국이 수출국이 되는 것이다. 이는 세계 정세와 경제에 엄청난 후폭풍을 불러일으키고 있다.

우선 미국의 무역적자가 대폭 줄어들고 있다. 게다가 미국 내 셰일가스 가격은 기존 수입 가스 가격의 5분의 1에 불과해 미국의 제조업 경쟁력이 살아나고 있다. 제조업이 살아나자 고용이 늘어나 실업률 또한 눈에 띄게 줄어들고 있다. 2014년 9월 말 기준 실업률이 5.9%이다. 선진국 가운데 미국이 유일하게 경제가 살아나고 있다. 달러가 강세로 가는 이유이다.

또 다른 중요한 사실은 이제 에너지 쟁탈전으로 인한 세계 정세가 안정을 찾을 것이란 점이다. 사실 예전 미국의 아프카니스탄 침공이나 이라크 전쟁은 그 근저에 석유가 있었다.

석유가 급락 현상은 석유수출국기구 OPEC에 치명타를 안겨주었다. 그 동안 셀러 마켓이었던 에너지 시장이 바이어 마켓으로 변하고 있는 것이다. 세계 원유 수요 전망치는 줄어드는 반면 원유 공급은 늘어나기 때문이다. 생산 쿼터량 조정과 고가 정책으로 일관했던 OPEC의 단결력에 금이 가고 있다. 그간 OPEC을 주도했던 세계 최대 석유 생산국인 사우디아라비아가 먼저 생산량을 늘리고 덤핑을 치기 시작했다. OPEC 회원국 베네수엘라가 유가 하락에 대응하는 긴급회의 소집을 요구했으나, 사우디에 이어 이란과 이라크까지 덤핑 대열에 동참했다. 이로써 배럴당 125달러였던 국제 석유 값이 78달러까지 떨어졌다.

이로 인해 중동과 러시아, 남미 산유국들이 곤욕을 치루고 있다. 특히 러시아는 외환시장이 크게 흔들리고 있다. 원유와 가스 수출로 큰 돈을 벌어들이고 있는 러시아 경제가 치명타를 입어 루블화가 추락하고 있는 것이다. 러시아는 석유와 석유제품 수출이 전체 수출의 54%에 이르러 큰 타격이 아닐 수 없다.

사우디는 1986년에도 산유량을 2백만 배럴에서 1천만 배럴로 늘리며 저유가 전쟁을 유도한 바 있다. 이로써 1998년까지 12년간이나 기록적인 저유가 시대가 계속되었다. 당시 최대 패전국은 소련이었다. 석유 판매 대금의 급감이 소련 붕괴의 한 원인이었다. 이는 사실 미국의 연출로 레이건은 소련을 압박하기 위해 사우디와 협력해 저유가 시대를 지속시켰다. 이제 막을 올린 식유기 인하전쟁도 그때와 유사하다. 미국과 대립하는 러시아·이란·베네수엘라가 가장 큰 고통을 받기 때문이다. 이번 석유가 인하도 미국이 사우디와 협력하여 우크라이나 사태를 야기시킨 러시아를 응징하기 위한 것이라는 이야기도 나오고 있다.

하지만 이러한 석유가격 급락은 미국에도 부메랑으로 작용할 수 있다. 그간 셰일가스 개발은 석유 가격이 배럴당 1백 달러를 넘어서자 개발되었으나 석유 값이 이렇게 떨어지면 문제가 발생한다. 생산 단가가 높은 광구는 생산이 힘들어지는 것이다. 사우디아라비아가 이것을 노리고 있는지도 모른다.

저유가는 세계 경제에 긍정적으로 작용한다. 유럽은 물가하락 곧 디플레이션이 우려되어 양적완화를 시행할 것으로 보인다. 이는 내수 경기 진작에 도움이 된다. 다만 이는 유로화의 약세를 부추겨 당분간 상대적으로 달러의 강세가 예상된다. 중국 역시 에너지 가격 인하와 안정적인 확보로 경제성장의 안정성이 담보되었다. 일본 또한 한숨 돌릴 수 있다. 후쿠시마 원전사고 이후 원전의 올스톱으로 인한 에너지 수입 증가로 힘든 상황에서 여건이 조금 나아질 듯하다.

우리나라에는 저유가가 큰 호재로 작용하고 있다. 달러의 강세는 상대적으로 원화의 약세를 뜻한다. 이는 수출경쟁력이 높아져 엔저 공격을 어느 정도 커버해 줄 것이다. 2014년 10월 15일 한국은행은 기준 금리를 2%로 인하했다. 4년여 만에 최저치다. 유가 하락세 덕분에 인플레이션이 억제되면서 중앙은행이 금리를 인하하기가 한결 수월해졌다. 덕분에 내수 경기가 힘을 받을 것이다. 그리고 석유가격 인하로 수입 총액이 줄어들어 무역흑자가 더 늘어날 것이다. 그리고 휘발

유값 인하 등 제반 물가안정에도 긍정적으로 작용할 것이다.

차제에 석유에 기반하고 있는 전기요금 체계를 대폭 손보아야 한다. 그간 가정용보다 산업용에 싸게 적용했던 전기요금 체계를 중소기업은 기존대로 놔두고 대기업 전기료는 누진제를 적용해 올려야 한다. 대신 서민들의 전기요금을 그만큼 깎아주어야 한다. 서민들이 아직도 삼성전자와 현대자동차 등 재벌기업들 전기료 일부를 대신 내주는 이러한 불합리한 전기요금 체계는 더 이상 존속해서는 안 된다.

이제는 마인드를 바꾸어야

공식적으로는 부인하지만 한국은 오랜 기간 환율전쟁에 참가한 주요 참전국이다. 수출입국을 내건 이래 고환율정책으로 수출기업들을 정책적으로 많이 지원해 왔다. 그 덕에 삼성전자, 현대기아차 등 수출기업이 세계무대에서 무럭무럭 자라날 수 있었다. 고환율이 한몫 단단히 했음을 그 누구도 부인하기 어렵다.

2007년 후반 한때 달러당 900원선이 무너지기도 했지만 정부의 고환율정책으로 2013년 중반까지만 해도 1,100원대를 웃돌았다. 이에 따른 물가상승과 내수침체로 서민과 자영업자는 어려워졌다. 그리고 삼성과 현대 등 재벌기업은 수출과 영업 환경이 좋아져 우리경제의 재벌의존도는 물론 소득불평등과 빈부의 양극화가 심화되었다. 그들이 내수 상품을 비싸게 팔아 그 자본력으로 해외에서 값싼 수출경쟁력을 유지할 수 있었던 것도 국민들의 몫이었다.

하지만 이제 마인드를 바꾸어야 한다. 수출기업들을 위한 환율에 대한 집착은 더 이상 바람직하지도, 가능하지도 않다. 이제는 갈수록 심화되는 소득불평등과 점점 벌어지는 양극화로 인해 기존의 수출기업 지원 일변도에서 서민복지를 생각해야 할 때이다. 원화가 강세면 물가가 내려가 서민들에게는 좋다.

문제는 수출기업이다. 원고(高)를 받아들이는 기업과 정부의 자세가 필요하다. 원고에 대비한 우리 기업의 각오와 준비가 절실한 시점이다.

환율전쟁은 남의 문제가 아닌 바로 우리의 문제

문제는 각국이 경기부양을 위해 공급한 유동성이 실물경제보다는 주식, 채권, 부동산 등 자산시장으로 유입되면서 자산버블이 우려되고 있다는 점이다. 더구나 양적완화는 앞으로 계속 더 진행될 것이라는 점이다.

그런데 우리에게 더 큰 문제는 엔저 현상보다 달러 약세장에서 돌출될 공산이 크다. 지금까지는 유로화 약세와 엔저 효과로 달러 인덱스는 오히려 상대적 강세를 유지했다. 그러나 엔저가 주춤하여 달러 약세장이 시작되면 본격적인 원화 강세가 온다. 이것은 엔저에 비교가 안 될 정도로 우리 수출에 타격이 크다.

이제 앞으로 양적완화의 가장 큰 피해 대상국은 중국과 한국, 인도 등 아시아 통화와 브라질, 러시아 등 신흥개발도상국들이다. 이들이 주요 절상대상으로 떠올랐다. 그 가운데 특히 아시아가 중요한 타깃이 될 수밖에 없다. 가장 경제규모가 크기 때문이다. 하지만 중국은 환율 문제에 관한 한 빗장을 굳게 잠그고 있어 그리 큰 문제가 되지 않는다. 자유시장경제체제로 완전 오픈한 우리 환율시장만 독박을 쓸 위험에 처해 있다.

이제 세계의 환율전쟁은 남의 문제가 아닌 바로 우리의 코 앞에 다가온 문제인 것이다.

참고문헌

| 서적 |

《그림자정부》, 이리유카바 최, 해냄, 2008년 4월

《오류의 시대》, 조지 소로스, 네모북스, 2006년 10월

《탐욕경제 - 화폐전쟁 5》, 쑹훙빙, 알에이치코리아, 2014년 7월

《현대 미국의 역사》, 시바쵸프, 야쯔코프, 과학과 사상, 1993년 7월

《화폐전쟁》, 쑹훙빙, 랜덤하우스코리아, 2008년 7월

《화폐전쟁2》, 쑹훙빙, 랜덤하우스코리아, 2010년 5월

《환율전쟁》, 최용식, 새빛에듀넷, 2010년 1월

| 신문기사, 잡지 |

〈IMF "미국 재정적자·정부부채 감소 전망"〉, 박진형 기자, 연합뉴스, 2013년 10월 14일

〈강철구의 '세계사 다시 읽기'-인류 최대의 홀로코스트〉, 강철구, 프레시안

〈국가부채보다 더 심각한 주정부 빚〉, 미주경제, 2014년 2월 11일

〈금융위기는 다시 온다〉, 조윤제 서강대 교수, 중앙일보 2014년 9월 6일

〈달러 몰락 이후 국제통화시스템의 미래〉, 박원석 기자, 헤드라인뉴스, 2013년 11월 26일

〈달러의 미래, 국제석학들 논쟁〉, 유승호, 기자, 한국경제신문, 2009년 5월 31일

〈미 정부 빚 13조 달러에 하루 이자 10억 달러〉, 한국경제신문, 이익원 기자, 2010년 7월 8일

〈세계 중앙은행 지난해 외환보유액 11조 6천 7백억 달러 '사상최대'〉, 방성훈 기자 등, 이데일리, 2014년 4월 18일

〈셰일가스 혁명〉, 손희동 기자, 조선비즈, 2014년 8월 17일

〈승자 없는 게임, 더러운 환율전쟁〉, 한겨레21, 2010년 10월 15일. 제831호 등

〈오귀환의 디지털 사기열전 - 역사를 바꾼 길1〉, 한겨레

〈외국인 18년간 年평균 수익률 30%〉, 이한나, 정욱 기자, 매일경제신문, 2009년 8월 2일

〈원·엔 환율 하락 심상찮다〉, 우상규 기자, 세계일보, 2014년 9월 28일
〈이헌재 위기를 쏘다〉, 중앙일보, 2012년 3월 7일
〈정문재의 크로스로드 개혁은 쓰나미처럼〉, 뉴시스, 2014년 6월 19일 등
〈최용식의 주식시장 읽기〉, 최용식, 이데일리
〈통화전쟁 2.0〉, 윤예나 기자, 조선비즈, 2013년 5월 17일
〈파탄 난 미국경제가 여전히 굴러가는 이유는〉, 노주희 기자, 프레시안, 2006년 1월 7일
〈팍스 시니카(Pax Sinica) 시대의 도래〉, 임종태 다큐멘터리스트, 프레시안
〈해외 석학들이 바라보는 미래의 모습〉, LG경제연구원, 2009년 3월 23일
SpringLady, 스넥 매거진(SNEKMAGAZINE), 2014년 8월 1일

| 인터넷, 기타 |

〈금본위제의 역사와 경제학〉, 노택선 한국외대 경제학과 교수, http://blog.ohmynews.com/js1029/118236
〈달러가치 장기적으로 하락추세〉, 김영익 서강대 겸임교수
〈미국 중앙은행의 역사〉, 하상주 블로그 http://www.haclass.com/bbs/board.php?bo_table=ha_0003&wr_id=36
〈쉽게 풀어쓴 경제 이야기 - 원화, 살아있네〉, 기업은행 이효석 과장, 기업은행 블로그 http://blog.ibk.co.kr/1006
〈중국 돈이 말을 걸면 화들짝-G2위상, 위안화 파워 "떵떵"〉, 전병서 중국금융연구소장
〈케네디가 은본위제 추진하여 암살되었다는 헛소리〉, 작성자 다만버, 블로그 http://blog.naver.com/athina/40177451161
〈환율전쟁과 한국의 대응〉, 유춘식 블로그, 로이터통신 서울지국 부지국장, http://choonsik.blogspot.kr/
이강연 포카라 블로그, http://blog.naver.com/pokara61, 2010년 6년 28일
홍기빈 글로벌정치경제연구소 소장

환율전쟁 이야기

교묘한 달러 곡예의 역사와 환율전쟁

1판 1쇄 인쇄 | 2014년 12월 5일
1판 6쇄 발행 | 2023년 10월 20일

지은이 홍익희
펴낸이 김기옥

경제경영팀장 모민원 **기획 편집** 변호이, 박지선
커뮤니케이션 플래너 박진모
경영지원 고광현, 임민진
제작 김형식

디자인 디자인허브
인쇄·제본 프린탑

펴낸곳 한스미디어(한즈미디어(주))
주소 우편번호 121-839 서울특별시 마포구 양화로 11길 13 (서교동, 강원빌딩 5층)
전화 02-707-0337 | **팩스** 02-707-0198 | **홈페이지** www.hansmedia.com
출판신고번호 제 313-2003-227호 | **신고일자** 2003년 6월 25일

ISBN 978-89-5975-759-6 (13320)
ISBN 978-89-5975-761-9 (세트)

- 책값은 뒤표지에 있습니다.
- 이 책은 저작권법에 따라 보호받는 저작물이므로 무단 전재와 무단 복제를 금합니다.
- 잘못 만들어진 책은 구입하신 서점에서 교환해 드립니다.